# のびのび働く技術

## 成果を出す人の感情の使い方

リズ・フォスリエン＆
モリー・ウェスト・ダフィー
訳＝石垣賀子

早川書房

**NO HARD FEELINGS**

**THE SECRET POWER OF EMBRACING EMOTIONS AT WORK**

LIZ FOSSLIEN & MOLLIE WEST DUFFY

# のびのび働く技術

――成果を出す人の感情の使い方

NO HARD FEELINGS
*The Secret Power of Embracing Emotions at Work*
by
Liz Fosslien and Mollie West Duffy

Translated by
Noriko Ishigaki
First published 2020 in Japan by
Hayakawa Publishing, Inc.
This book is published in Japan by
arrangement with
Writers House LLC
through Japan Uni Agency, Inc., Tokyo.

装幀／早川書房デザイン室
illustration: Liz Fosslien

家族へ
何よりも尊い感情、愛をこめて

# 目次

## 第4章　意思決定に感情を排除しなくていい　103



## 第5章　チームに欠かせない「心理的な安心感」　139

## 第8章　「リーダーシップをとる＝感情を出してはいけない」ではない　265



※本文訳注は、少し小さい文字で示した。

オフィスでのある１日

ちょっと
割りこんで
いいかな
いらいら
２週間ずっと
この曲
聞かされてる
つい顔に出る
怒り
やる気なし
週末は
まだ先…
がっくり
＃仕事中
＃自撮り
すごく
伸びたね！
希望
なんでいつも
協調性が
ないんだ？
怒
もやもや
考えすぎる人
楽
仲間がいて幸せ
空腹
いいなー
どうすれば
成長できる？
心配
共感
年俸が
あがった！
喜
パーティに
誘われなかった
孤独
プライド
どこか行く予定
入ってたっけ？
不安
ストレス
面接を受けに
きました

# 第1章

# 未来は感情に左右される

スターバックスを一大ブランドに育てた立役者、ハワード・シュルツは二〇〇八年、八年のブランクを経て最高経営責任者（CEO）に復帰したとき、涙したといいます。トイレの個室や自身のオフィスでひとり涙したのではなく、ずらりと並んだ社員の前で、です。

当時、スターバックスは厳しい経営状況にありました。日々の売上額は二桁減。シュルツが離れていた八年の間に二人のCEOは会社を急速に拡大させましたが、二〇〇七年に景気後退の影響を受け、急成長した帝国の足元は揺らいでいたのです。

復帰を前に、シュルツはCEOとして再び会社を指揮する初日にどんなメッセージを発信すべきなのか、何を話せばいいのか、ベッドの中で天井を見つめながら何日も悩みました。数万人の従業員の生活を危険にさらしたりはしない、そう約束したいという強い思いを抱いていました。そうして士気を高めようとしたのは、自身の立場をふまえた戦略というだけではありません。シュルツには、自分はスターバックスで働く一人ひとりの幸せに責任を負っているという一個人としての思いがありました。貧しい家庭で育ち、両親が日々のやりくりに苦労する姿を見てきた彼は、社員が仕事をどれだけ大事なよりどころにしているかがわかっていたのです。

その日、社員の前に歩み出たシュルツは気づいていました。社員は、自分たちの苦境を私が何とかしてくれると信じている。その私の弱さを知っておいてもらうほうがいい。本当のところ、シュルツは自身が離れていた八年の間に会社が今のような道をたどった事実について、相当の衝撃を受けていました。そのことは社員も知っておく権利があると思ったのです。そして、一社員はもちろんCEOならなおさら仕事仲間の前ではめったに見せない顔を、あえて見せることにしました。形式や格式は脇におき、自身の頬を涙が流れるままにしたのです。

泣くという行為は、打算的だとか、人を操ろうとしていると受け取られることがあります。ですがシュルツには、弱さを見せながら、同時に社員を安心させるフォローを提示するすぐれた力がありました。自分と他者の感情を理解し、うまくコントロールする感情面の知性です。CEOとして復帰したシュルツは今後の計画を示し、社員からもフィードバックを寄せてほしいと呼びかけました。就任した月、シュルツのもとには謝意を伝えるメールが五〇〇〇件以上寄せられたといいます。そして二年後の二〇一〇年には、流れはすっかり変わっていました。スターバックスの株価は最高値を更新したのです。

仕事においても、満たされるべき感情面のニーズは存在します。。私たちの多くは、この重みや影響力をかなり軽くみています。経営者と従業員の関係にとどまらず、感情がもつ力は私たちのモチベーションや健康、コミュニケーション、意思決定などに影響します。にもかかわらず、多くの人は感情を黙殺しています。プロフェッショナルであろうとするとき、私たちがすぐ「感情を持ちこんではいけない」と思ってしまうの

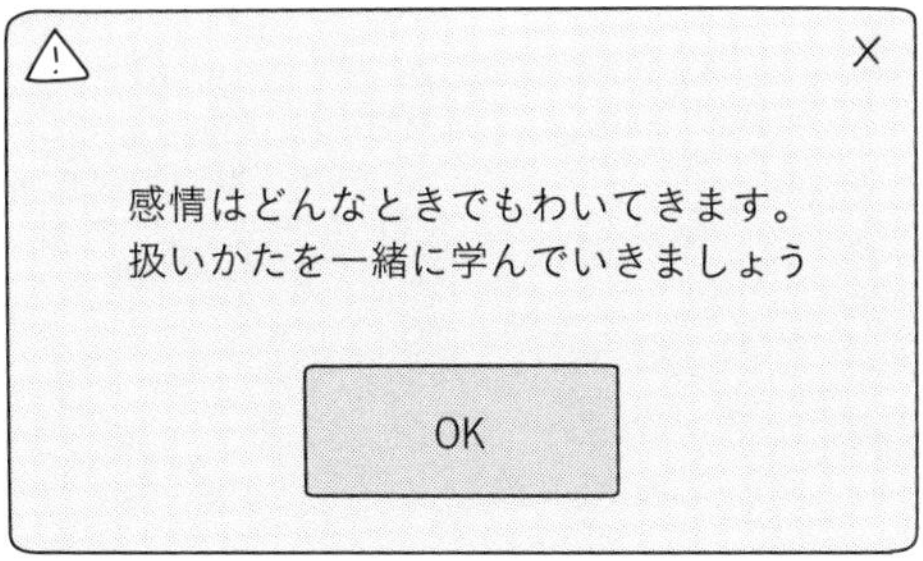
感情はどんなときでもわいてきます。
扱いかたを一緒に学んでいきましょう
OK

はなぜでしょうか。

本書を書いている私たち二人[1]はどちらも、仕事をしているとわいてくる感情を認めて受け入れることの大切さを、身をもって、ときに苦い思いをしながら実感した経験があります。初めて仕事についたとき、私たちは二人とも「プロたる者は失敗なんてしない」「文句を言ったり騒いだりしない」「感情なんて当然持ちこまない」そう思っていました。でもすぐにわかったのです。そんな理想像は非現実的で、充実感の妨げになり、ひいては成功も遠ざけてしまうのだ、と。

コンサルティング会社で若きアナリストとして勤めはじめたリズは、ついに念願の仕事につけたと思っていました。ですが、夜遅くまで煌々《こうこう》と光る電気の下で証言録取書とにらめっこする毎日が続くうち、気持ち

1. 本書はリズとモリーが二人で執筆しています。第三者のエピソードを紹介する場合をのぞいて、著者を指す一人称は基本的に「私たち二人」とし、どちらか一人が語る場合は名前を記すこととします。

はどんどん沈み、不安が増していきました。やがて、次に行くあてもないまま仕事をやめてしまいます。そしてとりあえず生活費をかせぐためにスターバックスで働きながら、なぜ毎日あんなに暗い気持ちだったのか、気持ちよく過ごすためにはどうすればよかったのか、調査してみることにしました。

一方モリーは、スタートアップのプロダクトマネジャーとしてストレスの多い仕事をしていました。ある朝、目が覚めると右目の上あたりにまったく感覚がなくなっているのに気づきます。数日たっても治まらないので病院で診てもらったところ、原因は不安からきていると診断されました。首と肩が緊張でこわばっていて、そこから麻痺が起きたというのです。もうこの仕事はやめよう、モリーはそう思いました。つねに強い不安感やフラストレーションをかかえ、ついには身体に異変をきたす――そんな働きかたをしなくてもいい、別の仕事があるはずです。

しかしすぐにはやめられず、次の仕事を見つけたのは半年後でした。仕事探しをするにあたって、感情の扱いかたや働きかたの文化、職場環境に関する資料を読んでいきました。健全ではない仕事環境に身を置くとどうなるのか、経験からわかっていたからです。リズも同じ関心をもち、リサーチを続けていました。私たちがめざしたのは、自分たちの感情をより深く理解することでした。感情は、どんなときに役に立ち、どんなときに「雑音」として無視していいのか。感情をうまく扱って働きかたを変えることはできるのか。本書を手に取ったみなさんも、おそらく同じような疑問の答えを探しているのではないでしょうか。

そんな二人の道が交差したのは二〇一四年、共通の友人がブラインドデート式に引き合わせてくれたのがきっかけでした。私たちはすぐに意気投合しました。二人とも内向型で、皮肉をきかせたユーモアを好み、ぐっすり眠るためにアイマスクが欠かせません。本業の仕事とは別に、クリエイティブな力を要するサイド

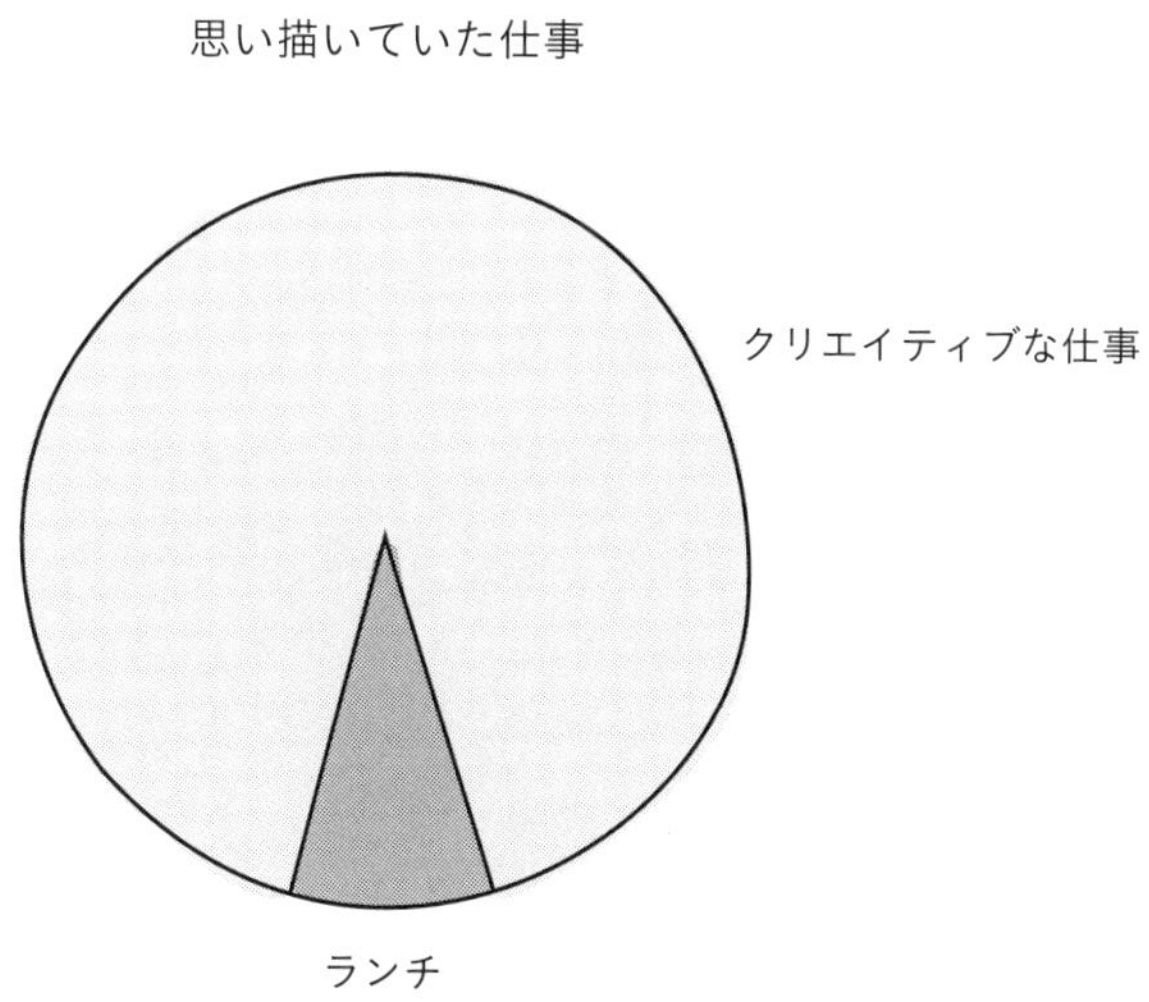
思い描いていた仕事
クリエイティブな仕事
ランチ

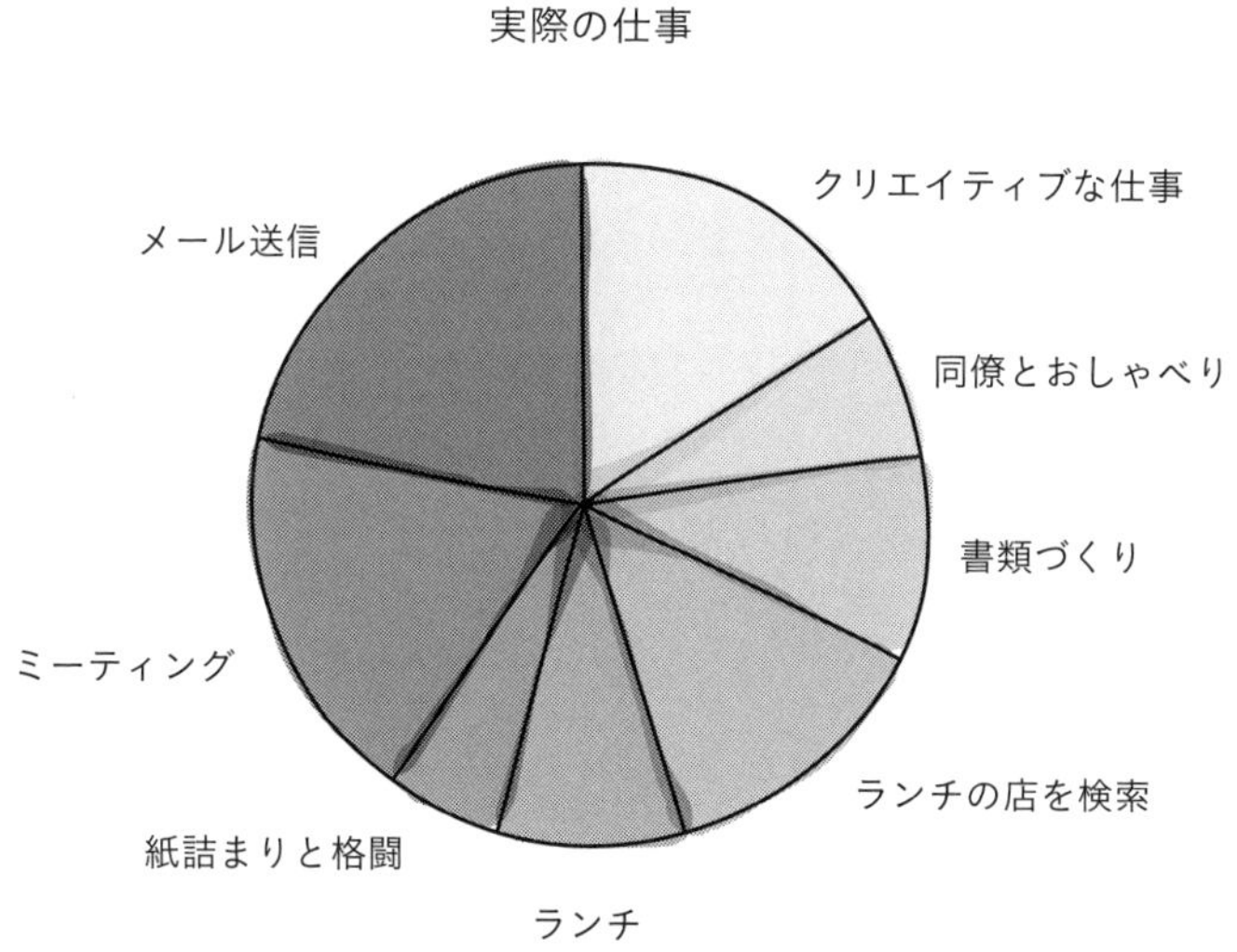
実際の仕事
クリエイティブな仕事
同僚とおしゃべり
書類づくり
ランチの店を検索
ランチ
紙詰まりと格闘
ミーティング
メール送信

プロジェクトを手がけるのが好きです。二人ともニューヨーク在住で、リズは西海岸を離れ、創業間もない音楽メディアのジーニアス社で働き始めたところ。モリーは大学院に通っていました。

二人とも、感情がさまざまな形で働きかたに影響することに関心をもっていたので、これをテーマにしたイラスト入りの記事を共同で書き、発表していきました。が、ほどなく壁にぶつかります。それまで一緒に何かに取り組んだわけでもない私たちのあいだに、コミュニケーションのずれが出てきたのです。モリーはリズを「だれも気にしないような細かい点にこだわりすぎる」と感じ、一方リズはモリーを「急いで事を進めすぎ」と感じていました。メールのやりとりにもぴりぴりした空気がただよい、記事の企画は行き詰まってしまいました。そこで友人として、また仕事のパートナーとしての関係を修復するため、直接会って夕食を共にしながら話し合うことになりました。

これが大変でした。どちらも相手の気を悪くするのをこわがって踏み込もうとしません。とはいえ、二人の違いはいつもの「コーヒー派vsお茶派」の違いよりずっと深いものでした。違いを明らかにして向き合わなければ、先へは進めません。そのためには、「感情なんて重要ではない」と言い聞かせてきた態度を改めなければいけませんでした。

仕事をしていると生じる感情についてそれなりに調べていなければ、二人とも自分の感情をそこまで確かなものとして受け止められなかったでしょう。創造性に満ちたすばらしいチームワークを発揮するには、まず相手との信頼関係を築かなければいけないことにも気づけなかったでしょう。でもどちらもそのあたりに注目していたので、感情がいかに共同作業の一つひとつの要素を左右するか、そして意思決定や社員と幹部の意思疎通など、仕事のあらゆる側面を左右するかに気づいていました。

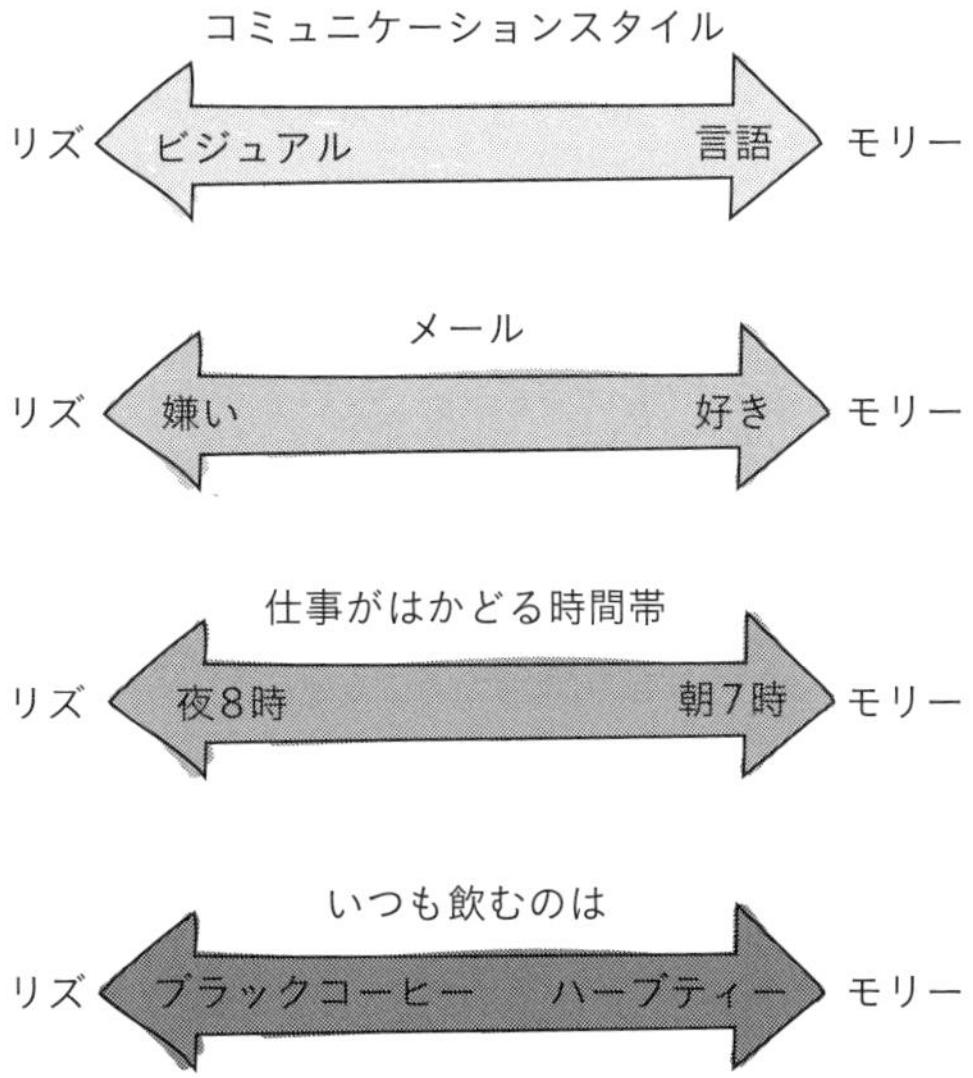
コミュニケーションスタイル
リズ
ビジュアル
言語
モリー
メール
リズ
嫌い
好き
モリー
仕事がはかどる時間帯
リズ
夜8時
朝7時
モリー
いつも飲むのは
リズ
ブラックコーヒー
ハーブティー
モリー

なぜ感情が仕事を左右するか。仕事の前途は感情に影響されるものだからです。仕事上の難しいコミュニケーションに台本は存在しません。「ビジネスの現場における感情」と聞くと、採用面接や給与交渉、年次評価など、キャリアを左右するような重要なできごとを思い浮かべる人もいるでしょう。でも実際はそれだけではありません。スラックに書いたコメントにCEOからOKがついて舞い上がる。同僚から話しかけられて仕事をじゃまされ、今日五回目なんだけどとキレる。土曜の夕方に仕事のメールがきているのを見つけ、すぐに返信したほうがいいのか悩むなど、私たちは日々の仕事をしながらさまざまな感情を抱いています。

仕事に関して抱く感情を無視させようとする圧力とは、戦わなければいけません。現代社会で働くには、感情をうまく活用する力が求められます。ところが多くの人は、そのためにどうすべきか学

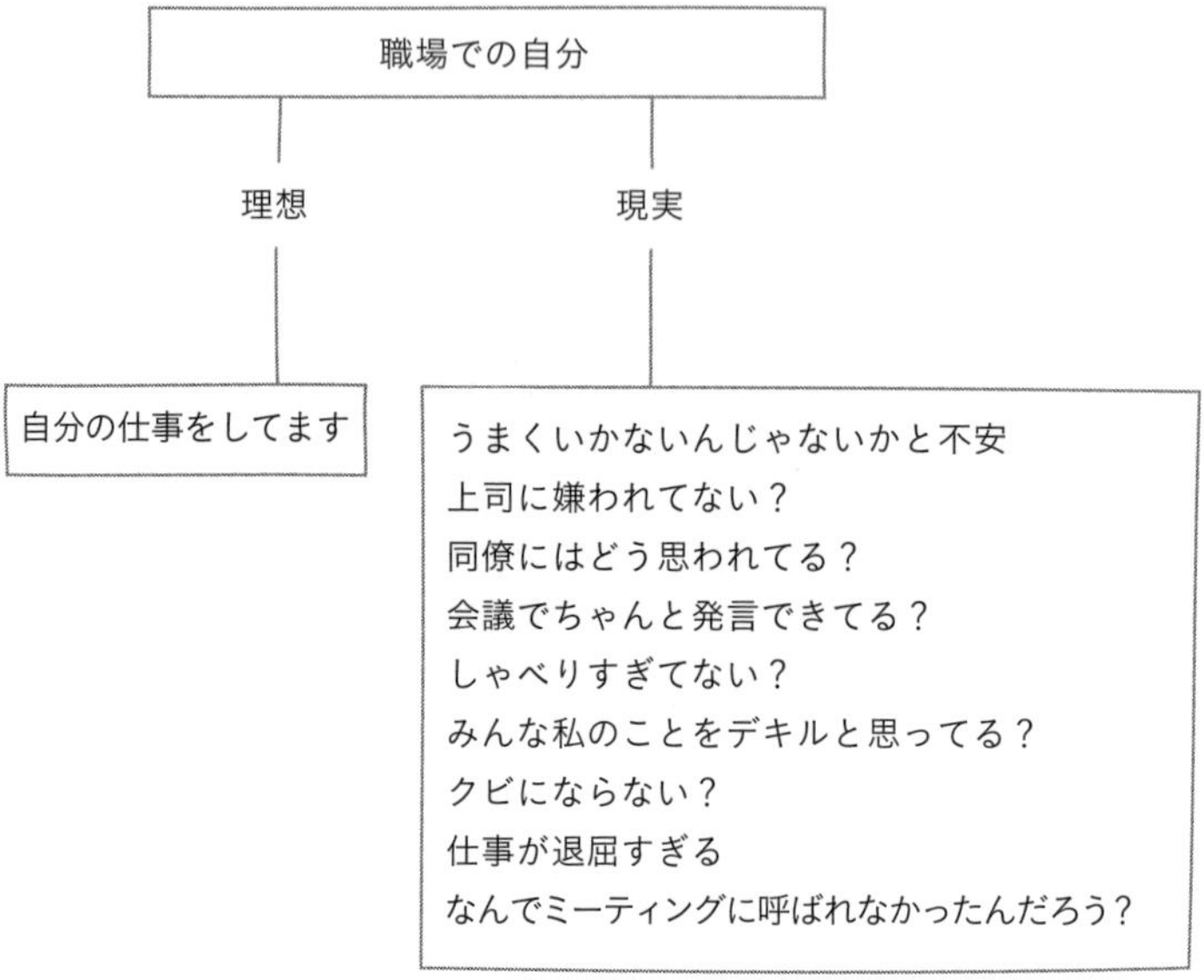
職場での自分
理想
現実
自分の仕事をしてます
うまくいかないんじゃないかと不安
上司に嫌われてない？
同僚にはどう思われてる？
会議でちゃんと発言できてる？
しゃべりすぎてない？
みんな私のことをデキルと思ってる？
クビにならない？
仕事が退屈すぎる
なんでミーティングに呼ばれなかったんだろう？

ぶ機会がありませんでした。近年、ソフトスキルの重要性が注目されるにつれて、こんな疑問もわいてきます。ソフトすぎる、弱すぎるということはあるのか。どのくらい感情を表すと「プロじゃない」とみなされるのか。「本当の自分」は不安で押しつぶされそうになっているとき、その気持ちを率直に表に出していいのか。その人がどんな人かによって、例えばジェンダー[2]や年齢や人種によって、答えは変わってくるのか。

　封印して見ないようにするのがてっとり早いかもしれません。「感情はとりあえず脇において、またあとでみておくことにしましょう」というぐあいに。でもこの姿勢は逆効果です。人は感情をもつ生きものです。環境や状況にかかわらず感情は生まれます。仕事をしていて芽生えた感情を無視していると、大事な情報を見落としたり、防げたはずのミスを犯したりしかねません。むだな不安を生むメールを送り、仕事に意義を見いだせな

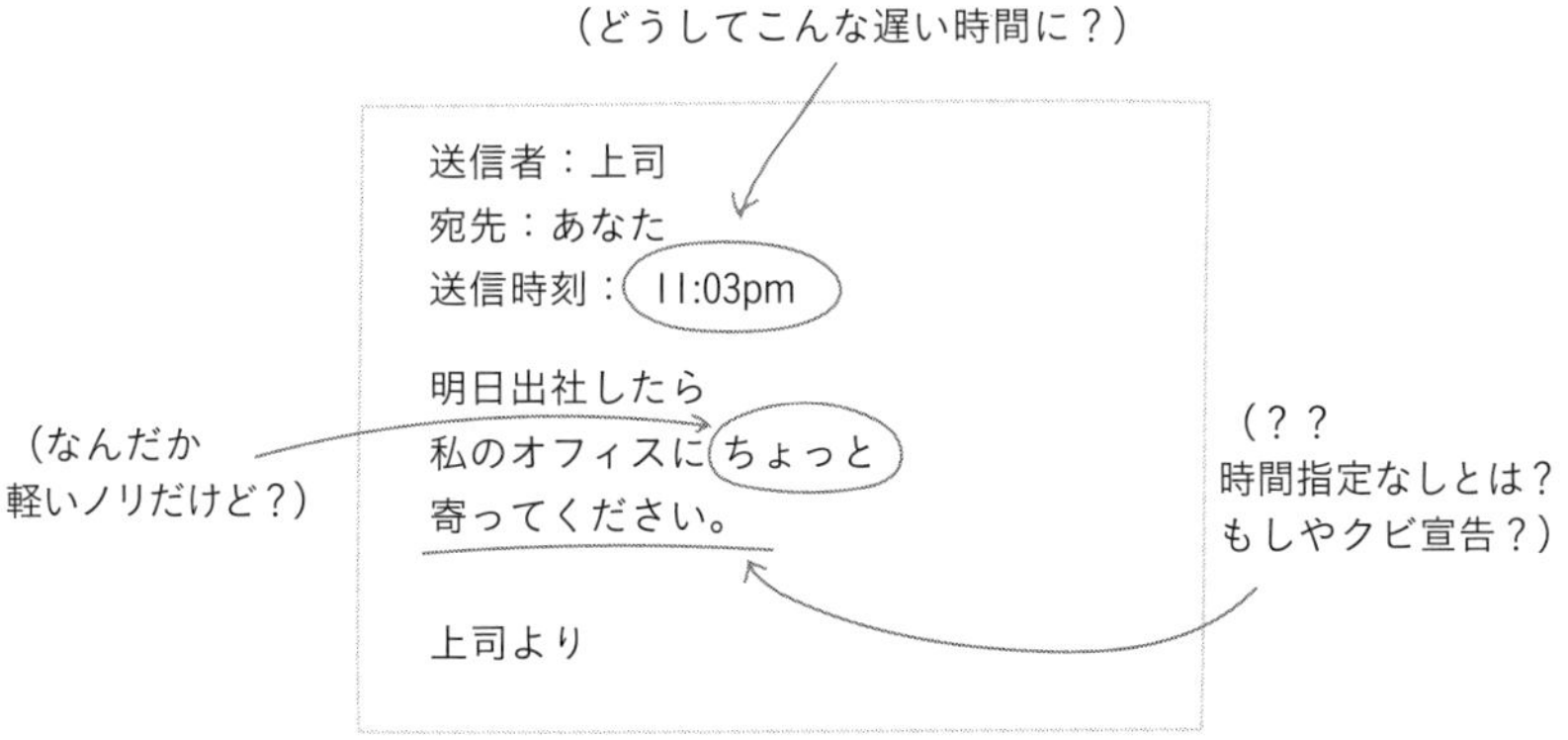
（どうしてこんな遅い時間に？）
送信者：上司
宛先：あなた
送信時刻：11:03pm
明日出社したら
私のオフィスにちょっと
寄ってください。
上司より
（なんだか
軽いノリだけど？）
（？？
時間指定なしとは？
もしやクビ宣告？）

くなり、燃え尽きてしまうかもしれないのです。

感情的知性（ＥＱ）という言葉を聞いたことのある人は多いと思います。自分とまわりの人の感情を把握し、理解する能力です。ＩＱ（知能指数）よりもＥＱのほうが仕事で成功するか否かの指標になると聞いたことがある人もいるかもしれません。ただし、仕事で真に成果をあげるには、感情的知性のさらに一歩先が必要です。適正に感情的になれなくてはいけないのです。つまり、状

2. 近年、ジェンダーは男性か女性に二分化されないとするとらえかたが主流ですが、各種研究ではまだ男性と女性の違いだけを分析するものが多いのが現状です。本書では生物学的な違いについては男性と女性に分けて取り上げますが、これによってどちらの分類にもあてはまらない人が出てくることも承知しています。今後の研究ではそうした人も含めて検討されるのが望ましいと考えています。この本で男性と女性の感情やコミュニケーションスタイルの違いについて取り上げる場合、生物学的な性ではないジェンダーとしての性を意味します。

実際にあった「恐怖の仕事の館」

1 メールをうっかり全員に返信
2 ログインできない
3 通勤で渋滞にはまる
4 死ぬほど退屈
5 1日14時間労働
6「今、話しかけていい?」
7 いちばん仲のいい同僚がやめてしまう
8 何かと口出ししてくる同僚
9 どう見ても具合が悪いのに帰ろうとしない同僚

況に応じて適切に感情を伝える必要があるのです。そのためには感情を上手に扱える力量が必要になります。感情を生産的に読み取る能力、自分の気持ちをどんなときにどうやって健全なアクションに変換するかをつかむ能力です。

先日、友人がこんなふうに嘆いていました。「職場のチームのメンバーに厳しいフィードバックをしなきゃいけないんだけど、どう切り出したらいいかわからない」。新しい組織に入ると、私たちは長い研修を受け、ミーティングの設定や経費精算のしかたを覚えます。けれど、同僚に腹が立ったときにどうするか、上司とのさんざんなミーティングから立ち直るためにどうすればいいかは教えてもらえません。

仕事場で抱く感情を深く理解するには、大きく二つの点で変わらなくてはなりません。一つ目は、同僚とのかかわりあいかた。今、働く人たちが身につけたいスキルの上位にくるのが、チームで仕事をする能力、相手と言葉でコミュニケーションをとる能力です。「エコノミス

＊きれい好きは敬神に次ぐ美徳だったのが…

ト」の記事はこう評していました。「現代のビジネスにおいて、人との共同作業は敬神に次ぐ美徳といっていい」ただ、共同作業が増えればそれだけ衝突も生まれます。ドラマ「となりのサインフェルド」でエレインが放った「今日は病欠しないとやってられない。もうあの人たちにはうんざり」のせりふにうなずく人は多いでしょう。そしてもう一つ変えるべきなのが、自分と仕事との関係です。現代の私たちはますます仕事を重視し、意味のある仕事に高い価値をおきます。どんな仕事をしているかでその人を定義する傾向はますます強まっています。こうした傾向が、私たちの健康やモチベーション、意思決定まで、すべてに影響しているといっていいでしょう。

　仕事での感情コントロールというのは目新しい話ではありませんが、仕事中に抱く感情といえば「ねじ伏せて屈服させるべき敵」のように扱う人がまだまだ多いのではないでしょうか。実際、私たち二人も仕事で日々抱く感情をそういう姿勢でとらえてきました。でも今は、感情は行く先を示す道しるべになると思っています。感情から学び取り、感情をうまく表現しようと心がけています。みなさんにも、感情はやさしさと愛着をもって扱うという視点をもってもらえればと思っています。いずれにしても、どんな人も仕事をしながら日々なんらかの感情を抱いているのですから。

そこで私たちは、どんなときにどんな形で感情をよりどころにすればいいのかを知るための手がかりとなるよう、「仕事における感情の扱いかた　七つの新ルール」をまとめました。鍵になるのは、うずまく感情を暴走させずに、仕事にうまく感情を持ちこむ方法を身につけることです。内なる嫉妬心と向き合えば、自分を動かすものは何なのかに気づけます。不安な気持ちを受け止めれば、不安を「自分はわくわくしているんだ」ととらえ直し、成果をあげられるようになります。感情がどのように意思決定に影響するのかわかっていれば、もっとフェアで居心地のよい仕事環境がつくれます。言いかえれば、この本を通じて、自分の感情をとらえ、じっくり見きわめるやりかたを身につけてもらえればと思っています。そう、ときには感情からほどよい距離をおくことにもなるでしょう。最後のページへ到達するころには、自分が「なぜ今このように感じているのか」が理解でき、その感情をどうすればいいかがわかるようになるはずです。

感情をうまく扱えれば、全力で仕事にあたれるだけではありません。ベストな自分で仕事ができるのです。「ベストな自分」とは「パーフェクトな自分」ではありません。ベストな自分でも、かっとなったり、人をうらやんだり、いらだちをぶつけたくなったりするかもしれません。それでも、ベストな状態のあなたなら、どの感情に大事なサインがひそんでいるのか、どの感情は雑音でしかないかがわかるのです。ベストなあなたなら、そうした感情から何を読み取り何を伝えればいいのか、感情的にならずにわかるのです。ベストな自分はいつわりのない自分でありながら、ほかの人の気持ちを損なうこともありません。

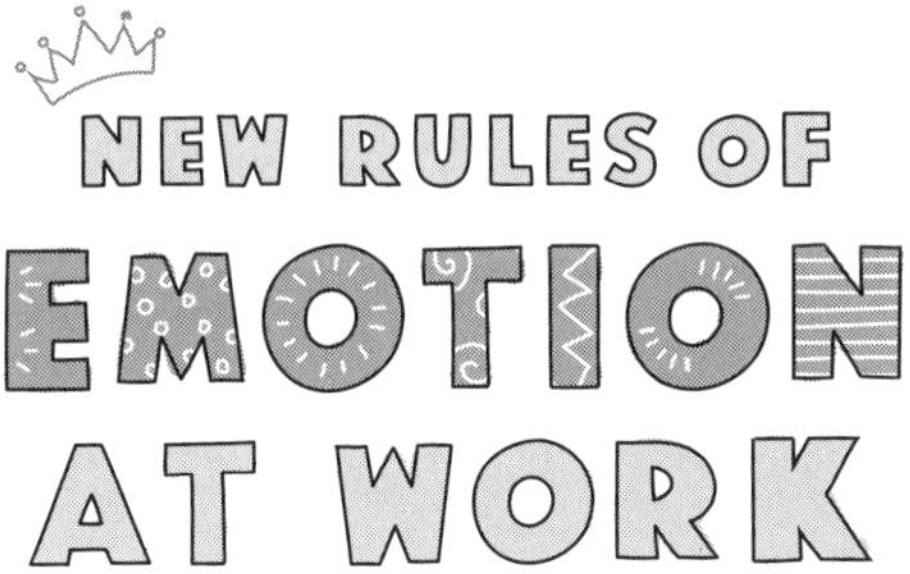


仕事における感情の扱いかた
7つの新ルール

仕事に熱くなりすぎない

自分のやる気を
引き出す

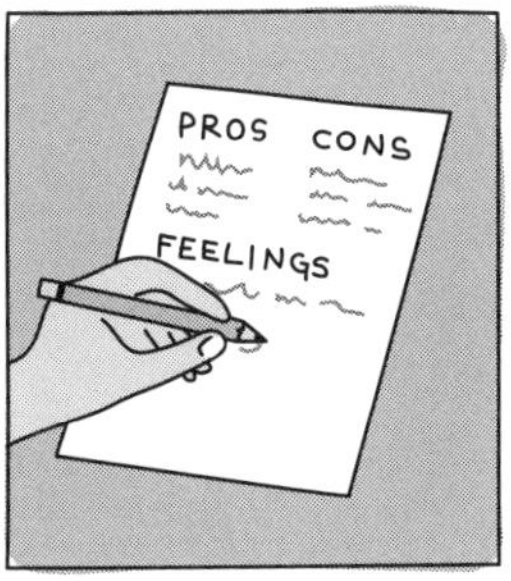


感情は考慮すべき要素の
ひとつ

まずは心理的な
安心感をはぐくむ

感情と事実は区別する

職場の情緒的文化は
あなたがつくる

状況に合わせて
弱さをみせていい

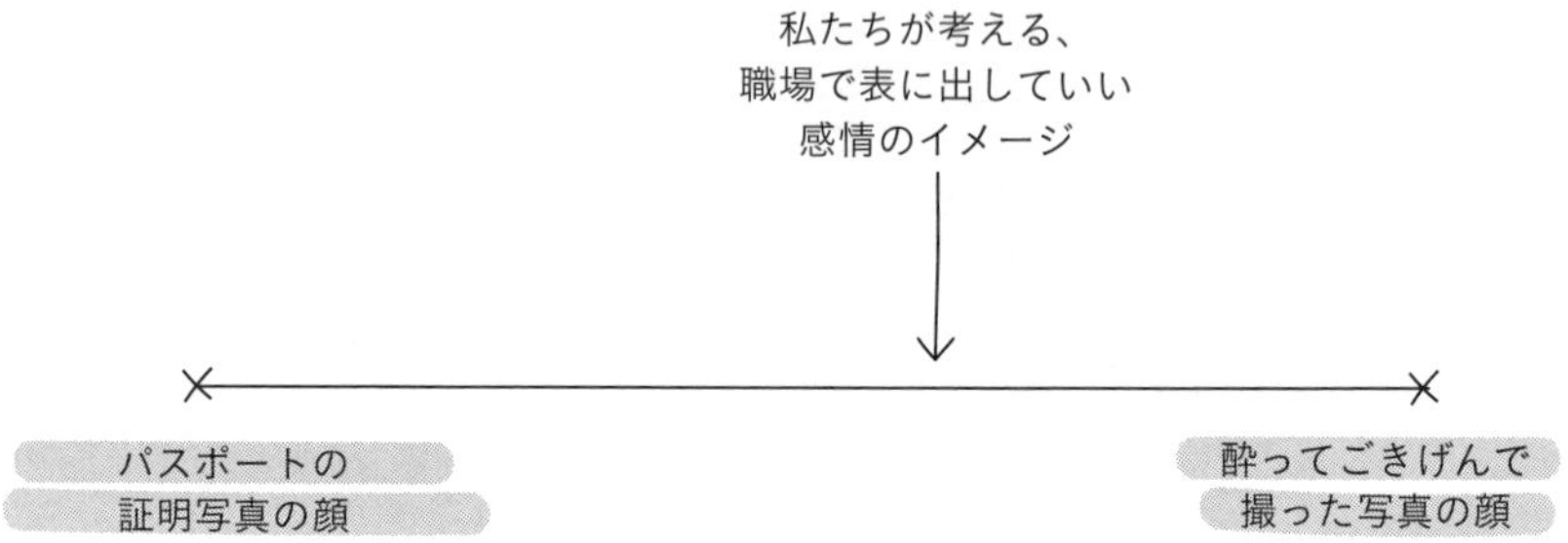
私たちが考える、
職場で表に出していい
感情のイメージ
パスポートの
証明写真の顔
酔ってごきげんで
撮った写真の顔

各章では、仕事の核になる七つの要素として、心身の健康、モチベーション、意思決定、チームワーク、コミュニケーション、会社の文化、リーダーシップを取り上げ、感情がそれぞれにどう影響をおよぼすのかをみていきます。あらゆるケースにあてはまる処方箋を出すのが目的ではありません。そもそもそれは無理な話です。職場は一つひとつ違いますし、一人ひとり違う背景と経験をもつ人が集まってそこで働くのですから。私たちが一般的な枠組みを描くので、みなさん一人ひとりが感情のもつパワーを見きわめ、理解し、さまざまな状況にあてはめて応用してみてください。すぐに実行できて小さな変化をもたらす、ちょっとしたアクションも章ごとに挙げていきます。

私たちはこの本を、職場で孤独を感じた、仕事がつまらなくなった、職場に不満がある、気持ちがくじけそうになった、仕事で不安を感じる——そんなすべての人のために書きました。健全でな万能アーミーナイフ　感情の扱いはこれ１本におまかせ！

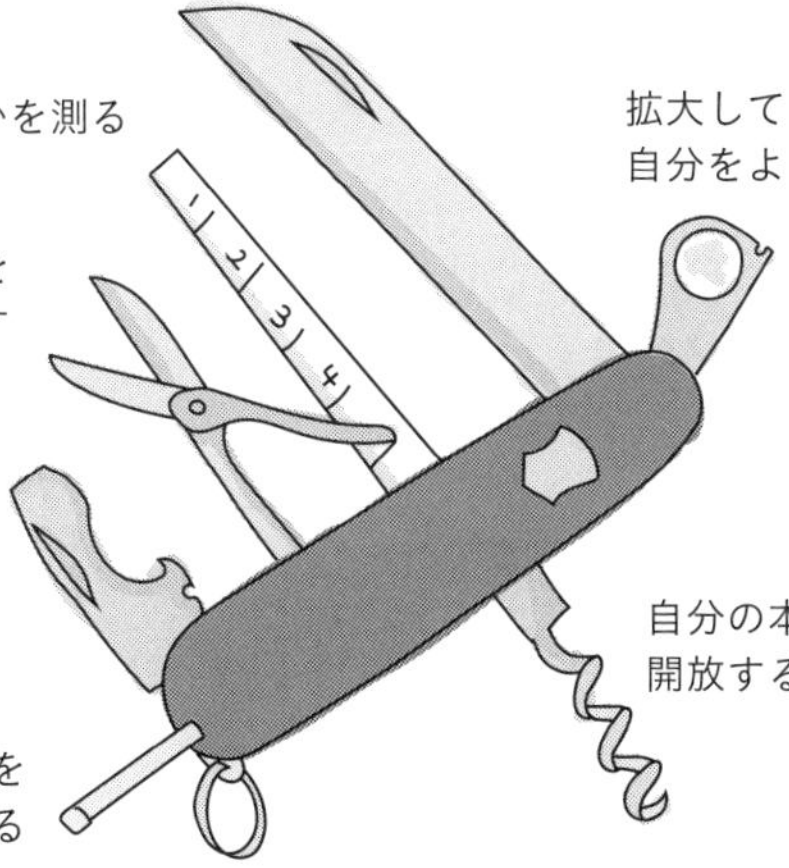
感情を表す語彙を
とぎすませる
どう感じているかを測る
拡大して
自分をよく見つめる
じゃまになるものを
切り離す
他人に心を開く
自分の本当の気持ちを
開放する
相手の心の状態を
すくいあげる

い悪循環から抜け出したいみなさんや、人をまとめる立場にあって、成果をあげられるチームづくり、雰囲気づくりを模索しているみなさんのヒントになるはずです。また、できるかぎり多様な働きかたや働く人のスタイル（リモートワークをする人、内向的な人、社会的マイノリティなど）にあてはめられるよう意識して、特定のグループや個人を代表して語るスタイルはとっていません。

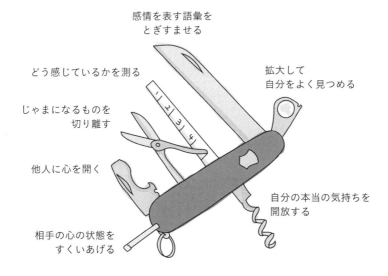

著者である私たち二人にはいくつか仕事の経験がありますが、どちらも三〇代前半の白人アメリカ人女性です。例えばシリコンバレーで女性が働く難しさは理解していますが、まわりが白人ばかりの職場で非白人として働くのがどんなものなのか、実体験としてはわかりません。そのため、こうした状況をより的確に伝えられる人に話を聞き、状況に応じたアドバイスをもらった箇所もあります。

大事なプレゼンを前に不安におそわれたり、一枚のスプレッドシートをにらんでいるうちに半日過ぎてしまった自分が嫌になったり、何もかもシャットアウトしてしばらくロボットになっていたいと思ったりした経験のあるみなさん。私たちも同じ道を通ってきました。そんなみなさんの役に立つことを願って、この本を書きました。

Liz AND Mollie
リズ＆モリー

＊本書で学んだスキルを実際の行動に生かしていただくために、感情傾向を自己診断できるテストを用意しています。巻末に簡易版を、私たちのウェブサイト（www.lizandmollie.com/assessment）に完全版を載せているので、ぜひ試してみてください。

第2章

# 心身を健全に保つため、仕事と適度な距離をおく

「仕事に熱くなりすぎない」のすすめ
がんばりすぎないほうがうまくいく理由

どうやって
生きのびよう？
上司に
メールしなきゃ…
でもどうやって？
普通の人
わたし

次にあげた五つの項目のうち、あなたはいくつ心当たりがあるでしょうか？

・仕事のメールを一〇分以上チェックしないでいると気になる
・「最近どうしてた？」と友人にきかれると、仕事上のちょっとした困っている件について細部まで話しはじめる
・そのちょっとした困っている件が夢に出てくる
・夕食のとき、ジムで運動しているとき、寝る前などにも仕事のことが気になってしまう
・仕事がうまくいっているかどうかで気分がほぼ決まる

「結構あてはまる」という人は、とりあえず少し仕事から離れてみたほうがよさそうです。

仕事のことをくよくよ考えすぎても何もいい影響はないですし、健全でもありません。気にしすぎると、

たいしたことのない問題が大ごとに思えたり、誰かが何げなく言ったひとことにショックを受けてしまったりするものです。仕事のことを心配しすぎるのは何も管理職や女性やおとめ座の人ばかりではありません。仕事の内容やポジションを問わず、仕事が頭のなかの大部分を占めてしまう人はいるものです。そこで「仕事における感情の扱いかた新ルール　その1」に「仕事に熱くなりすぎない」を提案します。

　気にしすぎるのをやめると、いろんな苦悩が消えます。大事なプレゼンの前に過呼吸になったりしません。仕事のできないチームメイトにいらいらすることもありません。携帯電話をかばんの中にしまって夜のデートを満喫できます。バックパックを背負ってマチュピチュで休暇を過ごしているときにＦＯＭＯ[3]を感じることもありません。

「仕事に熱くなりすぎない」のは、「仕事はどうでもよい」とは違います。もっと自分を大事にする、という意味です。大切な人と過ごしたり、身体を動かしたり、後ろめたさなしで休みを楽しんだりする時間を増やすことです。人生をふりかえって「あのとき夜一〇時までオフィスで仕事をすればよかった」などと思う人はまずいないわけで、それを自分に意識させることでもあります。

問題の根っこは何なのかを知らなくては、仕事のことを気にしすぎるのをやめようと自分に言い聞かせても難しいものです。ではなぜ、私たちは仕事にすべてを捧げる殉教者のようになってしまっているのでしょうか。

1.　成功をつかむには、とにかく働き続ける以外にないと考えているから。少しでも離れるとキャリアにさしさわるのではと不安を抱いている。

現代の職場におけるさまざまな症状

重度の
燃え尽き症候群

あふれ出るメール

共同プロジェクト痛

予定が延びて
拡張する頭痛

2. 仕事で結果を出してこそ幸せになれるのであって、その逆はないと考えているから。「職場で上の立場につけばいい人生が待っている」「大金を稼げれば、これまでやってきたことがすべて報われる」と自分に言い聞かせている。

この章では、こうした考えをじっくり検証してみます。そういうものだと信じている人も多いかもしれませんが、いずれも真実というより神話にすぎないとわかっていただけるはずです。ときにはとんでもない時間まで仕事をしたり、四六時中メールを送ってくる上司のもとで働くはめになったりするとしても。

3. Fear of Missing Outの略。自分が知らない話題やイベントなど、取り残されることへの不安からＳＮＳに依存してしまう状態。これであなたも「ＦＯＭＯを知らないなんて取り残されているのではないかというＦＯＭＯ」から脱しました。

仕事のストレス7大要因

プロジェクト途中の
仕様変更

休み中もメールに
とりつかれる

情報の洪水

YESTERDAY!
TOMORROW!
読めないスケジュール

睡眠不足

社会からの孤立感

絶対に無理な期限

## 働きづめの人生？

一九九六年、大手オフィス家具メーカーのスチールケース社は、マンハッタンにある本社に横一・八メートル、縦一・二メートルの大きなガラスケースを置きました。中には収穫アリと呼ばれるアリの巣があって、外から見えるようになっています。アリが「働くために生き、生きるために働く」ようすを見てもらうのが狙いでした。

ところが、残念ながら世間はここにこめられた意図に感心してくれませんでした。《ウォール・ストリート・ジャーナル》の記事は収穫アリの寿命が三、四カ月しかない点にふれ、スチールケースの社訓は「ひたすら働き、そして死ぬ」なのかと揶揄《やゆ》したのです。とはいえ、同社は決して間違っていたわけではないとも言えます。テクノロジーが進化した今、仕事とプライベートの境目はあいまいになっています。誰でもいつでも連絡がつくせいで、つねに仕事への責任を背負っている気がするものです。

ちょっと待って、なんでそんなに暗い話になるんだ……仕事熱心だって別にいいよね？　と思った方もいるかもしれません。もちろんいいんです！　仕事をしていれば、ディナーの約束を泣く泣くキャンセルして上司に頼まれたトラブル対応にあたる、なんて日も必ずあります。でも慢性的にオーバーワークを続けるのは健康によくないうえ、一見意外に思えるかもしれませんが、いい成果にもつながらないのです。生産性は労働時間が週五〇時間を超えたくらいから落ちてきます。昔から「仕事の量は完成のために与えられた時間をすべて満たすまで膨張する」（パーキンソンの法則）といいます。逆にいうと、仕事にかける時間を短く

ストレスのおもな原因

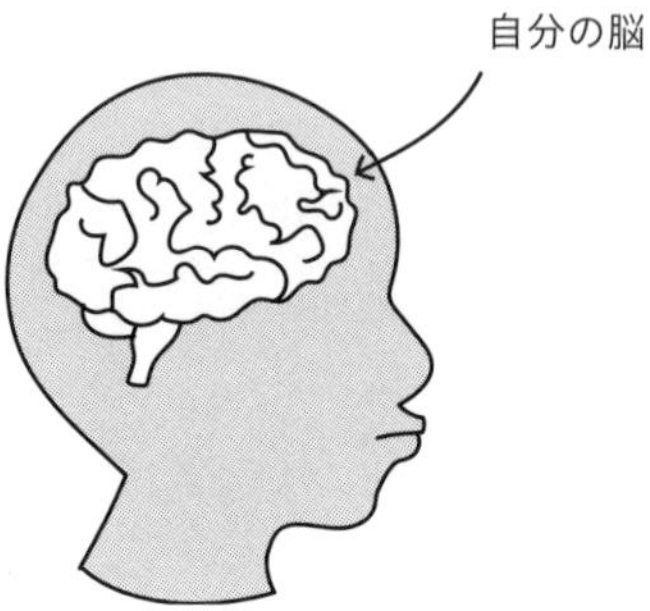


すれば効率を上げられるかもしれないわけです。

「ハフィントン・ポスト」の創設者、アリアナ・ハフィントンは若き日の自分を振り返ってこんなことを言っています。「若かったころの自分にこう声をかけてやりたい。ただがむしゃらに仕事をするんじゃなくて、ときには電源をオフにして充電して、リフレッシュするほうがいい仕事ができるよ、と」。では、タフな仕事をこなしながらも気持ちのうえで適度に仕事から距離をおくには、どうすればいいのでしょうか。

## ストレスは身体にどんな影響を与える？

自分にとって不安を引き起こすものごとを想像するだけでストレスの要因になるのを知っていましたか？　リズの場合、飛行機の移動にまつわる苦痛（セキュリティの長い列、長時間の遅延、長時間のフライト）が苦手で、空港へ行く何週間も前からストレスを感じてしまいます。一方モリーはときどき、住宅ローンを支払っていく負担を考えて不安におそわれます。実際に家を買う予定はないにもかかわらず、です。

ストレス要因は、バランスがとれた体内の状態を乱してしまいます。ストレスによって起こる反応とは、身体が正常な状態に戻ろうとして起こすアクションです。酸素と栄養素をすばやく筋肉へ運ぶため、血圧、心拍数、呼吸数が一気に上がります。同時に、短期的にみると重要度が低いプロセス、例えば消化、成長、生殖といったはたらきは後まわしになります。

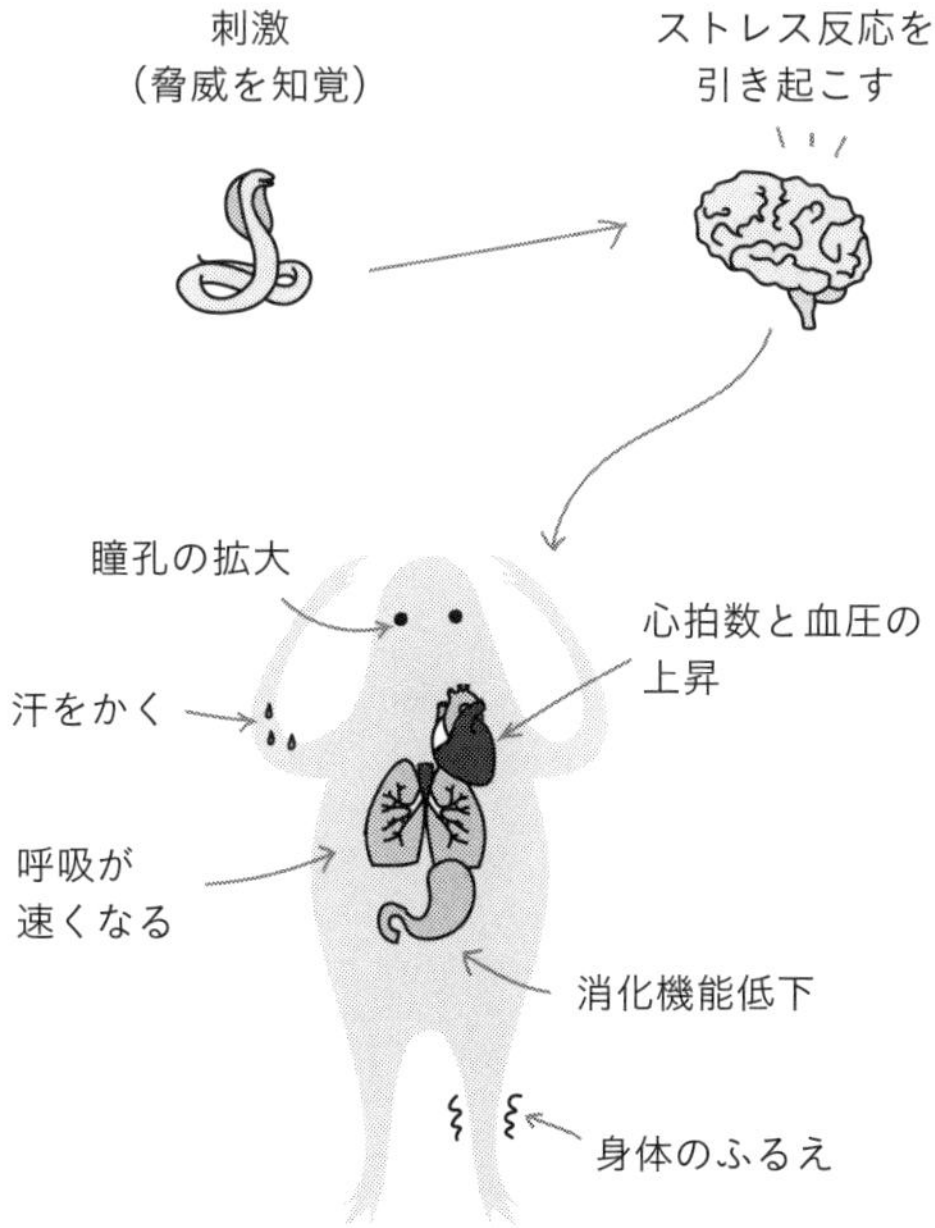
刺激
（脅威を知覚）
ストレス反応を
引き起こす
瞳孔の拡大
心拍数と血圧の
上昇
汗をかく
呼吸が
速くなる
消化機能低下
身体のふるえ

## 仕事を離れる時間をつくろう

### 休暇をとる

長めの休暇をとると、心と身体の健康を守れますし、生産性も維持できます。とくに、休み中に職場の人と連絡しないように割り切るのがおすすめです。現在、アメリカ人の半分以上は与えられた有給休暇を使い切っていません。一日メールで連絡がつかなくなると考えただけで罪悪感にかられるようでは、遠い南の島で休暇を楽しむのは難しそうです。リズは以前、休みをとりたいと上司に言い出すのにもびくびくしていました。休むとあてにできない人だと思われる気がしたからです。職場で部下をもつみなさんが休みをどうとらえるかは、かなり重要です。働く人の多くが、休みをとることに関して管理職はとくにいいとも悪いとも言わないか、否定的な態度を示す、あるいは口ではいいと言いつつ矛盾する態度をみせる、と指摘しています。上の立場にいる人がもう少し休みをとることに積極的になれば、みんながもっと休暇を活用できるようになるはずです。「休みをとろうとすると上司が明らかにいい顔をしなくて……」という人は、このあとに続く項目を読んでみてください。ヒントになると思います。

### 平日夜、仕事から離れる日をつくる

仕事のある平日に楽しい時間をつくるのは休みをとるのと同じように大切ですし、ちゃんとした休暇をとるより実行しやすいのではないでしょうか。ボストン・コンサルティング・グループは「プレディクタブル

観光客向けパリのガイドマップ

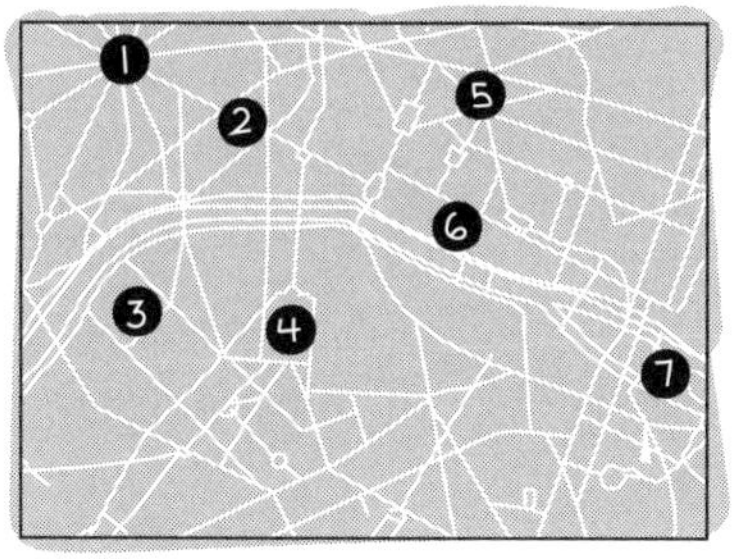

1 凱旋門
2 シャンゼリゼ通り
3 エッフェル塔
4 アンヴァリッド
5 オペラ座
6 ルーブル美術館
7 ノートルダム大聖堂

仕事から離れられないワーカホリック向けパリのガイドマップ

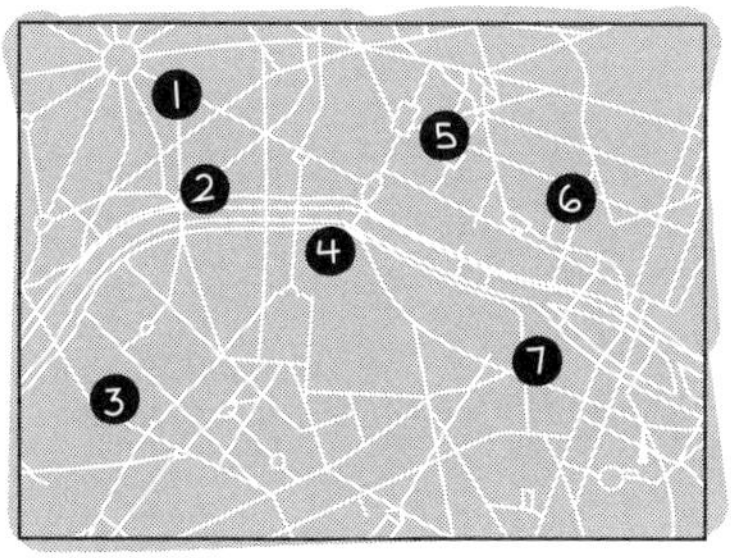

1 勤務先のパリ支社
2 電源がたくさんあるカフェ
3 ここ、電話が通じない
4 フリーWi-Fi（コーヒーがおいしい）
5 電話できる静かな場所
6 フリーWi-Fi（コーヒーはまずい）
7 パートナーに機嫌を直してもらうための高級レストラン

・タイムオフ（ＰＴＯ）」と名づけた制度を取り入れ、チームのメンバー六人が平日夜に一日ずつ完全に仕事から離れる日を設けました。すると社員の満足度は増し、気持ちにゆとりができて、離職率も下がったそうです。また、仲間が心身とも気持ちよく働けているかを意識するようにもなりました。コンサルタントの一人はこう述べています。「仕事に打ち込んでいても、お互いを気にかけて、疲れて燃え尽きてしまっていないか目を配っています」

夜まで仕事を持ちこまない日をつくると、睡眠を補うこともできます。しっかり寝ていないと外科医も手をすべらせるし、ドライバーも事故を起こすでしょう。睡眠不足だと気持ちも沈み、不安になりがちです。長い間寝ていない状態の人は

クイズ　これは本当の休暇でしょうか

答え　全部×

他人の友好的な表情を敵対的とみなす傾向がある、という実験結果もあります。そう考えると、よく眠れていないときはモリーのお母さんの名言に従っておくのがよさそうです。いわく「ちゃんと寝てないときに人生について判断を下してはだめ」

## 集中できる日を一日あけておく

リズの場合、週に一日はミーティングも電話会議もプライベートで人と会う予定も入れない日を確保しています。途中になっている仕事もこの日に進められるので、ほかの日にそこまで追い詰められずにすみます。まる一日あけておくのが難しければ、何時間かだけでも確保して、やりたい仕事に集中できるようにしてみましょう。

## ちょっとした休憩を入れる余裕をもつ

ほんの五分デスクを離れるだけでも緊張がほぐれ、そのあとまたがんばることができます。デンマークで行われた実験では、試験の前に短い休憩を入れた学生のほうが、ひと息つく時間を一切与えられなかった学生より高いスコアを取っています。別の実験では、数分でも同僚と雑談すると、一人で休憩するよりも早くストレスがなくなる傾向がみられた

この中で
個人的な感情なんか抱いてるのは
自分だけなんだろうなあ…

そうです。

## 仕事を終えたあと自分なりの「儀式」で切り替える

「今日の仕事は終わり！」と脳に伝えるお決まりの習慣があると、切り替えがうまくいきます。例を挙げると、歩きか自転車で家へ帰る（短い時間、軽く身体を動かすだけでも効果があります）、帰宅中に電車の中などでメディテーションする、音楽を聞く、雑誌を読む、ウェイトトレーニングをする（いわゆる有酸素運動よりも筋力トレーニングのほうがより気分を上げてくれるという研究もあります）などです。『大事なことに集中する――気が散るものだらけの世界で生産性を最大化する科学的方法』の著者であるカル・ニューポートは、一日の終わりに習慣にしている一連の行為があるといいます。まず、やることを書きとめたメモを整理し、基本のタスクリストとしてまとめる。そしてコンピュータを閉じ、こうつぶやく。「スケジュールシャットダウン、完了」ニューポートは次のように説明します。「これが自分のルールです。決まり文句を声に出して言えば、そのあとで仕事関係の不安

息をすってーはいてー
内なる禅に
集中しましょうー

瞑想セッションを3倍速で実践する同僚

が頭をよぎっても『終了のせりふをもう唱えたんだから』と考えるようにします」

まずは自分のための時間を捻出すること。仕事をしすぎる自分から距離をおくには、これが一番簡単な最初の一歩です。といっても、実際やるとなると言うほど簡単ではないもの。ずっとそうしてきたのですから、「仕事第一の自分」に気持ちのうえで愛着もあるわけです。しっかり決別するために、次のように思考様式（マインドセット）を変えてみましょう。

## 仕事のロジックをオフに持ちこまない

自由な時間を最大限に活用しなくては、と意気込みすぎてしまう人は多いものです。いわゆる「A型行動」のパターン（アメリカの心臓専門医フリードマンらが指摘。攻撃的、競争心が強い、短気、仕事に対する意欲が高く、精力的に物事を達成しようとするのがA型で、この逆がB型）に陥って、楽しみでしているはずの趣味を仕事のような感覚で自分に強制するのはおすすめしません。ピアノを弾くのが好きな人なら、「平日は毎晩八時から三〇分練習する」と目標を課し、一日さぼったら自分を責める——なんてことをしてはいけません。歩いた歩数やトレッキングした距離を記録するなど、行動を数字化すると人はその行動を純粋に楽しめなくなるという報告もあります。

ときにはひたすら非生産的に過ごすことに身をゆだねてみましょう。しばし歩みを止めるのは、時間をむだにするのとは違います。自分をしばるものを解いてゆっくりすると、仕事に戻ったときにより集中でき、創造力もわいてきます。何カ月かに一回は週末を使ってちょっとしたリフレッシュの旅に出る。土曜日は家事や用事をしない日と決める。自分はかなりA型パターンだと自覚している人は、イベントや集まりの予定を入れるなどして、意識して仕事から離れる「許可」を自分に与えてください。

## 仕事以外の人間関係をはぐくむ

ビヨンセは「GQ」のインタビューでこう語っています。「私は自分の仕事を愛してやみませんが、実際はそれ以上です。仕事を必要としているんです」仕事は自分が何者かを映し出す、仕事は意味や目的を与えてくれる、私たちはそうとらえています。《ニューヨーク・タイムズ》が最近行なった調査によると、アメリカ人は「やりがいのある仕事をしている」ことを、「結婚している」「信仰心がある」「地域のよき隣人でいる」「コミュニティとかかわりがある」「友人がたくさんいる」「自分の時間が十分にある」のいずれよりも重視しているといいます。

人は忙しくしていればしているほど、自分が立派になったような気がするものです。のんびりしている同僚たちよりも自分のほうがタフで仕事に打ちこんでいる、というわけです。仕事をしていれば目的意識がもてますし、称賛や昇給、昇進などの形でわかりやすい満足感も与えてくれます。ですが、自分が何者かということを、どんな仕事をしているかと結びつければ結びつけるほど、仕事に対する思い入れが強くなります。つねにベストな自分でいなくてはいけないというプレッシャーを自身に課し、そんな非現実的な基準に沿えないと疲弊してしまう。承認を上司にゆだねるあまり、ほんの少し批判的なフィードバックを受けただけで自分を全否定されたような気になってしまう。思い当たる人は少なくないのではないでしょうか。

仕事を離れた個人的な人間関係があると、気持ちの面で仕事から健全な距離をおくことにつながるうえ、幸福感ももたらします。日々の気持ちの変化を追った社会学者の調査によると、働く人の幸福感がもっとも高まり、ストレスがもっとも低くなるのが週末だそうです。何も不思議ではありません。が、仕事をしていない人にも同じ傾向がみられました。つまり、私たちが幸福を感じる瞬間とは、ただの自由な時間ではなく、家族や友人と一緒に自由な時間を過ごせたときなのです。言いかえれば、大切な人と過ごす時間が人を幸せな気持ちにしてくれるのです。燃え尽き症候群に関する研究の第一人者、クリスティーナ・マスラックは次のように説明しています。「人と人が支えあい、自分のために誰かがそこにいてくれて、自分も誰かのために存在している、人とのつながりというネットワーク——それは実にかけがえのない財産なのです」

### 燃え尽き症候群

燃え尽きとは、ときどき疲れたりつまらないと感じたりするレベルとは異なります。心理学者のクリスティーナ・マスラックは、燃え尽き症候群を示す三大項目を次のように定義します。

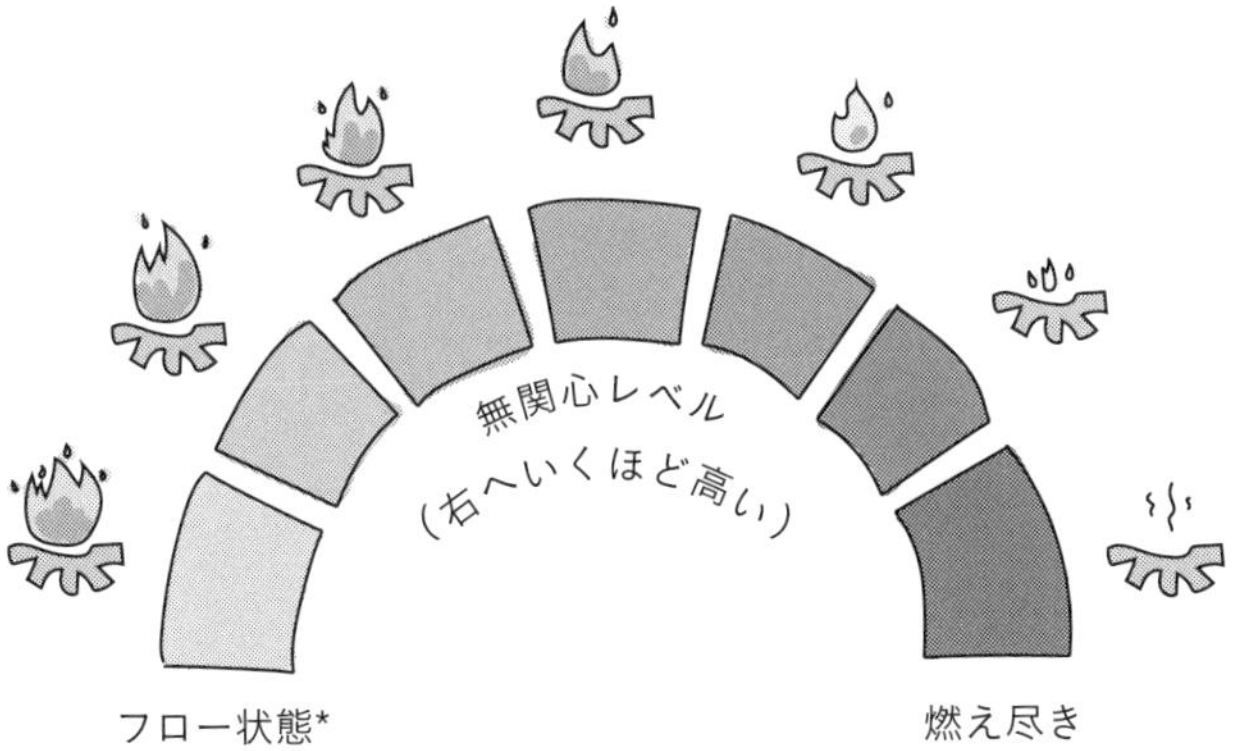
無関心レベル
（右へいくほど高い）
フロー状態*
燃え尽き

*取り組んでいることに没入、集中して楽しんでいる状態

・情緒的消耗感：慢性的に疲れて消耗している感じ。よく眠れず、つねに軽い不調がある
・脱人格化：一緒に仕事をする相手に冷たい見かたをしてしまい、思いやりをなくしてしまう。小さなこと（他人のタイプ音、何かを嚙んでいる音、スペルミスなど）に以前よりいらだつようになる
・無気力：以前は楽しかった仕事に関心、気力、自信がもてなくなり、機械的にこなすだけになっている

燃え尽きは重大な問題ではありますが、段階を踏んで向き合えば影響を回避できます。まずはなぜ気持ちが沈んでいるのか解明すること、そしてどう対処できるかを考えてみることです。

困った上司が原因なら、違うチームに移ることはできないでしょうか？　仕事の成果に気づいてもらえていないようなら、次に上司と話す機会にさりげなくアピールしてみては？　同じ仕事の繰り返しに退屈や行き詰まりを感じているなら、何か新しいことを学んだり、運動を始めたり、普段は絶対に行かないようなイベントに参加してみるのはどうでしょう？　あるいは大切な人、好きな人と話す時間をつくる、意識して睡眠をしっかりとる、メンタルヘルスを整える何かをする（自然のなかで過ごす、瞑想するなど）のも有効です。ただし、あなたを暗い気持ちにしている仕事そのものが燃え尽きの根本的な原因なら、新しい仕事を見つけるときなのかもしれません。

長期休暇なんてとれないよ！　業務停止しちゃうよ！

## 自分の存在を過大評価しない

　病気で仕事を休んだとき、自分がいなくても意外と支障はなくて仕事は回るんだな、と感じた経験はないでしょうか。仕事で必要とされるのはいいことですが、実際はほとんどの場合、あなたが数時間や数日いなくてもほかの人はそれほど困らないわけです。たいていの職場では仕事はずっと途切れずにあるわけで、長い休みをとるのにも仕事を切り上げて帰るのにも「きりのいい完璧なタイミング」なんてありません。にもかかわらず「自分がいない間、仕事を代わりにやれる人がいない」と思い込んでいる人はあまりにも多いのです。

　自分の地位や存在意義を気にするより、もっと周囲に目を向けてみましょう。他者の状況を気づかう思いやりの心は、ストレスや困難に柔軟に適応し立ち直る強さ、「レジリエンス」を高めてくれます。免疫反応を促し、ストレスのレベルを下げ、喜びをつかさどる脳内の領域と結びついているのです。思いやりを実践する方法としては、例えば同僚に「何か気になってることある？私に手伝えることはある？」とたずねてみるのも一つ。もちろん、四六時中自分より他者を優先していたら、いずれ疲弊してしまいいつスマートフォンをチェックする？

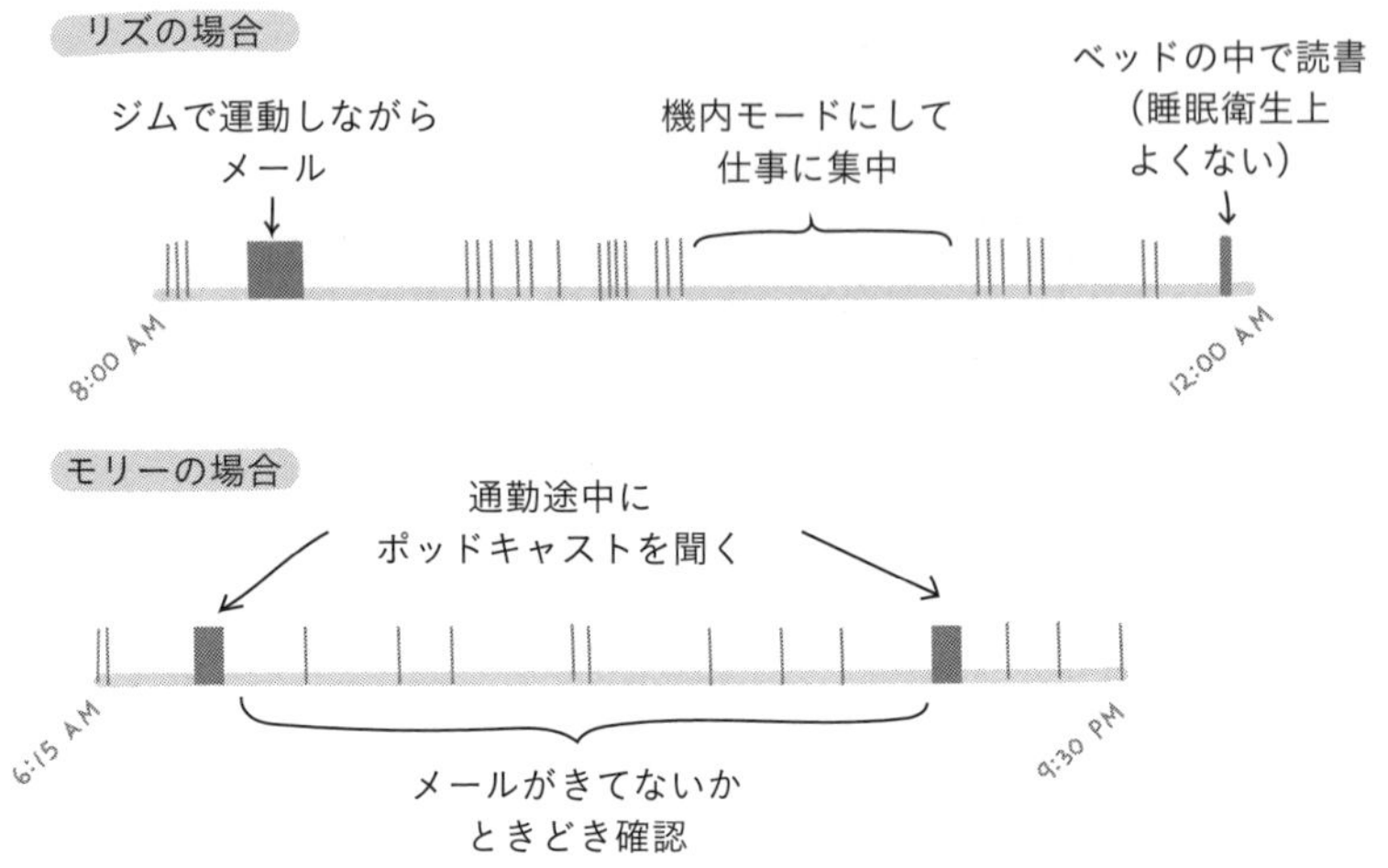
リズの場合
ジムで運動しながら
メール
機内モードにして
仕事に集中
ベッドの中で読書
（睡眠衛生上
よくない）
8:00 AM
12:00 AM
モリーの場合
通勤途中に
ポッドキャストを聞く
6:15 AM
9:30 PM
メールがきてないか
ときどき確認

ますし、怒りがわいてきます。「思いやり疲れ」を起こさないためには、自分の気持ちの限界を知っておくことが大切です。

## 携帯電話の呪縛を解く

「みんなどうかしてるね。ずっと端末に向かってしゃべったり、ツイッターだかなんだかをやったり。もうずっとそうだ。僕は静けさと平穏を求めてるんだ」『かいじゅうたちのいるところ』で知られる絵本作家、モーリス・センダックはあるインタビューでこう嘆きました。確かに「ツイッターだかなんだか」の時間を減らせばできることはたくさんあります。絶えずいろんな通知がきて振り回され、それがストレスになったり、気が散って落ち着かなかったり、フラストレーションがたまったりしている人のなんと多いことか。人は自分が思っているよりも倍の頻度でスマートフォンをチェックしているという報告もあります。実際にはしていないのに携帯電話

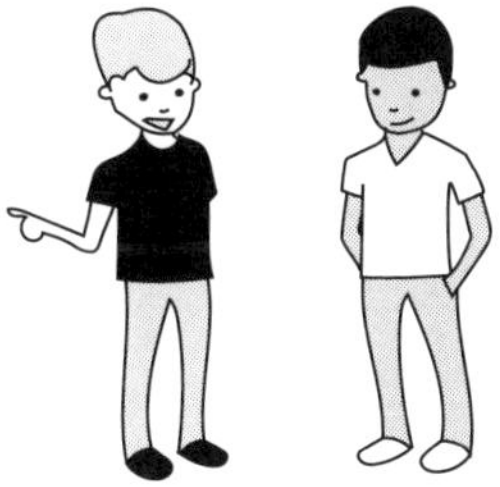

瞑想部屋はWi-Fi完備だよ

が振動して通知や着信を知らせていると錯覚する「ファントム・バイブレーション（幻想振動症候群）」なるものも、実に一〇人のうち九人が経験しているといいます。私たちがどれだけ携帯電話を気にしているのかを物語《ものがた》る現象です。

気力を充実させたいなら、メールやソーシャルメディア、テキストメッセージなどの使用を減らしてみるのはおすすめです。通知が入れば「誰からだろう」「どんな用件かな」と考え、注意がそちらへ向きます。スマートフォンを気にしたり作業に戻ったりを繰り返していると消耗し、集中できません。

**モリーより**

夕食後は仕事のメールを見ないようにしています。そうしないと寝ていても仕事の夢を見たりします。仕事が出てくる夢なんてよくないですよね。本当に集中したいときは「おやすみモード」にします。電車や飛行機での移動中、Wi-Fiにつながない状態で作業するのも好きです。余計なことで気が散らなくてすむので。

## メールに時間を奪われないために

### ・メール処理は一度ですませる

メールを開いたら、すぐにその場で片づけます。リズは以前、朝一番で全部のメールに目を通したあと、まずは仕事にとりかかるためにすべて未読に戻し、あとで返信することにしていました。でもその結果、仕事に集中するはずが受信ボックスにたまったメールが気になって落ち着かない、という状態になっていたのです。

### ・チームをまとめる立場なら、みずからお手本になる

人気テレビドラマの脚本家でプロデューサーのションダ・ライムズは子どもが生まれたあと、仕事で使うメールの署名に次のような文言を加えたそうです。「おことわり：平日夜七時以降と週末は仕事のメールを見ません。部下のみなさん、いつまでも仕事をしてないで端末をオフにしましょう」また、コンサルティング会社Vynamic（同社のモットーは「人生は短い。健全に働こう」）のCEOダン・カリスタは「zzzMail」と名づけた会社のメール運用のルールを設け、平日夜一〇時以降と週末、休日は社員間のメールのやりとりをしないと決めています。

## ポジティブ奨励のパラドックス

時間と精神的なエネルギーだけでなく、私たちはもっと大切でかけがえのないものを無意識のうちに仕事に注ぎこんでいます。自尊心です。みなさんのなかには、仕事に対して大きな望みを抱いている人もいるで

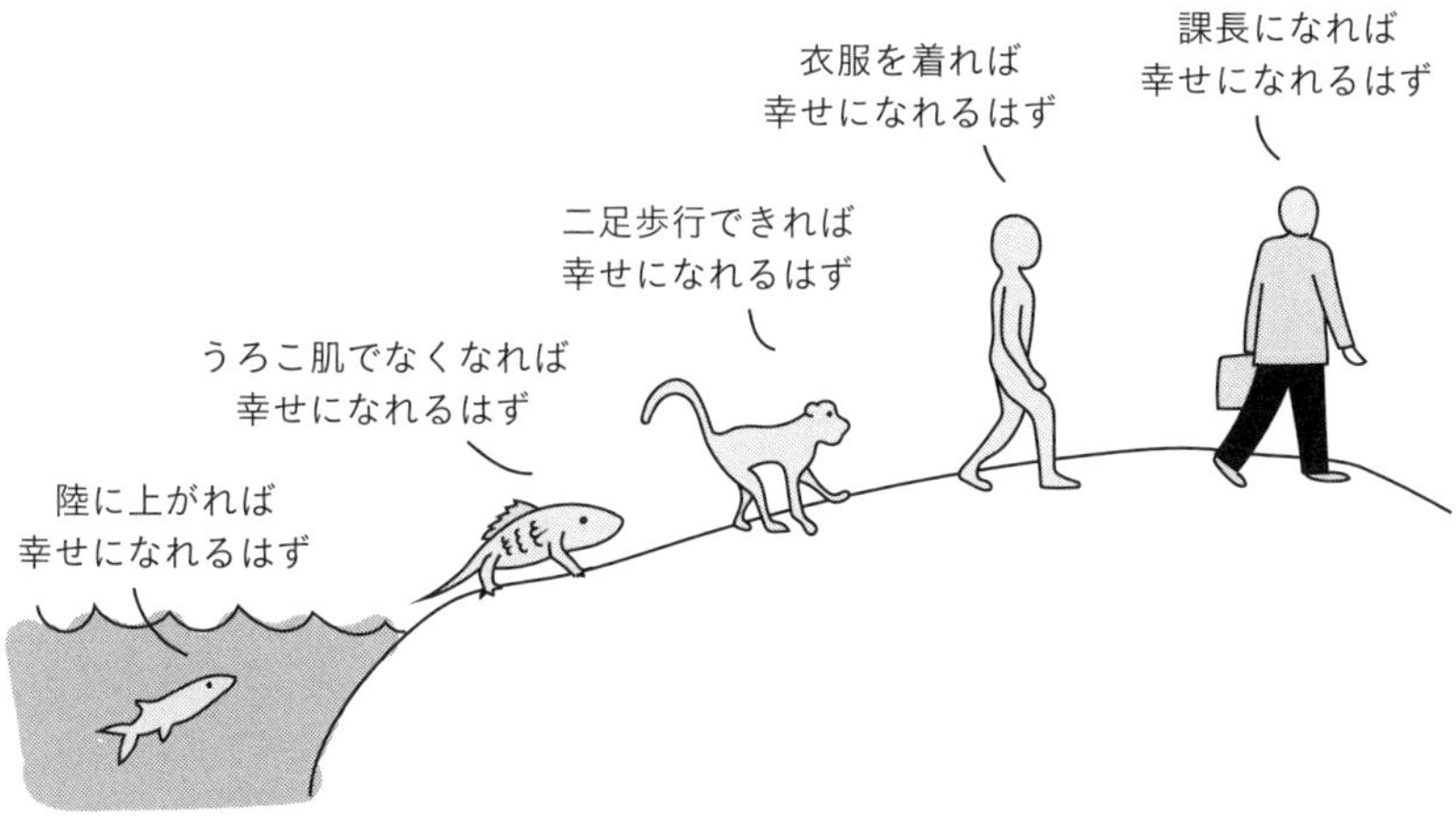
陸に上がれば
幸せになれるはず
うろこ肌でなくなれば
幸せになれるはず
二足歩行できれば
幸せになれるはず
衣服を着れば
幸せになれるはず
課長になれば
幸せになれるはず

しょう。大幅な昇給、名誉ある昇進、あるいは人に自慢したくなる新しい仕事。でもほとんどの場合、実際に手にしたときの高揚感は期待したほど強くなく、持続もしません。未来のできごとに対して自分がどう感じるかの予測と、実際に抱く感情との間にはずれがあり、「インパクトバイアス」と呼ばれています。このずれが「誤った希望」を抱かせてしまうのです。つまり、実際にはそこまで幸福感をもたらさないものを手に入れるために必死になってしまうわけです。投資家ウォーレン・バフェットにこんな名言があります。「履歴書に箔がつくからというだけで好きでもない仕事を続けている人がいるとしたら、正気ではないと思うね。老後にセックスをとっておくみたいなものだ」

目標をもつのはいいことですし、昇給も昇進もそのときは達成感があるでしょう。でも昇進して望んだ地位につけばあとはめでたく幸せに暮らしました、とはならないのが普通です。「輝く未来」をめざして無残な現在を正当化するという悪しき習慣をやめてみましょう。心理学者のドナルド・キャンベルは「幸福そのものを追い求めれば不幸な人生になる」

と言っています。不変の幸福など手に入りません（少なくとも個人的には経験したことがありません）。私たちが通常「うれしい」「幸せだ」と感じるのは、それまでなかった何かが手に入ったとき、あるいはまわりの人より何かが少しだけうまくいっているときです。しかしどちらの状態も永遠に続くわけではありません。これに対し、満足した状態は感情面でより安定しています。満足度の高い人は、人生の浮き沈みを救いのある話として組み立てます。大変な経験もしたけれど、最終的にはよい結果になった、ととらえるのです。

では、完璧とはいえない仕事生活において、満足度を高めるにはどうすればいいのでしょうか。ここからは、とりあえず気分よくいるための心得をみていきます。

## ネガティブな感情を悪と考えるのをやめる

仕事は往々にして、私たちにハッピーでなければいけない、前向きでなければいけないというプレッシャーをかけてきます。企業が掲げる理念も、ポジティブであれと明白に社員に求めるものが目につきます。例えば次の三社もそうです。

・ティファニー：ポジティブな面にフォーカスする
・ケロッグ：ポジティブで活力ある、楽観主義で楽しい環境づくりを進める
・ザッポス：ポジティブなチームとファミリー精神を築く

元気よく快活であるべしというプレッシャーはあまりに大きく、全国労働関係委員会（ＮＬＲＢ）は雇用

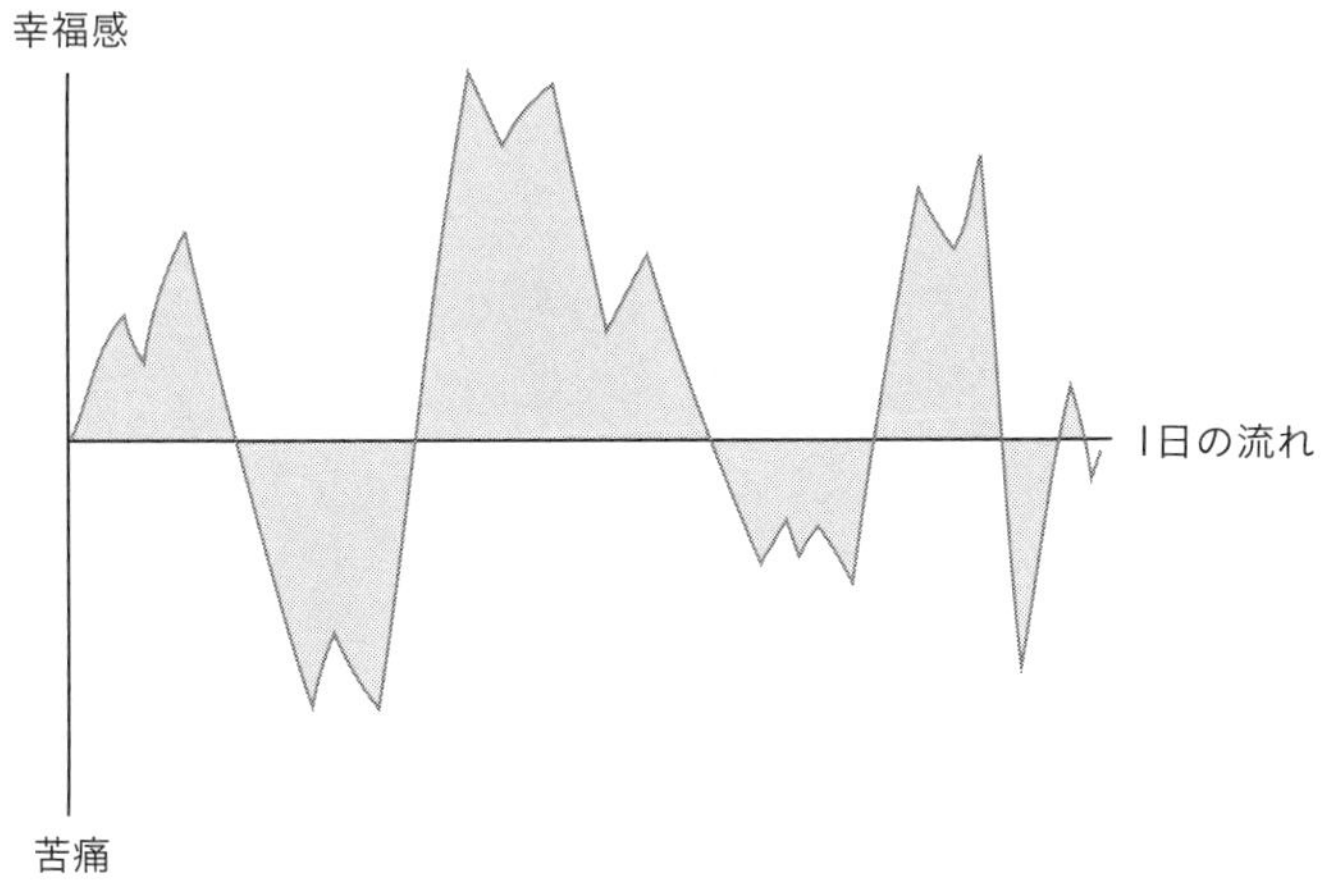


全体を通算して $\int_{朝}^{夜}$ 気分 $d(s)>0$　マイナスでなければ大丈夫！

主に対し、従業員につねに明るく朗らかでいるよう強制してはならないと指示しています（この決定に、「ほらね」とむすっとした表情で満足を示した人が大勢いただろうと推測します）。とはいえ、ときにつまずきながらも、たとえ気乗りしなくても、必要なときはしっかり責任を果たすのが仕事というものです。だからつねに明るく元気でいられなくても、自分を責めるのはやめましょう。「苦しいときも笑って耐える」とはよく言われますが、これを進化させて「ときには耐えなくてはいけないかもしれないが、無理に笑う必要はない」と考えるのです。

悲しみや落胆、怒りなどを封じこめようとすると、よけいにそうした気持ちが強まったりするものです。ある調査で「いま抱いているような気持ちは本当は抱くべきではない、と感じることがある」などの設問にどれだけそう思うかを答えてもらったところ、ネガティブな気持ちになるのはよ

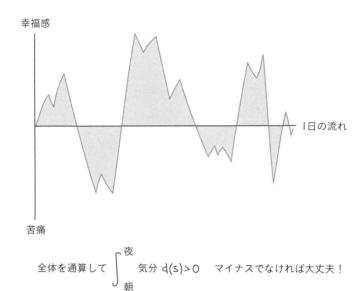

くないと考える人のほうが、そのままの自分を受け入れている人よりも心身の健康度が低い（ウェルビーイング度が低い）ことがわかっています。この調査を行なったトロント大学准教授のブレット・フォードは「何かに対してネガティブな反応を自分の感情が示したとき、それをどう受け止めるかは非常に大事です。こうした感情に善悪のレッテルを貼ったり、ネガティブな感情を変えようとしたりせずにそのまま受け入れる人は、ストレスにもよりうまく対応しています」と説明します。

### リズより

去年、友人の妹が初めての町で暮らしはじめたばかりのころ、環境の変化に疲弊して気分が沈んでしまったそうです。友人は元気づけようとして、妹と話をしたあとは必ず最後に「明るくいこう！《ビー・ハッピー》」と言うようにしました。すると何週間か経ったころ、妹から「そう言われるとよけい気分が落ちこむ」と言われてしまいました。「私はいま大きな環境の変化のなかにいて、悲しくなるようなこともときにはあると思う。でもそれでいいと思ってる。だから元気で明るくしてなくちゃだめ、と押しつけないでほしい」妹はそう言いました。それ以降、友人は会話の終わりに「気持ちに正直でいればいいよ」と言うようになったそうです。

ほどほどにゆったり構えて仕事をするくらいがいいもう一つの理由は、多少悲観的だとうまくいくから、です。リズはよく最悪のシナリオを想定して（大事なクライアントのプレゼンで失敗する、試験で撃沈する

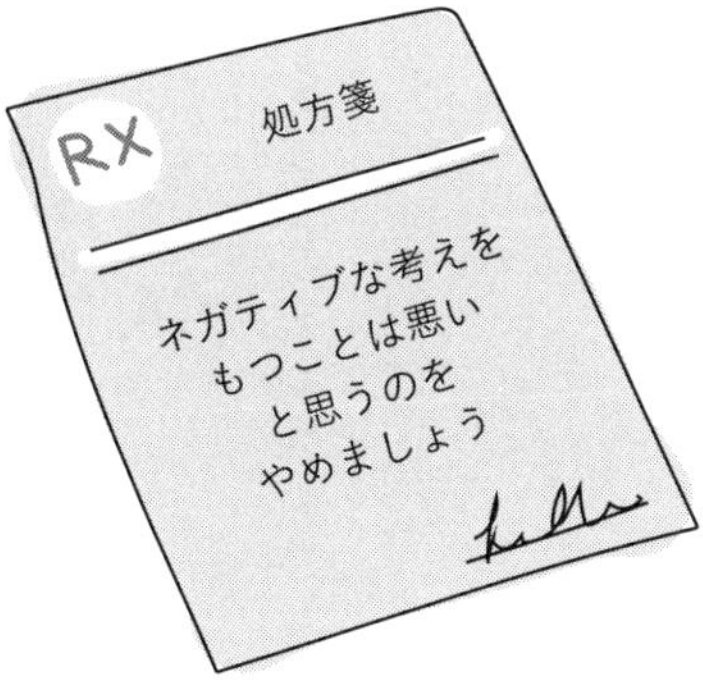
RX
処方箋
ネガティブな考えを
もつことは悪い
と思うのを
やめましょう

など）ものごとにあたるのですが、そうやって心配することを、もう少し努力するモチベーションにしています。心理学の世界では、「戦略的楽観主義」と「防衛的悲観主義」（リズはこちら）という分類があります。戦略的楽観主義の人はうまくいった場合を思い描き、それを実現させようと努めます。対して防衛的悲観主義の人は、失敗した場合のことを考え、そうならないように努力します。複数の研究によると、どちらも同じように成果を出せることがわかっています。ただし、防衛的悲観主義の人に無理やり前向きになってもらった場合だけは例外でした。

もう一つ、「再評価」と呼ばれる方法があります。ストレスや不安を感じると、心拍数が増える、ストレスホルモンのレベルが高まるといった変化が起きます。こうした身体的な変化は、興奮したときに起きる変化とほぼ同じです。ハーバード・ビジネス・スクールのアリソン・ウッド・ブルックスは、この点をうまく利用して、ストレスを「わくわくしている」ととらえ直すと（声に出して「私はわくわくしている」と言ってみるなど）よい成果を出せることを突き止めました。心理学者ウィリアム・ジェームズは「ストレスに対抗する最大の武器は、別の思考を選択する能力である」と述べています。

ストレスだ

わくわくしてきた

## 頼れる相手に聞いてもらう。ただしはけ口にしない

いやなことがあったとき、信頼できる仕事仲間に聞いてもらうとすっきりする場合があります。病院で働く看護師が患者や医師にいらだちを覚えたとき、控室で互いに不満を聞いてもらえたら、ストレスにもうまく対処できそうです。ソーシャルワーカーとして働く私たちの友人は、よく「今日は最悪だよ」と仲間同士で打ち明け合うそうです。あえてオープンにすることにより、なぜ自分は腹が立ったのかを話し合え、怒りや悲しみを自分のなかで分析して受け止め、ほかの患者さんにネガティブな気持ちをぶつけずにすむというわけです。

ですが、もやもやした気持ちから抜け出せないケースもあります。問題の本質をつかんだり解決しようとしたりしないまま、ただ同じ不満を繰り返し述べて発散させているだけだとしたら、話している本人も聞かされるほうもネガティブな気分が募るばかりです。女性はとくに、抱えている問題について話すことで対処する特性を社会に合わせてはぐくんできた傾向にあるため、ネガティブな気持ちを話すことの負の影響を受けやすいといえるかもしれません。心理学者のアマンダ・ローズの研究では、女性同士は前に共有した問題や負の気持ちを再

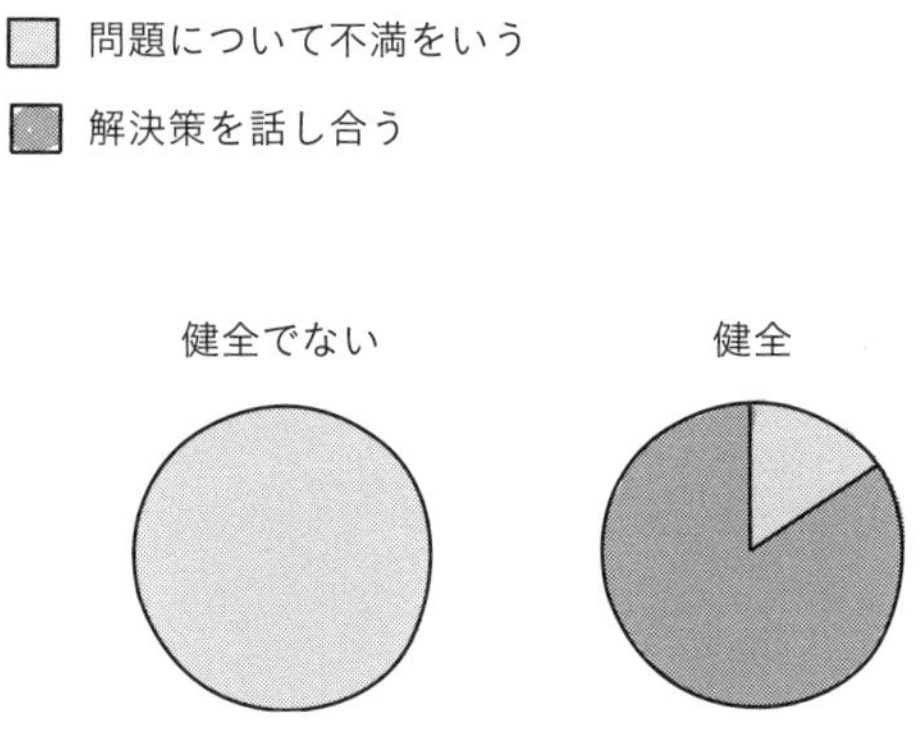
問題について不満をいう
解決策を話し合う
健全でない
健全

確認することで友人関係が強化される半面、同時に心配や落ち込みも増幅すると指摘しています。

怒りや不満を抱くできごとがあったとき、自分を支えてくれるとわかっている人、つまり母親や親友のように必ず味方になってくれるとわかっている人をよりどころにできるのはいいものです。ただ、そういう人とだけ話していると、負の経験から学んだり問題を解決したりする力を阻害してしまいます。ときには厳しい意見や耳の痛い助言をくれ、自分で問題を解決するよう発破をかけてくれるような人と話すことも必要です。

## すべきことは何かを明確にする

これは満足感をどうやって高めるかというより、不要なストレス要因をいかによせつけないかの話です。不確かな状態は不安なものです。いま自分が何をすべきなのかわからず混乱した状態では、うしろめたさと心配で心が苦しくなります。職場で心もとない気持ちを抱えていると、自分がいなくてもいい人間に思え、仕事に対する不安が募ります。遅くまでオフィスに残ってできるだけのことをしようとするものの、達成感も感じなければほっと安堵することもありません。カリフ

ォルニア大学バークレー校のモーテン・ハンセンが行なった調査によると、上司からの指示が不十分なせいで業務に集中できないことがよくあると答えた人は四人に一人にのぼっています。

自分はちゃんといい仕事ができている。そう思えれば、残業せずに早く帰ることも、休みをとることも遠慮せずにできるものです（成果を出している人のほうが同僚よりも二倍近く休みをとっているという報告もあります）。仕事に自信をもつための第一歩になるのが、上司が考える優先順位を知ることです。「しかるべき適切な仕事に取り組むことは、献身的に働くよりもおそらく大切」フリッカーの共同創業者、カテリーナ・フェイクはそう述べています。

「仕事ができない人」と思われないようにしながら、上司に意向をたずねるにはどうすればいいでしょうか。新製品発表のメールと報告書のドラフトのどちらが急ぎなのか判断がつかない場合、わからなくて困っているとただ上司にぶつけるのはよくありません。まずは抱えている大きな案件をリストにして、優先順位をつけます。それを上司に見せ、「今週はこの仕事をします。優先順位を変えたほうがいいものはありますか」のように確認する形をとると効果的です（管理職としては、部下との１ｏｎ１ミーティングや打ち合わせの最後に「今日確認したいことは全部クリアになりましたか？」のように聞くと完璧です）。

不確かな状態を避けるためのもう一つの方法がこちら。何か頼まれたら、「いつまでに必要か」を必ず確かめることです。そしてやるべき仕事のリストを作り、書きこんでいくタスクはそれぞれ明確にし、終われば消していけるようにします。例えば「プレゼンを終わらせる」ではあいまいです。「プレゼンの導入部分を完成させる」のように具体的に書きましょう。

## 「いま、ここ」に集中する

ハーバード大学の心理学者、マシュー・キリングスワースとダニエル・ギルバートによると、私たちが目の前の「いま」に集中している時間は、活動時間の半分しかないといいます。これの何が問題なのでしょうか。私たちが充実感を覚えるのは、何であれ、目の前のことに集中して楽しんでいるときです。五〇〇〇人以上を対象にキリングスワースらが行なった調査では、今していることとは別のことを考えている状態は基本的に幸福度が低いと報告されています。

今に集中せず過去や未来のことを考えているとき、たいていは反芻してぐるぐると考えをめぐらせることになります。これは、問題のある側面を分析して理解を深めようとするような、健全にじっくり考える行為とは異なります。例えばあなたが同僚の書いたものに手を入れてメールで返したとします。すぐに反応がありません。そこで即「私のことなんて軽くみているんだ」「私の修正はいつもだめなんだ」と思ってしまうのが、ネガティブにあれこれ考えている状態です。

「あれこれ考えてしまう」のをやめて、目の前の今に意識を集中させる。これはやろうとすればできます。

まず、自分の認知のゆがみ、言い換えれば脳が偏った認識に陥っている状態に気づくこと。心理学者のマーティン・セリグマンは、ネガティブなできごとがあったあとに人が陥りやすい思考を「三つのP」と名づけました。

・personalization（自責化）：このできごとの原因は全部自分にある、と考える
・pervasiveness（普遍化）：このできごとのせいで人生のすべてがだめになる、と考える
・permanence（永続化）：このネガティブな感情がずっと続くんだ、と考える

どうでしょうか？　三つのPにはお引き取り願いたいものです。どうしても悲観的な思考から抜け出せないときは、考えかた、とらえかたを転換してみます。例えばそれぞれ次のように対処できます。

・自責化：反射的に「あのクライアントを失ったのは私のせいだ」と考えず、事実を客観的に見るようにしてみましょう。どんな仕事でも、自分では防ぎようのない事態が起こることはあります。自分のミスならいさぎよく認めるべきですが、何でもむだに自分を責める必要はありません。
・普遍化：打ち合わせのあとで、シャツにしみがついているのに気がついた……。そんなときも、頭の中をそれに占領されるほどくよくよ考えないことです。ちょっとした失敗が連鎖反応を招いて最悪の結果に終わるなど、そうそういつも起きるわけではありません。
・永続化：「やっぱりだめだ」「いつも失敗する」といった言いかたは、反省のつもりが自滅に向かっ

自責化
過去の行動の亡霊

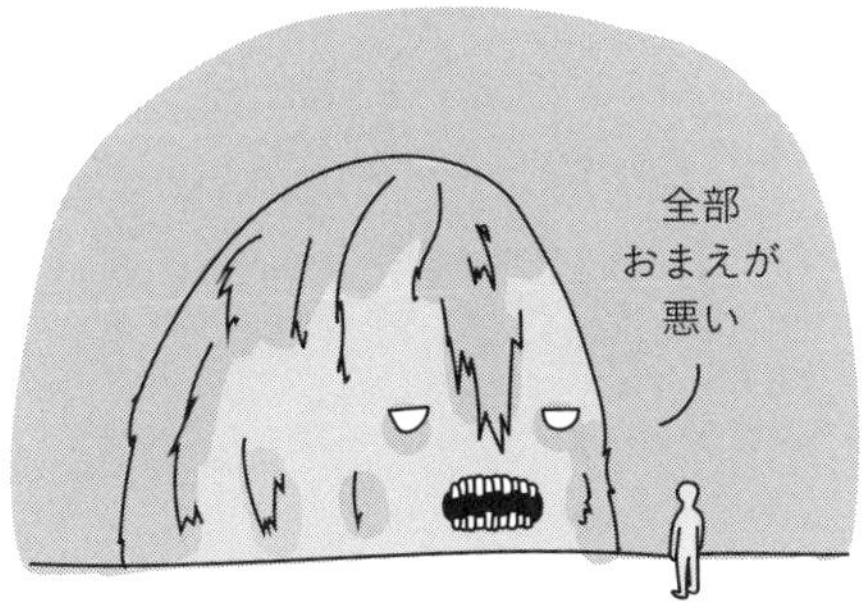


普遍化
現在の行動の亡霊

永続化
未来の行動の亡霊

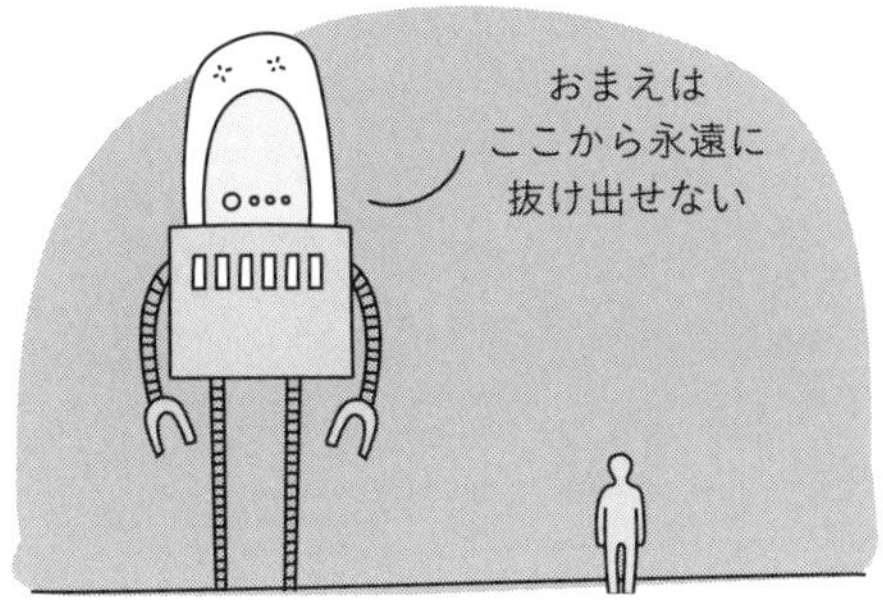

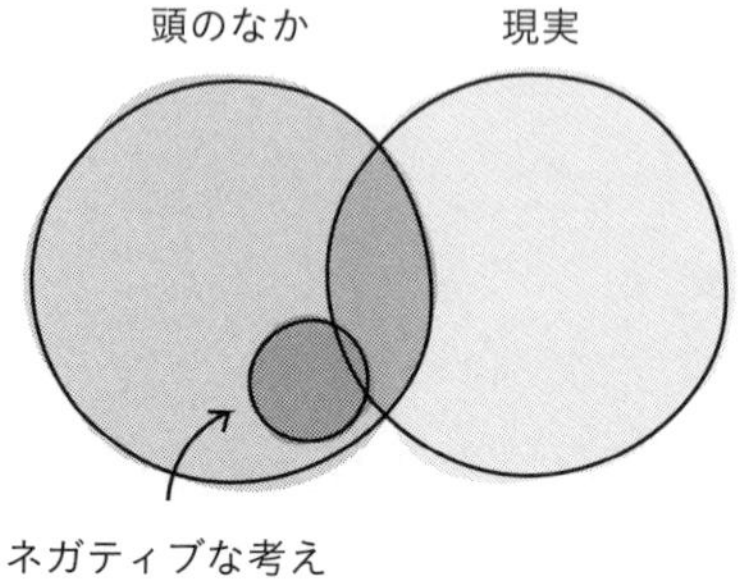


ています。製品紹介の案内を作ったところ、上司からいくつも注文がついたとします。そこで「やっぱりデザイナーには向いてないんだ」と思うのではなく、まずは目の前の件についてだけ考え、「今回のはあまりいいできじゃなかったけど、もっとスキルを磨いていいものを作れるようになろう」と前向きにとらえてみます。

後ろ向きな考えにとらわれるのをやめるには、自分のおかれた状況を客観的に見る方法もあります。「友だちが同じような気持ちでいたら何てアドバイスする?」のように、距離をおいて他人の視点で考えるのです。こう自分に問いかけると、後ろ向きな思考パターンから必然的に離れることになります。

最後に、あなたが頭のなかで考えていることはあなたの考えにすぎません。「自分はこう考えている」と認めたうえで、(たとえ真実に思えても)それは動かしがたい真実とは違うのだと心にとめておきましょう。

## 自分ではコントロールできないことについて悩まない

ストレス要因には二種類あります。自分でなんとかできることと、自分ではコントロールのしようがないことです。「メールの返信がこない」「締切が迫っている仕事がある」など、ストレスや心配の原因が自分の力で対処できることであれば、原因になっている懸念事項を自分でどうにかして片付けるのが一番いいわけです。画家で作家のウォルター・アンダーソンも「行動を起こすことが何より早く不安を小さくしてくれる」と言っています。

では、自分でコントロールしようのない事柄からくるストレスにはどう対処すればいいでしょうか。まず、「これは自分ではコントロールできないのだ」という事実をしっかり認識することです。自分ではどうにもできない要素までなんとかしなくてはと思ってしまうと、「よし、できるだけのことはした」と納得して肩の荷を下ろせるときは永遠にきません。

**リズより**

二〇〇人が参加するイベントを取り仕切ったときのことです。当日を三週間後に控えた私は、精神的に追い詰められてしまっていました。参加者の一人にキャリアコーチの女性がいたのですが、電話で話していて私がストレスを感じているのに気がついて、こうたずねてきました。「どこまでやれば十分やれたな、と思えるの？」そんなの決まってるじゃない、と思いながら私は答えました。「イベントがうまくいったと思えたとき」すると彼女は笑ってこう言ったのです。「イベント全体のどの程度までが自分でコントロールできると思う？　たぶん三割にも満たないくらいでしょう。登壇者が病気で来られなくなったり、ケータリング業者が予定どおり来なかったり、屋外ランチの予定が大雨になったりするかもしれないでしょう？」

そしてこう続けました。「〝十分やれた〟というときの基準は、自分にコントロール可能な要素でなくちゃだめ。例えば今週中にプログラムのデザインを印刷所に送る、なら具体的でＯＫ。でも基準が〝自分がこれでいいと思えるまでやる〟だと目標が流動的だからよくないの」

心理学者のニック・ウィグノールは毎日、五分から一五分かけて、気になっている件を全部書き出すそうです。全部書いたら、三つのカテゴリーにわけます。まず、仮定に基づく心配ごとではない、実行可能な件。二つ目は今日か明日じゅうに片づけるべき急ぎの件。そして三つ目が自分でなんとかできる件。「来週の大事なクライアントとの会議の前に体調をくずしたらどうしよう」など、起きるかどうかわからないことはわざわざ心配しません。挙げていくのは「Ａさんのメールにまだ返信していない」のように具体的な件です。それから各項目を解消するために次にとるアクション（「明日朝九時にＡさんのメールに返信する」）を設定していきます。

各種対処メカニズムが気分にもたらす効果

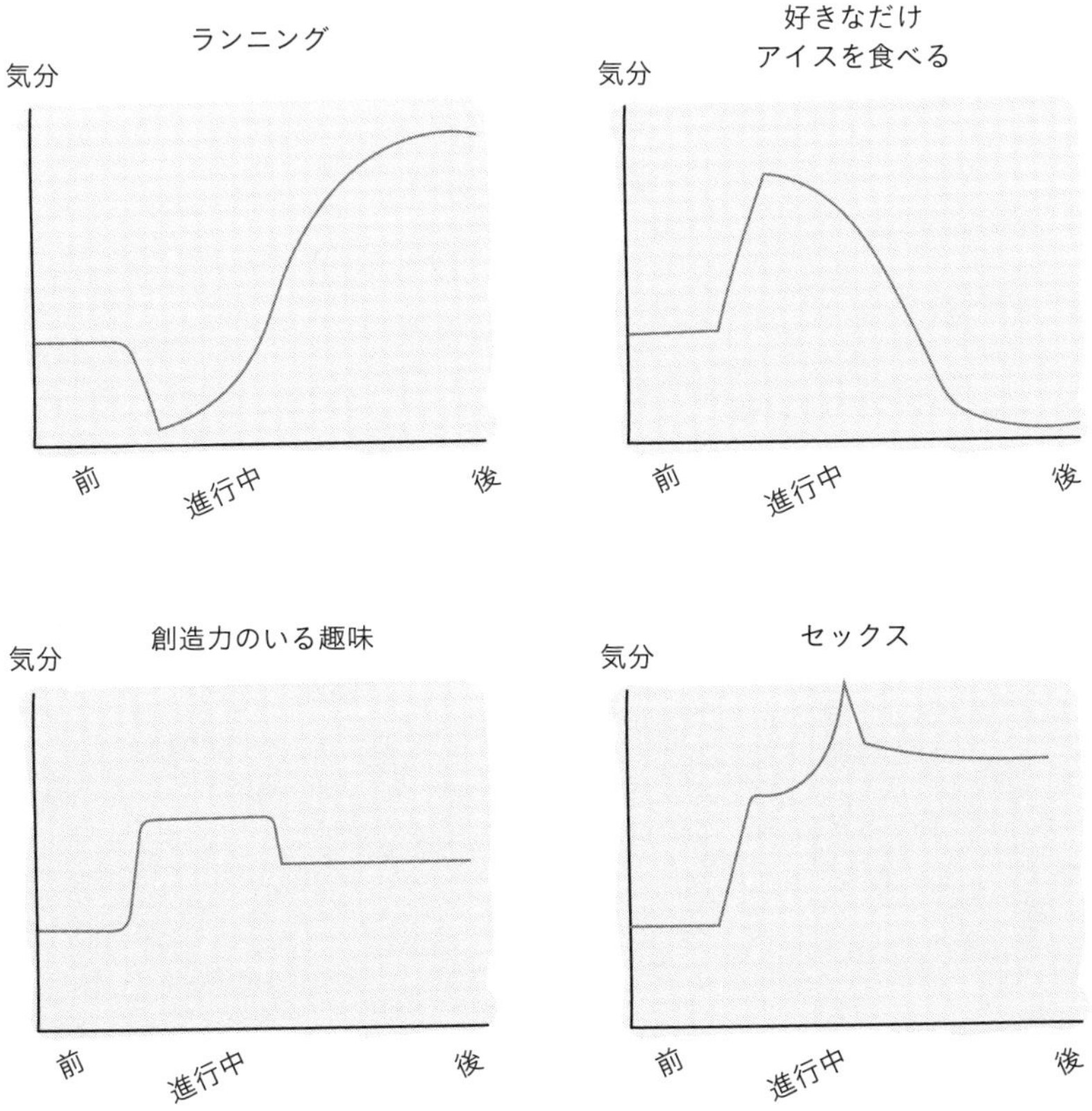

## まとめ

1. とにかくとれる休みをとる。長期休暇でも、一日オフでも、仕事の合間のちょっとした休憩でも
2. 生産的なことを一切しない時間、家族や友人と過ごす時間、メールや電話から完全に離れる時間をつくる
3. ネガティブな気持ちになるのはよくないという考えをやめる。ストレスはモチベーションやわくわくの裏返しととらえ直す
4. 頭に浮かんでくる考えは自分が抱いている考えにすぎず、普遍的な事実とは違うと認識し、あれこれ思い悩むのをやめる。目の前の今に集中し、自分でコントロールできることにだけ意識を向ける

第3章

# モチベーションを高める方法は身近にたくさんある

自分のやる気を引き出すには？
行き詰まりを感じたあなたが前に進むために

ムンク作
「いらいらが募った叫び」

二〇〇一年、家電量販店ベストバイのマネジャーたちは、人事部がかなり思い切った新しい働きかた制度を導入すると発表したのを受け、おおいに疑問の目を向けていました。「自分のチームのメンバーはどうなるんだろう、業績にはどう影響するんだろうと考えると、かなり不安でした」シニアスーパーバイザーのベスはそう言います。新しいプログラムは、二年前に実施した職場でのモチベーションに関する社内調査の結果をもとに考案されました。調査のアンケートでは、多くの社員が突出して「そう思う」と答えた項目がありました。「働く時間も仕事のやりかたも個人を信用して任せてほしい。そうすれば結果を出すし、自分も従業員として幸福度が高まる」というものです。

調査結果をもとに、会社は新しい働きかたを実践するプログラムを試験的に始めました。三〇〇人ほどの社員を対象に、勤務時間をいくつかの選択肢から選んで働けるようにしました。例えば九時から五時の勤務を八時から四時の勤務などに変えられます。すると、この制度を使った社員は、働きかたの自由度が上がって幸福度が増したのと同時に、より熱を入れて仕事をするようになりました。そこで、上層部の心配をよそに、社員に「ユニコーンのように自由に翔け回ってもらう」新制度、名づけて「完全結果志向の職場環境」(Results-Only Work Environment、略してＲＯＷＥ)が全社規模で導入されることになったのです。ＲＯＷＥを進めるにあたって、会社は一三項目の指針を出しました。

1. 自分の時間、お客様の時間、会社の時間をむだにする行為は、職位にかかわらずすべての人がやめること
2. 従業員には自分が好きなやりかたで働く自由がある
3. 毎日が土曜日気分
4. やるべき仕事ができさえすれば、「有給休暇」は上限なし
5. 仕事は「行く場所」ではなく、能動的に「する」もの
6. 午後二時に出勤しても遅刻ではない。午後二時に会社を出ても早退ではない
7. 働いた時間の長さは誰も問題にしない
8. 会議はどれも強制ではない。出るかどうかはその人が決める
9. 水曜の午前中に家の買いものをするのもいいし、火曜午後に映画を観るのも、木曜午後に昼寝するのも自由
10. 各自の勤務予定を入れた勤務表はない
11. 罪悪感をおぼえる、働きすぎる、ストレスで疲弊する人を一人も出さない
12. すぐの対応を迫られる「緊急案件」はない

13. 個人が自分の時間をどう使おうと他者から意見も批判もされない

「かなりのカオスを呼びましたよ。想像がつくと思いますが」ＲＯＷＥの導入を進めた人事部のジョディ・トンプソンはそう振り返ります。新制度に懐疑心《かいぎしん》いっぱいだった冒頭のスーパーバイザー、ベスも不安でした。「とにかく、いつ何をするか全部自由にさせるというのが信じられませんでした。それでどうやって仕事が終わるわけ、と」

## モチベーションがもてない？　どうして？

モチベーションは、にわとりが先か卵が先かの議論に似ています。つまらないと思うから前に進めないのか、前に進めないからつまらなくなったのか。仕事に意味を見いだせないからやる気が出ないのか、それともやる気がないから仕事に意味を見いだせないのか。どちらなのでしょう？

モチベーションに関する記事などを読んだことのある人なら、こんな残念な数字を聞いたかもしれません。意欲をもって主体的に仕事に取り組んでいる（エンゲージメントが高い）人は全体の一五パーセントしかいない、というものです。つまり、大半の人は毎日職場へ出てきて、やる気を掘り起こしてどうにかやっているわけです。とはいえ、モチベーションというのは一度引っぱり出せばそれで終わりではありません。毎朝起きて、今日もちゃんと仕事をするぞと思える理由を確保しつづけるのは、エネルギーのいる、ずっと続く道のりです。そこでこの章では「仕事における感情の扱いかた新ルール　その2」、「自分のやる気を引き

仕事がある週の心の天気予報
モチベーションがもてないとき

日　月　火　水　木　金　土

仕事がある週の心の天気予報
モチベーションが高いとき

日　月　火　水　木　金　土

出す」について考えてみましょう。

ここでは、仕事を構成する要素、そして私たちのマインドセットを構成する要素を分解し、新しい視点で見つめてみます。気持ちをどのようにもつとモチベーションを生み出せ維持できるのか紹介し、意欲に欠けてしまう四つのおもな理由をこまかく分析していきます。(1)自分の仕事を自分でコントロールできない（裁量がない）。(2)自分のしていることに意義があると思えない。(3)仕事を「学べる機会」ととらえられなくなった。(4)一緒に働く人が好きではない。どれもなかなか手ごわいですので、対処法を多めにあげてみるつもりです。

## 自分の裁量で仕事ができない

デスティニーズ・チャイルドの曲に「自由ほど最高の気分はない」というフレーズがありました。同じ仕事でも「自分で選んでやる」のと「やらされる」のとではまったく違います。意欲がもてないのは自由がな

ほかに方法がないあなたに贈る
自分のモチベーションを上げる最終手段

コーヒーを入れる　　請求書を見る

気分が上がる音楽をかける　　ビヨンセになりきる

いからであることに気づかず、何か別の理由づけをしている場合もあります。複数の実験結果によると、権限のある立場につきたいと考える人に、他の人を動かす力の大きなポストと、自分の裁量で自由に仕事ができるポストを提示したところ、後者を選ぶ人が多かったそうです。

もちろん、一〇〇パーセント好きなときに好きなようにしていい仕事なんてそうそうありません。でも自分で決められる範囲が広いほど、人はいきいきし、がんばって働こうと思えるものです。ウォルマートがフレックスタイム制を導入し、勤務時間を従業員が自分で決められるようにしたところ、欠勤率と離職率はともに下がっています。冒頭のベストバイについては、当初の懸念に反し、ＲＯＷＥ制度は大きな成果を上げました。[4] 若手スタッフは勤務開始の時間を少し遅くして、ジムでワークアウトの時間にあてたり、ラッシュを避けて通勤したりしました。子どもがいる社員は早めに会社を出て、放課後の習いごとなどに付き添えるようになりました。社員の意欲と生産性は目に見えて上昇し、自分から退職する人は減りました。「完全に私の見込み違いでしたね」導入前に心配していたスーパーバイザーのベスは言います。ROWEを導入した一年目、チームの生産性は二倍に向上し、それまでパフォーマンスの一番低かったメンバーが突如、ほかのメンバーをしのぐ実力を見せたといいます。「時間の使いかたの主導権を本人にゆだねたら、すばらしい結果になりました。パフォーマンスが低いと思われているほかの人にも、同じような可能性を秘めている人がどれだけいるんだろうと思いますよ」

でも、上司がこと細かに指示を出すタイプだったり、ROWEのような制度が導入される気配のない職場だったりする場合、どうすればいいでしょうか。まず「自分にできる範囲で、何か小さなこと一つでも明日から変えられることはないかを考えてみてください。必ず何かあるはずですよ」と、『モチベーション3・0――持続する「やる気!」をいかに引き出すか』の著者、ダニエル・ピンクは言います。ハードルは高いかもしれませんが、たとえ制約の大きな仕事環境であっても、ちょっとした自由とインスピレーションの時間を生み出すことはできるのです。興味のあるテーマについて三〇分ほど時間をつくって調べてみる。午後の会議の合間に、外へ出て会社の近くをひと回り歩いてくる。同僚二、三人と一緒に近くのカフェまで行って少し気分転換をはかる。「仕事時間全体を自分の自由にするのは無理でも、自分の意志で動ける時間をほんの少し捻出するくらいならたいていできるものです」とピンクはアドバイスします。「まったくないよりは、少しでもあるほうがいいです。一〇分、一五分程度の休憩を午後に二回入れるくらいなら、多くの人が

自分に裁量権がある場合の
仕事の進めかた

自分に裁量権がない場合の
仕事の進めかた

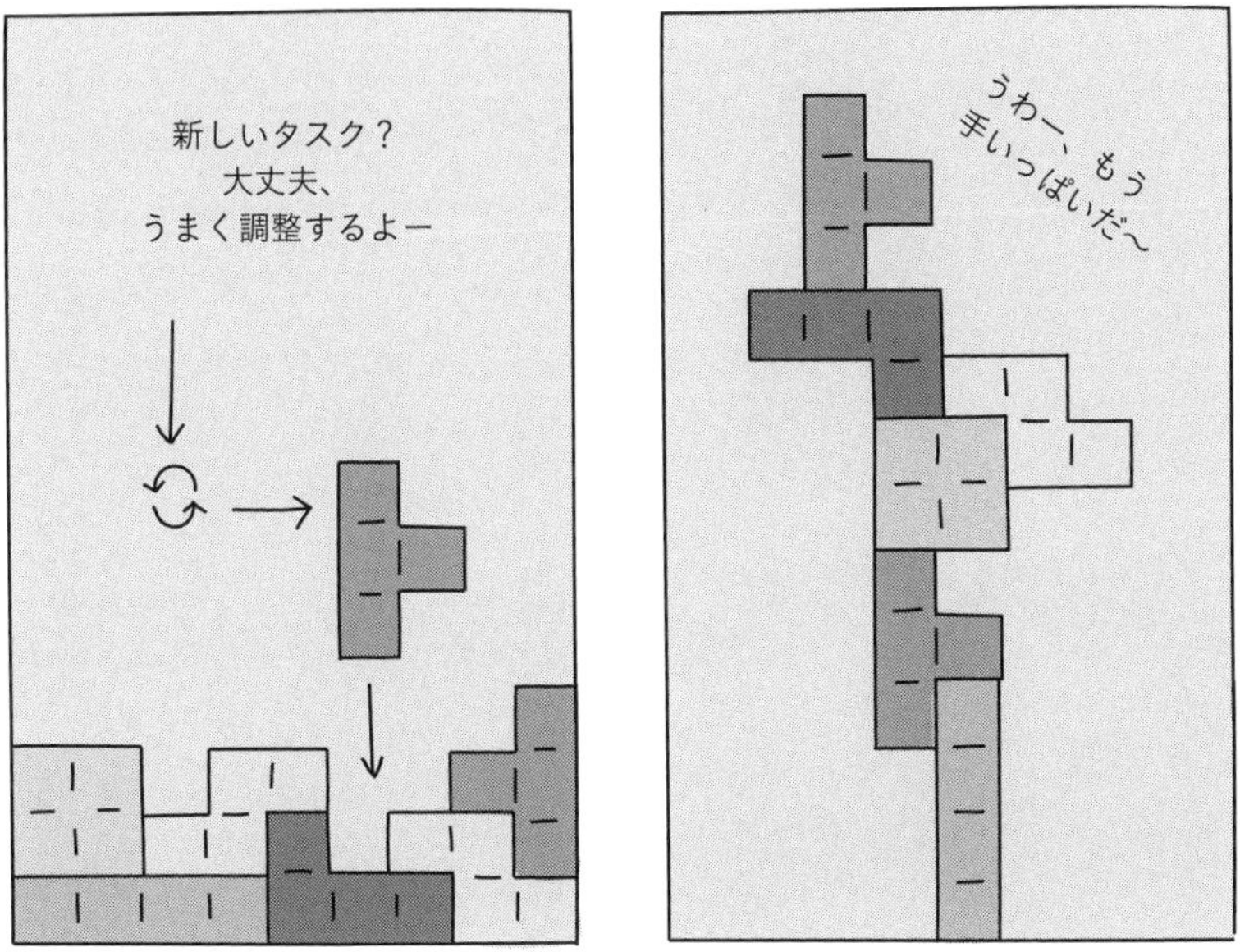
新しいタスク？
大丈夫、
うまく調整するよー
うわー、もう
手いっぱいだ〜

取り入れられるのではないでしょうか」

4. ベストバイではＲＯＷＥの導入により三年間で推定二二〇万ドルのコスト削減ができたのですが、その後就任したＣＥＯは二〇一三年にＲＯＷＥの廃止を決定し、議論を呼びました。廃止の背景には、強い態度を見せなければという新しい経営陣の重圧があると多くの人はみています。

## モチベーションと脳のはたらき

あなたが会議でプレゼンを終え、ボスからこう言われたとしたらどうでしょうか。「なぜきみは僕の時間をむだにするんだ?」（アマゾンのジェフ・ベゾスは実際にエンジニアに向かってこう言ったそうです）次にプレゼンをするよう言われたら、やる気がわかないかもしれません。これは、脳の手綱核と呼ばれる部分が（太古の昔、私たちの祖先が過去の苦い経験を思い出して「この木の実は毒があるから食べてはいけない」と判断したのも、この手綱核のはたらきによるものです）、神経伝達物質の一つ、ドーパミンの分泌を抑制するためです。

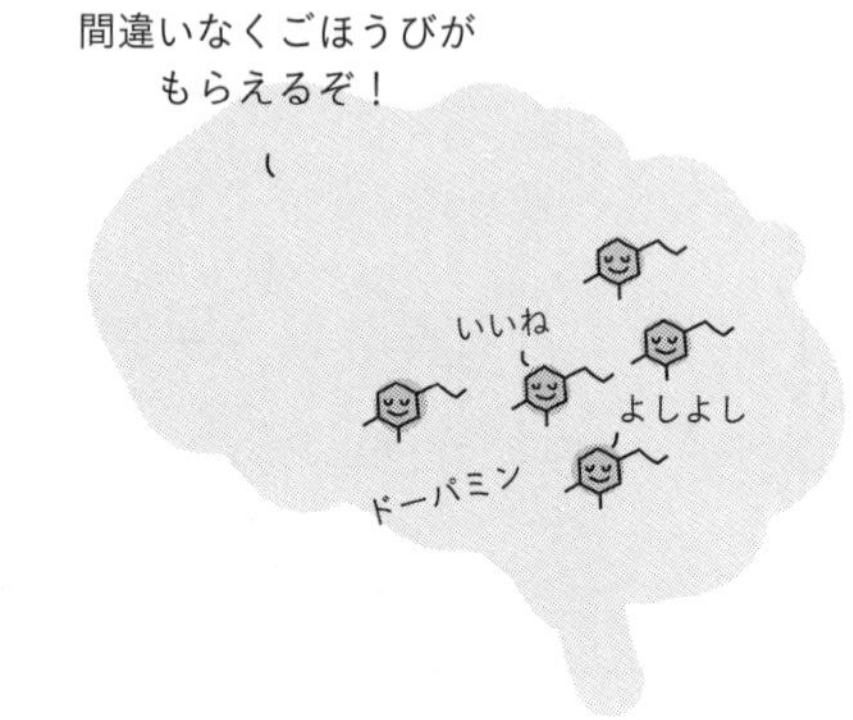
間違いなくごほうびが
もらえるぞ！
いいね
よしよし
ドーパミン

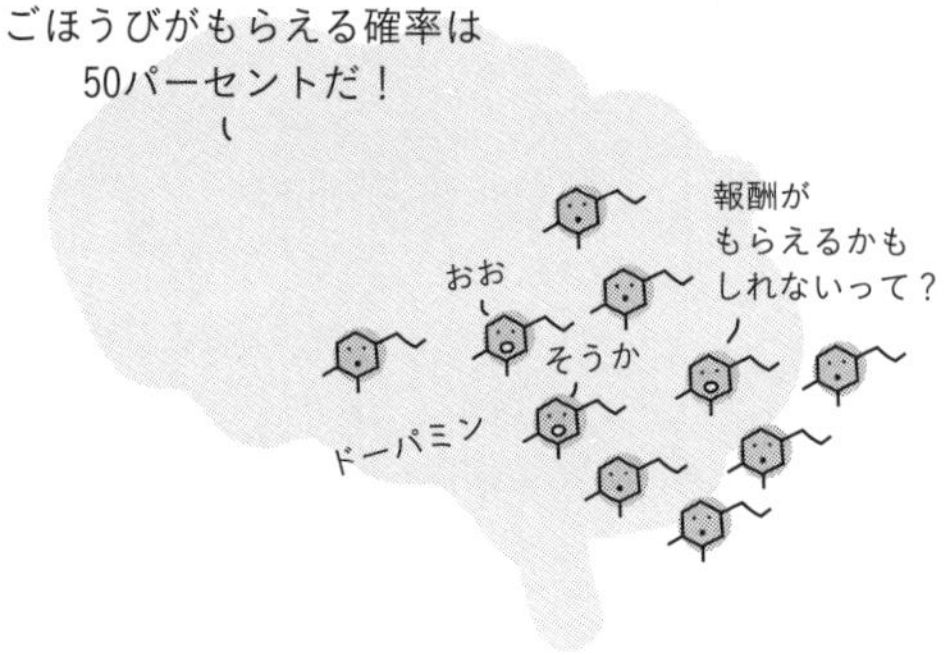
ごほうびがもらえる確率は
50パーセントだ！
報酬が
もらえるかも
しれないって？
おお
そうか
ドーパミン

ドーパミンは報酬と快楽をつかさどる神経系のコントロールに関わっています。ドーパミンはモチベーシヨン（動機づけ）と行動を結びつける部分に分布し、報酬が期待できると感じると分泌されます。脳内のドーパミンレベルがもっとも変化するのは、報酬が手に入るかどうか確証がないときです。スロットマシーンをやる、メールをチェックするなどの行為がなかなかやめられないのは、結果が保証されていないためです。次は勝てるかもしれない、何かわくわくするようなメールがきているかもしれない、と期待して何度も繰り返すわけです。ギャンブルのルーレットを使った研究では、惜しい負けかたで損をした場合、ドーパミン神経細胞が多く存在する脳の領域は、勝ったときと同程度に活動したと報告されています。

**リズより**

「とにかくなんとかしてモチベーションを保ちたい」という人は、ゲーム的要素のある報酬体系を自分で設定してみては？　私の場合、何か集中してやりたい作業を一つ決めます（この間、ＳＮＳやメールは見ません）。一時間集中できたら、ランダムで数字が出てくるアプリなどを使ってお楽しみのごほうびタイムです。〇から一〇のどれかが出るように設定しておいて、二、三、四、七のどれかが出たらその日のお昼にアイスクリーム（クッキー入り）を食べていいと決めています。

## 自分の裁量を増やすには

### ・上司からは仕事の手順の説明よりも最終的に出してほしい結果を明確にしてもらう

チームの一員であっても、仕事を進めるプロセスを自分で構築できるとモチベーションはぐっと上がるものです。最終目標とする結果に至るまでのやりかたはチームで決めていいか聞いてみましょう。デザインを相談してくるリズのクライアントは通常、要望を明確に示し、いつまでに必要かを指定しますが、その仕事を具体的にどう進めていくかはリズに任されています。

### ・小さな達成感を積み重ねる

「〇〇にメール返信」のような小さなタスクを完了して、やることリストから消すだけでも、やりとげた気分になるものです。ハーバード・ビジネス・スクール教授のテレサ・アマビールはこれを「進捗の法則」と呼んでいます。何でもないちょっとした前進でも、進歩があれば私たちはうれしいと感じ、意欲的に仕事に取り組もうと思えるようになるのです（ただし、日々の小さなゴールが先の大きな目的につながっていることを意識します。めざす全体像を見失うとモチベーションは下がります）。

### ・よいアイデアを引き出す質問を立てる

デザインコンサルティング会社IDEOでは、ブレインストーミングの際に「私たちはどうすれば〇〇できるか（How might we...?）」という形の質問を立ててアイデア出しをしていきます。「どうすれば」で具体的な方向性を話し合えますし、「できるか」は一つの正解でなく、よいアイデアをいくつも引き出すための問いかけです。そして主語を「私たちは」にすることで、チーム全体で取り組む姿勢を表しているのです。

### ・管理職はオフィスアワーを設ける

部下が上司に聞きたいことを聞きに行ける場、それがオフィスアワーです。部下の仕事ぶりをつねに監視するのではなく、自分で問題解決に取り組んでもらったうえで、部下が困ったとき、必要なときは相談に乗ってサポートします。

## 仕事に意義を感じられない

映画「リストラ・マン」の主人公ピーターは「僕は決して怠けてるつもりはないんです。ただ興味がないんです」と言っていました。意味を見いだせないことにモチベーションをもって取り組むのは難しいものです。行動経済学の第一人者、ダン・アリエリーのこんな実験があります。参加者にレゴブロックでロボットを作ってもらい、最初のグループが作ったレゴはとっておきますが、もう一つのグループが作ったレゴは目の前で崩していきます。すると最初のグループが平均で一一個のレゴを作ったのに対し、二番目のグループは七個にとどまりました。アリエリーはこう述べています。「人は何かに貢献していると感じたいものだ。目的意識をもちたい、仕事や作業そのものになんらかの影響力があると感じたいのだ」

「自分のしている仕事が大好きで、それ以上やりたいことなんてないという人の話を読んだとき、私はとまどったものだ」とベンチャーキャピタリストのポール・グレアムは書いています。「現実にはほとんどの人が、どんな場合であろうと、難しい問題に取り組むよりはカリブ海のビーチでのんびりしたり、セックスに興じたり、おいしいものを食べたりするほうを選ぶだろう」。仕事は必ずしも自分の好きなことと完全に一

山を越えられなかったちいさな機関車

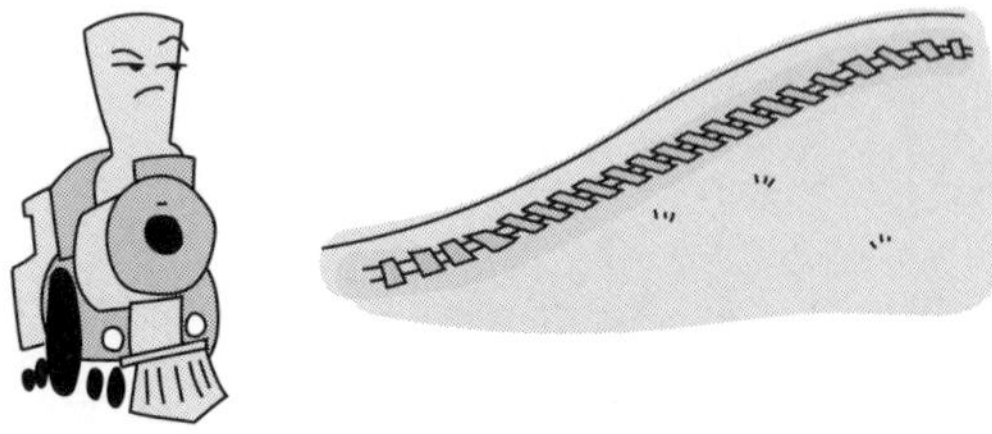

そもそもなんで山を越えなきゃならないんだ？

致するわけではありません。それでも、自分がしている仕事を通じて何かを受け取る人の存在を思うと、好きではない作業も耐えられるようになるものです。二〇〇万人以上を対象にした調査では、仕事に意義を感じている人の率が高かった職業の上位にソーシャルワーカー、外科医、聖職者が挙げられています。いずれも、一般的には楽しくお気楽でいられるときばかりではなさそうな仕事です。

長々としたメールを書きながら、あるいはデータの消去作業をしながら、この作業が誰の役に立つか考えてみることはあるでしょうか？ 自分の仕事が広い視野で見て世の中にどう影響するのかをわかっていれば、生産的にもなれますし、気持ちの重い日でもやり抜く力になります。ユーザーなどとのやりとりを通じて、自分の仕事が役に立っていること（顧客にとっての価値ある体験、いわゆる「マジック・モーメント」を提供していること）を実感するだけでも大きく変わってきます。ペンシルベニア大学ウォートン校教授のアダム・グラントは、大学のコールセンターで奨学金への支援を募る仕事についているスタッフと、奨学金をもらっている学生が会う場を設けました。会って話したのは五分ほどでしたが、スタッフにとっては自分の仕事が奨学生の人生を確かに変えていることを実感する体験でした。ひと月後、奨学生と話をしたスタッフ

ジョブ・クラフティングを実践してるね

はそうでないスタッフの二倍近い寄付金を集めたそうです。

**リズより**

私が聞いたすてきな「マジック・モーメント」のエピソードがこちら。あるとき、『かいじゅうたちのいるところ』を描いた絵本作家モーリス・センダックは、ジムという男の子からかわいらしい絵のついたファンレターをもらいました。センダックはお礼にかいじゅうの絵を描いたカードを男の子に送りました。しばらくすると、男の子のお母さんからこう書かれた手紙が届きました。「ジムはいただいたカードがあまりにも気に入って食べてしまいました」センダックは「あれは私にとって最高のほめ言葉だった」とのちに振り返っています。「絵を見て、気に入って、食べちゃったんだから」

「こうすれば必ず仕事に意味を見いだせる」という絶対的な方法はないので、考えかたに大きく左右されます。自分の意識や意欲を高めたいなら、仕事に対する見かたを変えると新たな意義を見つけられるかもしれません。イェール大学のエイミー・レズネスキーは、「ジョブ・クラフティング」という手法を通じて、仕事を主体的に楽しめるものに変えられると提言しました。カフェで働くバリスタなら「毎朝一杯のラテを作って渡すことでこのお客さんの一日が少し明るくなるんだ」ととらえてみる。グラフィックデザイナーなら「自分がデザインしたカードが数え切れないくらいの誕生日のお祝いに使われて、たくさんの人を笑顔にしている」と考えてみる。これがジョブ・クラフティングです。ニューヨークの地下鉄で車掌を務めるパキータ・ウィリアムズは、自分の立場を乗客のお世話係ととらえています。停電が起きて地下鉄が暗い構内で止まってしまったとき、車内を歩いてジョークを飛ばし、乗客の心をなごませたそうです。

## 仕事のなかから意義のある部分を見つけるには

**・「楽しい」を追求**

ＭＩＴメディアラボの所長だった伊藤穰一は「私が人生で重視しているのは、おもしろくて楽しい人たちの中に身を置いて、自分を取り巻く環境を最大限楽しくしたいということ」と述べています。仕事をしていてどんなときに明るい気分になるのか書き出してみましょう。自分が仕事のどの部分に意義を感じるのか、気づく手がかりになるはずです。

**・主体的に取り組める仕事を増やせないか上司と話してみる**

クワイエット・レボリューションの元CLO（最高人事育成責任者）ケイト・アールは、以前ついていたある仕事を長い間つまらないと思いながら続け、ようやくやめる決意をした経験があります。もっと打ちこめる仕事をしたいと上司に相談するなど思いつかなかったといいます。あとから振り返れば、自分の役割と責任範囲についてもっとオープンに話し合っていれば、もっと楽しく仕事ができたかもしれません。

**・自分の仕事を意義のある大きな目的の中でとらえる**

スペースX社の製造現場で働くあるスタッフは、「仕事は何ですか」とたずねられて次のように答えたそうです。「スペースX社のミッションは人類の火星移住です。人を火星へ送りこむには、繰り返し使えるロケットが必要です。でなければコストがかかりすぎて地球と火星を何度も往復するのは不可能です。私は、地球に帰還して着陸するための操縦装置の設計に関わっています。発射後、大西洋にあるプラットホームにロケットが着陸したら、私の仕事は無事成功したことになります」これは単に「ロケットの部品を組み立てています」と答えるのとはだいぶ違いますね。

**・前向きな人間関係をはぐくむ**

人とのいい関係があると、仕事はより有意義に感じられます。新人や若手社員の相談相手やメンター役になったり、仕事仲間がお互いを知るためのイベントを企画したりしてみてはどうでしょうか。

**仕事を「学べる機会」ととらえられなくなった**

## リズより

経済コンサルタントの仕事をやめた当日、それまで毎日午後のコーヒーを買いに行っていた近くのスターバックスへ行き、バリスタの仕事をしたいと伝えました。次に何をするかが決まるまでなんらかの収入が必要だったからで、カプチーノの作りかた以外にとくに何か学べるとは思っていませんでした。

ところが、実際は違いました。スターバックスの店舗は、あらゆる面が計算されていることがわかったのです。BGMも照明も時間によって変えています。ペストリー類の並べかたには細かな決まりがあります。テーブルが丸いのは、一人客に寂しい思いをさせないためです（丸テーブルの場合、明らかな「空いた席」はない）。すると、知りたいことが次々に出てきました。利益率が一番高いドリンクは何だろう？（答え：フラペチーノ。氷の分量が多いため）バリスタがコロンなどをつけてはいけない理由は？（答え：コーヒーは匂いを吸収しやすいから。ほかの主要コーヒーチェーン店よりずっと早い一九八〇年代から全面禁煙を実施しているのもこのため）人気の「裏メニュー」は？（答え：ヌテラを使ったドリンク。エスプレッソにスチームミルク、チョコレートシロップ、ヘーゼルナッツシロップ、キャラメルソースを合わせる）

スターバックスで働いたのがきっかけでデザインに興味がわき、フォトショップやイラストレーターを学びたいと思うようになりました。お客さんは実に多くのお金をコーヒーに費やしています。でもそれ以上に、スターバックスというブランドに愛着があるのです。

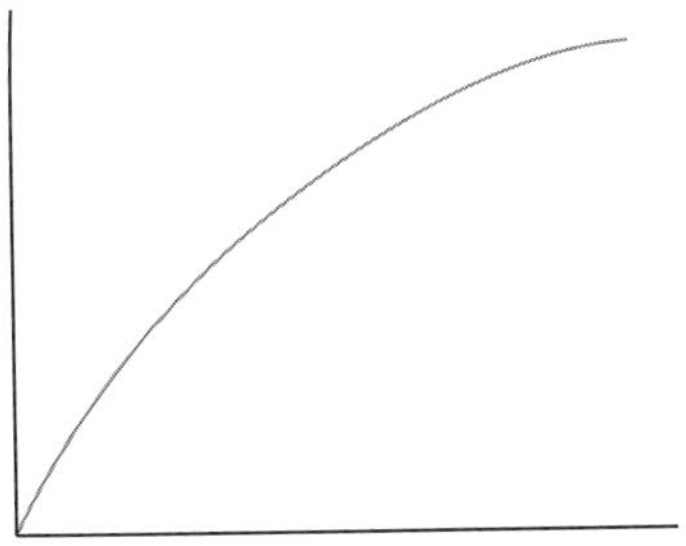
どこまで
追求できるか
どれだけ知っているか

仕事へのモチベーションがなくなっていると感じる人には、ちょっと厳しい指摘の出番かもしれません。仕事から学ぶことを放棄してしまっていないでしょうか。

**モリーより**

以前の職場に、毎年、業種の違う仕事への転職を七年間繰り返している同僚がいました。しばらく一緒に働いたあと、やはり仕事を替えたくなったというので、何を求めているのかたずねてみました。すると、ありったけの熱意を注げるような仕事がしたい、と答えが返ってきました。自分はあきっぽいのだとも言います。彼女は仕事を自分が新しいことを学ぶ機会ととらえていないのだな、と私は思いました。何にでも好奇心をもって向き合い、壁をつくらずオープンな心でいれば、どんな仕事にも興味をもって取り組める要素が見つかるものです。

「学ぶ方法は一つしかない。それは行動を通してだ」と、パウロ・

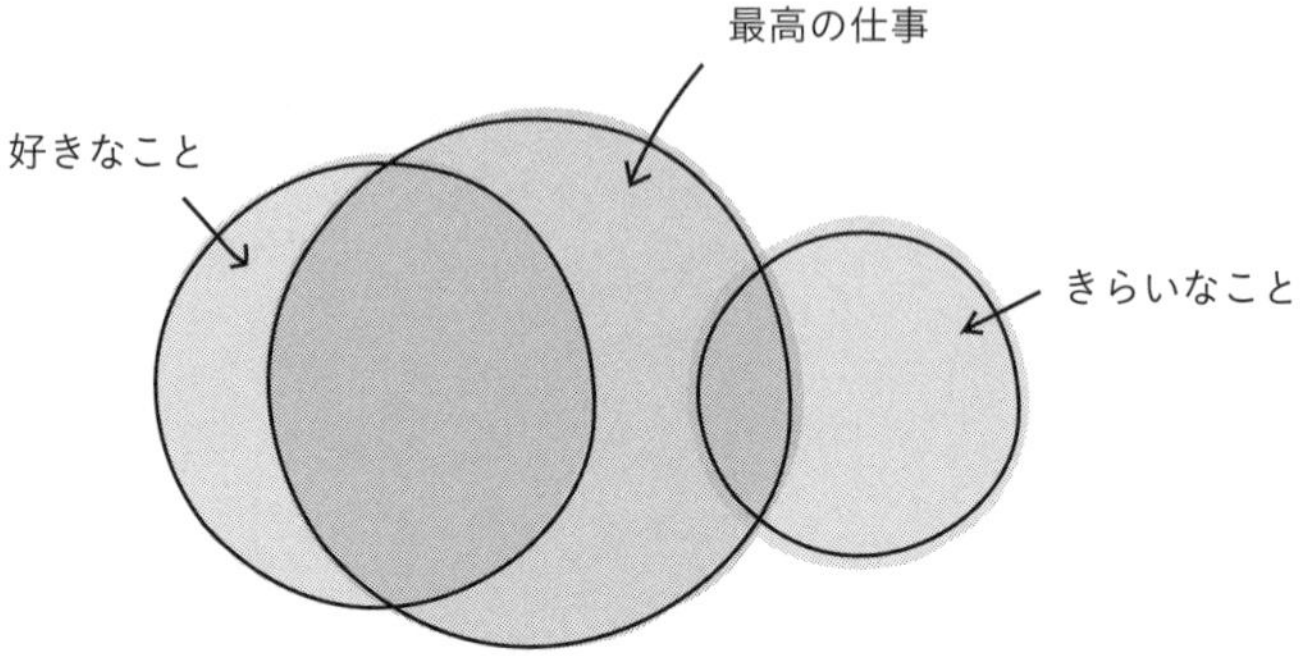


コエーリョの『アルケミスト——夢を旅した少年』にあります。何か新しいことを学ぶよう、自分を仕向けてみましょう。勤め先の会社についてでもいいですし、製品でも、一緒に働く仲間についてでも、新しい発見は何かあるはずです。強制されないとなかなか行動を起こせない……という人も大丈夫。さまざまな技術の進歩により、いまや学び続けることは必須になっています。

世界経済フォーラムは、今の子どもたちの半分以上は将来、現時点で存在していない仕事につくだろうと予測しています。最高レベルの頭脳をもつエンジニアでも、いずれ未知の言語でコーディングしなければいけない日がくるでしょう。現代の仕事において、学び続けることはもはやオプションではありません。必然です。数々のビジネス書を著したセス・ゴーディンはこう述べています。「レベルアップする機会を生かすのは基本的にあなた自身です。あなたが何を選び吸収するか、誰から学ぶかにかかっているのです」

ダリ作　時間の固執

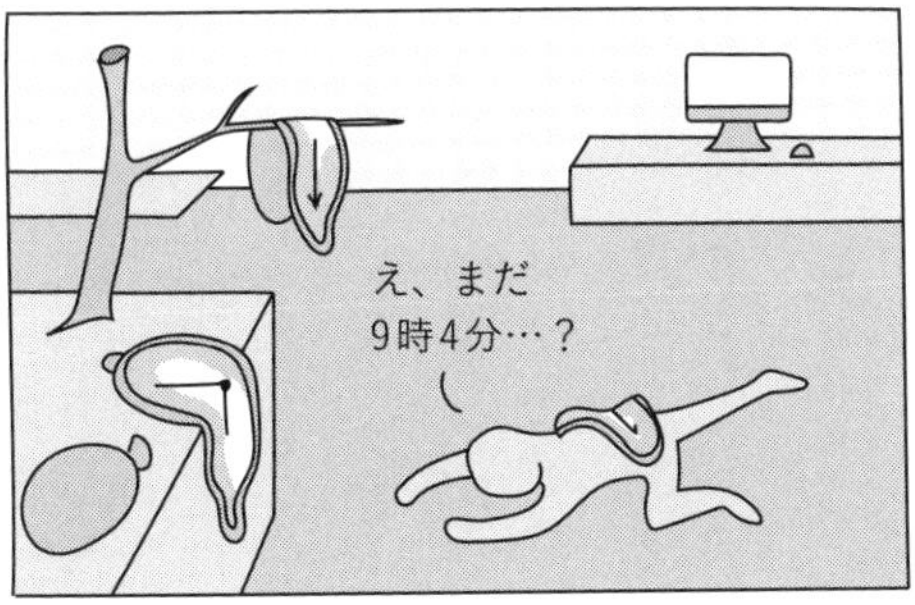


## 退屈な仕事の功罪

二〇一六年、フランスのフレデリック・デナールさんは元勤務先を提訴しました。理由は、仕事をわずかしか与えられず、退屈のあまり精神的に深刻なダメージを受けたため。訴えは却下されましたが、時計をながめながら終業時間を待った経験のある人なら、それほど突拍子もない訴えではないと感じるかもしれません。何もしないでじっとしているよりも、自分に電気ショックを与えることを選ぶ人のほうが圧倒的に多いという実験結果もあるくらいです。自分に電気ショックを与えた回数は平均五回で、なかには一人でじっと考えにふけるのを避けて二〇〇回近くスイッチを押した人もいたそうです。

でも、退屈だと感じたのをきっかけに、もっとやりがいのあることがあるのではないかと気づき、行動につながる場合もあります。退屈しているあいだ、考えをめぐらせるうちに何かの記憶にふれて、アイデアがひらめくかもしれません。ｆＭＲＩ装置に寝かされて次の作業指示を待っている状態の人を観察したところ、記憶や想像をつかさどる脳の領域が活発になったという実験結果もあります。ウォーレン・バフェットやビル・ゲイツがじっくり考えるための時間を設けているのはよく知られています。つまらないなと感じたとき、心の向くままに思いをめぐらせてみると、意外におもしろいアイデアにたどり着くかもしれませんよ。

意義を感じられる仕事にめぐりあうには、行動を通して学んでいくのが一番です。「自分のパッションに従えばいい」という助言は、自分が熱くなれるものが何かわかっているのが前提です（かつ、それを追求してちゃんと食べていけることも）。やってみないうちから自分のやりたいことはこれだと決めるのは、言ってみればマッチングアプリのプロフィールだけを頼りに人生のパートナーを選ぼうとするのに似ています。ポール・グレアムの言葉にもこうあります。「つねに何かを生み出していれば、人生をかけてやっていきたいライフワークにたどり着ける。水が重力の助けを借りて、屋根に開いた穴にたどり着くように」

何か不安を抱えているなら、単にのんびり過ごすよりも新しいことを学ぶほうがストレスに打ち克つのに有効かもしれません。ＧｉｔＨｕｂの学習・人材開発部門を率いるニキ・ラスティグは、会社が提供する能力開発コースを履修した社員から次のようなメールをもらいました。「今回のコースで学んだことを応用して、おそろしく複雑なプロセスを簡素化する案を練って書き出してみました。……完成した案は伝えきれないくらいいい感じで、今後チームが成長するのに役に立つと思います」すばらしい成果を出すことは、金銭的な報酬よりも大きなモチベーションになりえます。プロ野球選手が報酬を減らしても勝てるチームへ移るケースが多いのは、それを示しているのかもしれません。

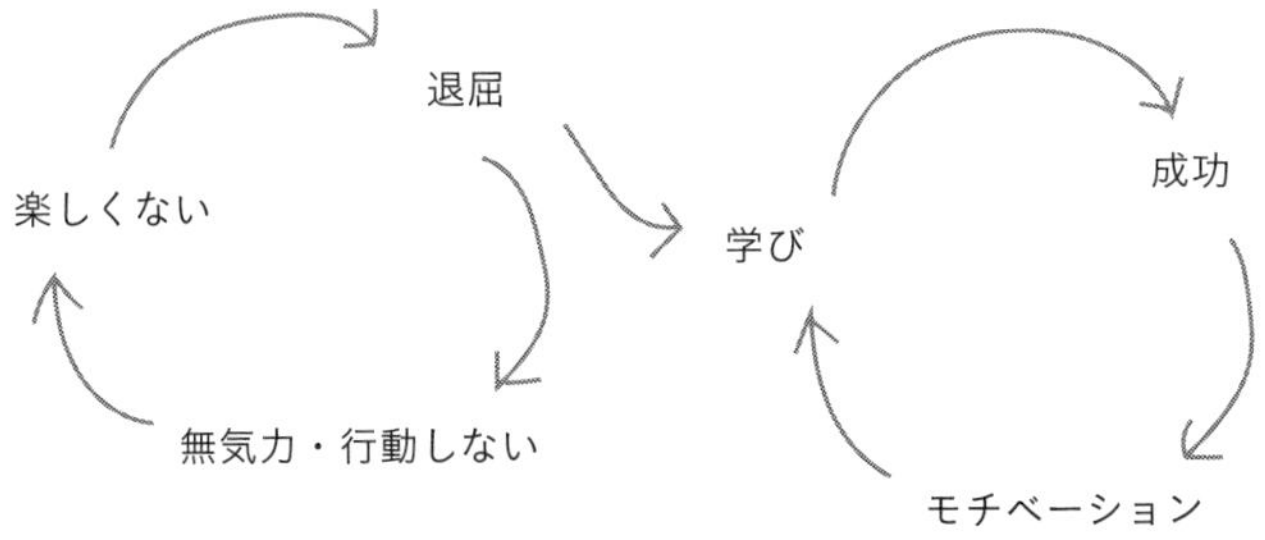


何かに愛着を感じたければ、時間と労力をかけることです。これは「イケア効果」と呼ばれています。イケアの家具を自分で組み立てた人は、自分で完成させた家具とすでに組み立ててあるまったく同じ家具があったとき、自分が手をかけたほうにより高い値をつける、とする研究があります。自分が組み立てたほうに高評価をつけるのは、自分がかけた労力と結びつけるからです。また、仕事ぶりをほめられればうれしくなり、もっと上達しよう、いい結果を出そうとする原動力になります。投資銀行で働く人を対象にしたある研究では、自主性を尊重した有意義なフィードバックを受け取った人は、そうでない人よりも高いパフォーマンスをみせています。

最後にもう一点。「老犬に新しい芸は教えられない」ということわざは頭から消しましょう！　新たなスキルを身につけるのに遅すぎることなどありません。著名な料理研究家ジュリア・チャイルドが料理教室へ通いはじめたのは三〇代半ばのときでした。最初のころは調理中の鴨を破裂させたりしていたのだとか。初の料理本を出したのは五一歳になってからです。能力はいつでも伸ばせます。能力は与えられたもの、変えられないものととらえると（「私は数字に強くないから」「クリエイティブなタイプじゃないし」など）、

新しいスキルを身につける道のり

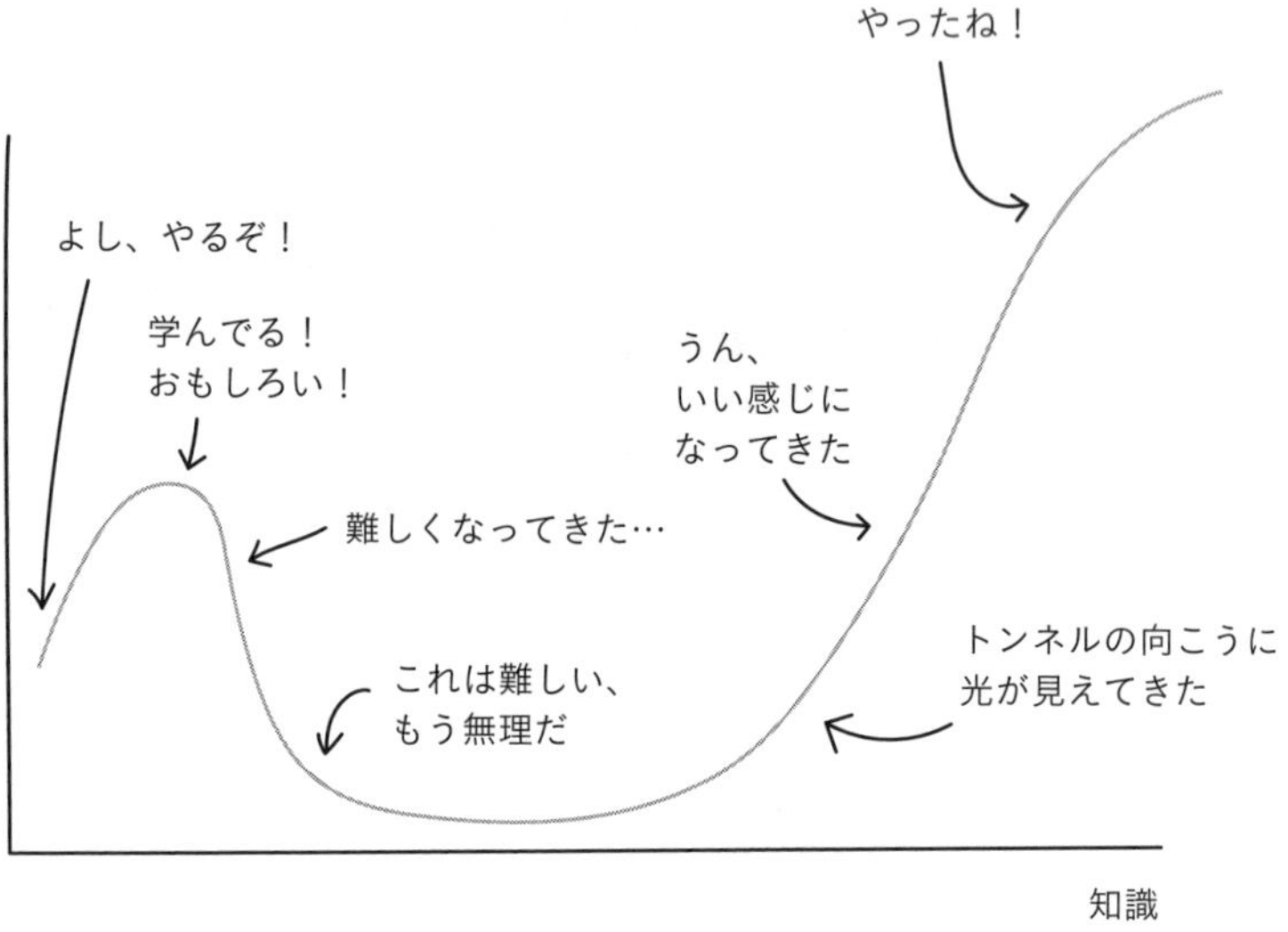
やったね！
よし、やるぞ！
学んでる！
おもしろい！
うん、
いい感じに
なってきた
難しくなってきた…
トンネルの向こうに
光が見えてきた
これは難しい、
もう無理だ
知識

ミスをするとすぐにやる気をなくしてしまい、努力する意欲がそがれるものです。ものごとをこなす能力は自分で伸ばせるものだと考えれば、挑戦する機会はチャンスととらえられ、難しい課題も果敢に取り組んでみようと思えます。その結果、できることが増えて進化した自分になれるのです。

## 何を学ぶか

人は得てして、何をすればいいかわからなければ何もせずにいるものです。新たに何かを習得しようとすると、選択肢のあまりの多さに圧倒されて途方にくれてしまうかもしれません。オフィススキルの不足を補うためにＰｙｔｈｏｎを学んでプログラミングに挑戦すべきか、それともウェブサイトの構築を学ぶべきなのか。将来を見据えて中国語を学んだほうがいいのか。あるいは何かを習得するのはメンターと出会う機会ととらえて、信頼できるメンターに出会えたら、その人から学べるスキルが何であれそれを学ばせてもらうのがいいのか。

まず、勤務先から資金の補助が出るセミナーなどがあるなら、ぜひ活用しましょう。会社から出る研修費は、一般的にカンファレンス類の参加費や、大学院など関連スクールの費用、規則にもよりますが教養的な活動などにあてることができます。

ですが、何を学ぶか決める際に一番いいのは、いったん原点に返ってなぜ学びたいのかを考えてみることです。最終的にめざすものは何でしょうか？

・今の業種・職種で仕事を続けたいが、スキルを伸ばして上の立場に立てるようになりたい
↓めざしているポストに関連する研修や講義を夜間クラスなどで受ける
・業種・職種を変える
↓大学院へ行く

・ネットワークを広げる
↓地域の集まりやワークショップなどに参加する
・仕事で携わっている分野の最新の動向を知る
↓ランチタイムに開くセミナーや読書会などを職場で企画する
↓業界のカンファレンスに参加する
・今の仕事を極める
↓メンターを見つける

## 学びに役立つ気持ちのもちかた

**・相手とスキルを交換する**

同僚や友人と何か新しいことを教えあう場をもつのも一案です。リズは以前、同僚にアドビのイラストレーターを教えるのと引き換えに、メールを使ったマーケティングのコツを教えてもらっていました。

**・すこやかな自分でいる**

不安を抱えていたり気持ちが落ち込んでいたりすると、人は新しいことを習得できません。ストレスや無気力で頭がうまく機能していないと感じるなら、前章で挙げた心身の健康を保つための対策を。

**・同じ社内で別の機会がないか探してみる**

サウスウエスト航空では、社員が興味のある他部署の仕事を体験できる「Days in the Field」というプログラムを用意しています。体験を通じて、社内でどのようにキャリアを積んでいきたいかを具体的にイメージすることができます。

### ・サイドプロジェクトを始めてみる

本業とは別に何かに取り組むサイドプロジェクトは、普段仕事で使うのとは違うスキルを生かす格好の機会ですし、大きなやりがいを感じながら新たなスキルを身につける場にもなります。リズはコーディングの基礎を習得したいと思ったとき、簡単な自分のウェブサイトをゼロから自分でつくってみようと決めました。サイドプロジェクトは自分だけのプロジェクトでもあります。誰かに言われてやるわけではないので、完全に自分主導で自由にできます。

## 一緒に働く同僚との関係がよくない

自分に裁量がある、仕事に意義を感じられる、新しいことを学べる。いずれも仕事をおもしろくしてくれる大事な要素です。でも、例えば睡眠不足で天気の悪い金曜の午前中、上司の言動にいらいらしている――そんなとき、真に私たちのモチベーションを上げてくれるのは、仕事そのものよりも仕事で関わる「人」だとする研究があります。職場に友人と呼べる仲間がいる人は仕事への満足度が高く、ストレスにも強い傾向があります。「モチベーションは自分が関心のあること、大事にしていることに取り組むことで生まれます。また、自分にとって大切な人と共に取り組むこともモチベーションになります」とはシェリル・サンドバーグの言葉です。

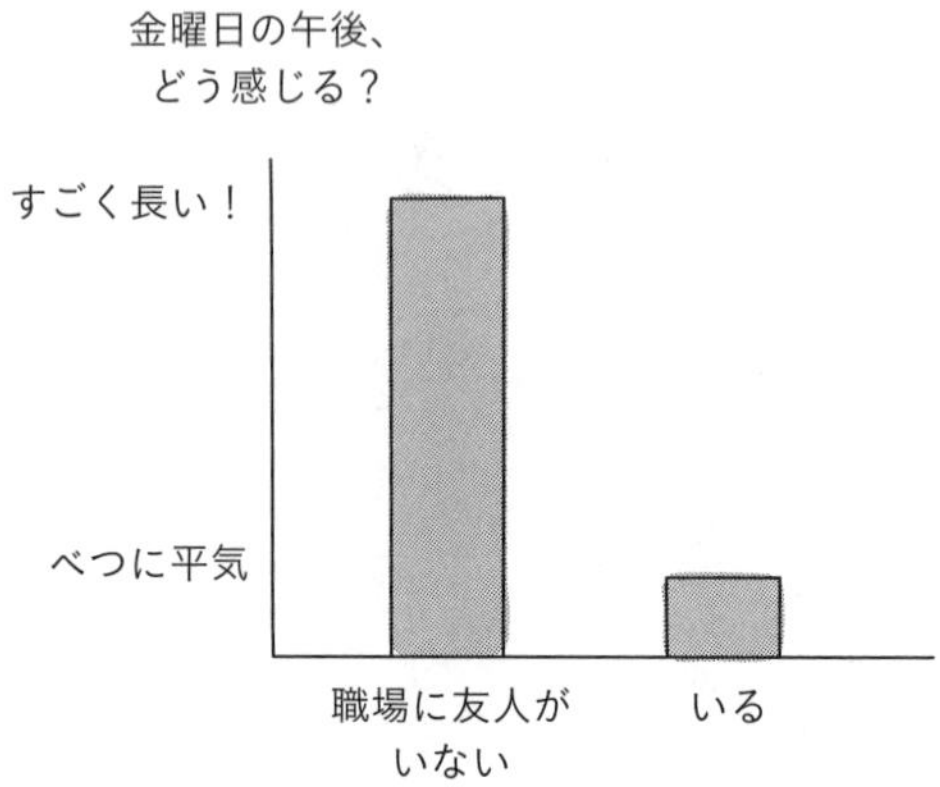
金曜日の午後、
どう感じる？
すごく長い！
べつに平気
職場に友人が
いない
いる

職場での友人にもタイプがあって、みんなが同じ役割を担うわけではありません。「信頼できる腹心の友」、「インスピレーション」、友人でありライバルでもある「フレネミー」の三タイプに分けてみていきます。各タイプになぜどのように共感できるのかわかっておくと、精神的エネルギーを適切に振り向けられ、自然にモチベーションを高めてくれる職場の人間関係をはぐくめるようになるはずです。

## 信頼できる腹心の友タイプ

あなたが上司とぶつかったときに寄り添ってくれる。泣きたいときにトイレで話を聞いてくれる。本当に必要なときに率直なフィードバックをくれる。それが仕事場での腹心の友です。このタイプの友人は、「もう世界に怖いものなんてない」くらいの（あるいは少なくとも「今度のプレゼン、うまくできそう」「思い切って昇給の希望を伝えてみよう」という）気持ちにさせてくれます。さらには、優秀な働き手になる鍵でさえあるのです。職業訓練を受けたインドの女性を対象にした研究では、単独で参加した人よりも友人と一緒に参加した人のほうが、

腹心の友への道のり

LoL!
仕事とは関係のないメールを送る
初めて一緒にランチ
相手の仕事が終わるのを待って一緒に帰る
お互いをカバーしあう
職場に好きな人がいると打ち明ける
初めて仕事後に飲みに行く
初めて週末に出かける
転職して行った先の会社に引き抜く

その後仕事で成果をあげる傾向がみられたそうです。

ただし近年、職場で親友と呼べる相手を見つけるのは難しくなっているようです。一九八五年には「職場に親しい友人がいる」と答えたアメリカ人は半数いましたが、二〇〇四年の調査では三分の一にとどまっています。転職のサイクルが短くなったため、職場での人間関係の構築にあまり労力をかけなくなっているとはいえそうです。アダム・グラントはこう説明します。「職場の人間関係は一時的なつながりと位置づけて、一定の距離をおいて礼儀をわきまえた付き合いをする一方、真の友情は仕事以外の関係で築く傾向にあります」。腹を割って話せる友人を職場でつくるには、人間的にひかれる同僚を見つけて信頼を築き、お互いの話を共有するところから始まります（割り切ったドライな人間関係の職場環境だと、親しい友をつくるのは難しいかもしれません。その場合は、仕事以外の交友関係がよりどころになります）。職場で人が集まる場を設けるのもいいでしょう。社内イベントを企画したりランチに同僚を誘うなど、率先して同僚と交流する機会をつくっている人は、同僚と交わらない人よりも仕事へのエンゲージメントの高い人が一〇倍多いと報告されています。

### インスピレーションタイプ

インスピレーションタイプの友人は、職場におけるプラトニックなあこがれの人、といえばいいでしょうか。「一緒にいたい」というより「あんなふうになりたい」と思う相手です。心からすごいなと尊敬する同僚やメンターが該当します。メンターは仕事の満足度を上げ、よきリーダーとは何かを示し、キャリアの上で進むべき方向へ導いてくれる存在です。経済学者のタイラー・コーエンはメンターを「その世界のリアルな姿を示してくれる存在です。その分野のすぐれた素材をどう見つけるかを教えてくれます」と述べています。仕事をしていくなかで私たちは大勢のメンターに出会えますし、たくさんのメンターをもつべきといえるでしょう。

#### リズより

前の職場にとても尊敬して慕っている同僚の女性がいました。気持ちが沈んで、コンサルタントとして独立するべきかやめるべきかわからなくなっていたとき、彼女にメールで相談したんです。そのときにもらった返信は、やる気を奮い起こしたいときに今も読み返している大切な言葉です。「一番よくないのは、勇気をもってこれまでの枠から飛び出したのに、その後も日々自分の人生を他人の基準で決めてしまうこと。自分の道を自分で築いていくのなら、決めつけずに進んでほしい。自分のなかに芽生えたものを自分のために追求するのは尊いことだから」

## フレネミータイプ

人は自分に似たところのある人を友人として選ぶものです。職場ではとくにそうです。ただし、共通する部分が多いほど、相手と自分をくらべがちです。フレネミーは友人でもあり、組織内で基準にする存在でもあるのです。ときに嫉妬を覚えたとしても、後ろめたく思う必要はありません。人がつながりをもっている人間関係のうち、フレネミーに該当する人は半数近くにのぼると考えられます。

フレネミーとの関係はストレスが大きいととらえられがちですが、がんばる原動力にもなるものです。コンサルタントを対象にしたある研究によると、フレネミーがいる人のほうが成果を出すためにより力を注ぎ、仕事における情報交換にも積極的だそうです。大きなプロジェクトを一緒にやってみるなどして、愛憎入り混じる関係のプラス面を伸ばしてみては？　できるところを見せようとがんばる気になるはずですし、もしかしたらそれをきっかけにいい友情を築けるかもしれません。

＊

職場ですばらしい友人に恵まれても、やはりマイナス面はあります。同僚と親しくなると、感情的に疲弊してしまう場面もあるのです。仕事のうえで批判的なフィードバックを伝えたり、期日に間に合うよう催促

マティス作　フレネミーによるダンス

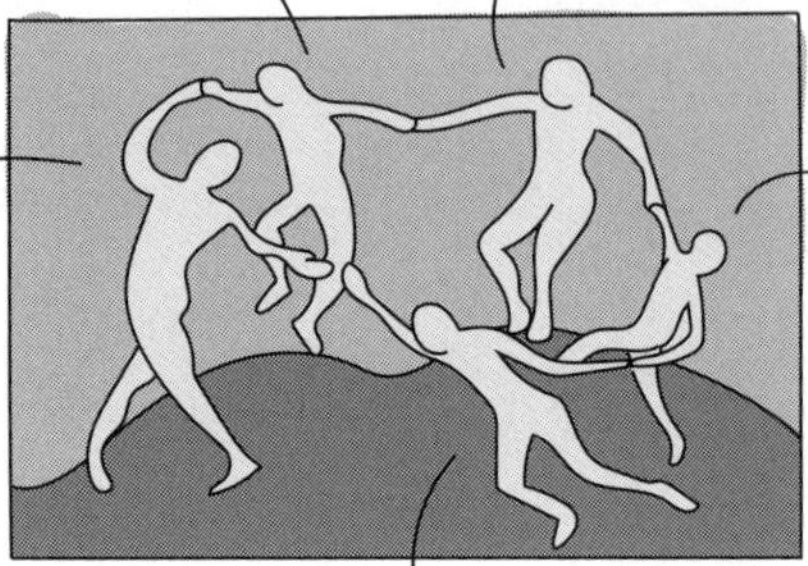
ちょっと
からかっただけなのに。
ジョークもわからないの？
何をやっても
あいつより
俺のほうが上だな
やりたいけど
今週は忙しくて
無理…
おめでとう！
あなたが
昇進するとは
思わなかった！
私のときは…私はさ…
私わたしワタシ…

したりしつつ相手と良好な友人関係を維持するには苦労もあります。「一緒に働く仲間は家族みたいなもの」という環境のスタートアップで働いた経験のある人にたずねてみれば、それがどれだけ大変か間違いなく語ってくれるはずです。また、どんな友情にも、その輪の外には第三者がいます。「職場の友人関係がもたらす影響については、その輪の中にいる人の視点でばかり考えがちです。居心地がいいか、つながりを感じられるか、会社へ行くのが楽しいか、など。ただ、友人の輪の中にいる人にとってはすばらしいものも、輪の外にいる部外者にとっては感情面でひどくつらいものになる場合があります。それが連鎖して、組織内にマイナスの影響を広げてしまうかもしれないのです」と、ウォートン校で博士課程に在籍するジュリアナ・ピルマーは語っています。同じ職場の二人の親しさが増すほど、たとえ二人が意図的にほかの人を排除していなくても、ほかのメンバーは疎外感を覚えるかもしれません。以前、モリーが新しい職場で働き始め

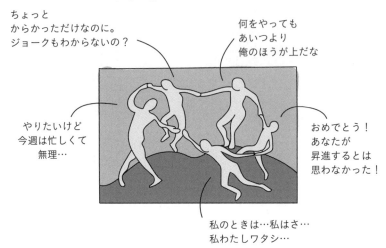

たとき、まわりの同僚はみんなどこかのグループに属しているようでした。新しく来たばかりのモリーは気後れし、居心地の悪い思いでいました。この状態では、情報の共有がうまくいきません。人は助けがほしいとき、仲間や友人に頼るものです。自分は部外者だと感じていれば、必要なときに助けを求めるのは難しいでしょう。

## 職場の上司や同僚とネットでもつながるべきか問題

会社の同僚とフェイスブック上でも友達になるべきか、ならざるべきか。それが問題だ——。この答えについて、人は「セグメンター（区別する人）」と「インテグレーター（一緒にする人）」の二種類に分けられるようです。セグメンターは仕事とプライベートの間に明確な線を引きます（同僚に対して「仕事つながりのネットワークとしてリンクトインではつながりたい。でもインスタグラムではフォローしないでほしい」という立場）。一方インテグレーターは仕事とプライベートの間に境界線を引きません（同僚にも「あれ？　私たちまだスナップチャットでフレンドになってないじゃん」と言える）。

セグメンターのみなさんには残念ですが、相手の気持ちを傷つけずにソーシャルメディア上の交流から仕事の人間関係を締め出すのは、もはや難しくなっているといっていいでしょう。ある調査によると働く人の七割以上が同僚とフェイスブック上で友達になってもいいと考え、半数近くが職場の仲間からの友達申請を無視するのは無責任だ、と答えています。また、個人的な情報を開示しない人に対して同僚は否定的な評価を下すという報告もあります。セグメンターのみなさんはどう受け止めるでしょうか。残念ながら友達申請は受け入れざるを得ないのかもしれません。

ソーシャルメディアがもたらす危険

①
週末何してた？
②
友達とキャンプに
行ったんだ
③
知ってる
④

職場の同僚といったんSNSで友達になれば、すぐに相手についてよく知る（ときには必要以上に知る）ことになります。先のジュリアナ・ピルマーの言葉を借りれば「ソーシャルメディアは境界線を透明化し、一緒に働いている同僚の職場外での行動や交友関係が見えてくる」のです。これにより、本来なら時間をかけ直接顔を合わせて会話を重ねなければ得られなかった結びつきや、見つからなかった共通点にも早いうちにたどりつけ（「私たち出身地が近いね！」など）、お互いの距離を縮めることが可能になります。ただ同時に、ほかを排除するグループ化が進んだり（「私たち同じ学校出身なの」など）、ほかの人の怒りを買ったりすることにもつながります。例えばあなたが一週間の休みをとって、恋人とイタリアの田園地帯を自転車でめぐる旅に出たとします。トスカーナの太陽の下、二人で優雅にワイングラスを重ね合わせる写真を投稿しました。一方オフィスではプレッシャーのかかる大事なプロジェクトが正念場を迎え、同じチームのメンバーは夜遅くまで働き、美食を堪能しているあなたの投稿にいらだちをおぼえる——。ありえる話です。

ソーシャルメディアには交友関係を可視化する側面があり、それが壁をつくることにもなります。一緒に飲みながら楽しそうにしている写真をインスタグラムで見て初めて、あの二人は仲がよかったんだと気づく、という経験をした人はいないでしょうか。そうすると「なんで私は誘われなかったんだろう」と疎外された気分になったり、次の日にオフィスで見かけたときに話しかけるのをためらったりするのも無理はありません。

## 職場でいい友人関係を築くためにできること

### ・小さなかかわりあいから始まるつながり

良質の関係は、深く親密な関係や危ういつながりを必要としない、とミシガン大学のジェーン・E・ダットンは指摘しています。信頼しあって互いへの関心を寄せ、つながりを感じられるちょっとした瞬間を共有することから、有意義な関係がめばえるものです。

### ・他者をへだてる壁をつくらない

デザインコンサルティング会社のＩＤＥＯでは、社内のどのチームにも異なる分野を専門にするデザイナーを数人配属し、各チームが複数の機能をこなせる体制に配慮しています。同社のサンフランシスコのオフィスでは「ティータイム」と称する時間を設け、午後三時になると仕事の手をとめてひと息入れ、直接一緒に仕事をする機会のない人同士が話す場を設けています。

・**人が集まる場では輪を広げることを意識**

各種調査によれば、社内イベントは必ずしも職場での交友関係を広げることには結びついていないようです。「人は交流会という場でもそれほど交流しないし、社内パーティなどでも基本的には自分と共通点のある同僚と友好を深めるもの」とアダム・グラントは述べています。職場のイベントを有意義な場にするには、それまで知らなかった人に最低一人は話しかけてみるのをおすすめします。

・**気軽な交流の場をもつ**

グーグルやフェイスブックでは、社員が一緒にゲームをしたり食事をしたりする場を設けています。リンクトインでは「Bring Your Parents to Work Day」（会社参観日）と題したイベントを立ち上げ、社員が家族を職場に招き、社員同士が互いの家族に会う機会にもなっています。

まとめてみましょう。モチベーションは働きかけ次第で上げられます。主体的に働けている感覚はやりかた次第で引き出せます。仕事に意義や目的を見いだす（あるいは意義を感じられそうな部分に集中する）ことも可能です。仕事を学びの場としてとらえなおす、職場で親しい同僚を増やす選択肢もあります。もし、こうした取り組みをしてみても毎朝起きて仕事に行くのが憂鬱なら、アドバイスできるのは「やめる」こと。人生は永遠には続きません。一日のうち少なくとも八時間、意欲を感じられないまま日々を過ごすのはもったいないですから。

モチベーション

## まとめ

1. 自分の裁量でできることを増やすため、仕事の進めかたを少し変えてみる
2. ジョブ・クラフティングを実践する。主体的に楽しんでできる要素を重視することで、仕事に意義を見いだす
3. 新しいスキルを身につける気持ちで仕事に取り組む。深く知るほど仕事はおもしろくなるもの
4. 職場でいい友人関係をはぐくみ、仕事が楽しくなる理由を一つ増やす

第4章

# 意思決定に
# 感情を排除しなくていい

感情は考慮すべき要素のひとつ
よい決定を下すためになぜ感情と向きあうべきなのか

**リズより**

四年前のことです。まだ立ち上げから間もない、ジーニアスという音楽メディア関係のスタートアップから、エグゼクティブ・エディターとして仕事をしないかと誘いを受けました。「私をほしいと思ってくれる会社があるんだ！」と心がおどったのですが、その興奮がおさまると、困惑と共に気持ちは急降下していきました。オファーを受ければ、二週間以内にニューヨークへ移らなければなりません。当時サンフランシスコにいた私は、家賃の安定したアパートメントに住み、好きだった人からようやくデートに誘われ、仕事にもそれなりに満足していました。結論を出すまでの猶予が三日間しかないなか、友人たちやメンター、ウーバーで乗せてくれたドライバーにいたるまで、聞いてくれそうなあらゆる人に相談しました。経済学専攻らしくいろんなシナリオを考え、「機会費用」という用語をやたらと持ち出してみたりもしました。そうして徹底的に分析しても、結論は出ません。どんな指標で測っても、どちらかが明確に優位な選択とはいえませんでした。

　それでもどちらか選ばなくてはいけません。そこで、何ごとも超合理主義で考える私のやりかたにも、そうすべきと教えられてきた過去にも完全に反するのですが、自分の気持ちと向き合ってみることにしました。まず、西海岸でこれまでの生活を続けた場合を思い描いてみます。少し後悔の気持ちがありました。次に、オファーを受けた場合を想像してみました。新しい職場で迎える初日のようす。仕事仲間とどんなふうに打ち解けていくか。通りの屋台で売っている巨大プレッツェルにはまって通い詰める、ニューヨークならではの罪な楽しみ。胸が高鳴るのを感じました。わくわくして、そわそわして、気持ちが高まっていたのです。私はオファーを受けることに決めました。

　それから二年のあいだ、ジーニアスはいくつかの大きな変化や、組織の再編成、アイデンティティの危機に陥りました。大変でした。チームのみんなで必死に（それも自分たちらしいユニークな形で）働きました。オフィスで寝泊まりし、自社サイトがどうサムライ精神を体現しているかを三〇〇〇ワード超のメールで議論しあい、「ピッチ・アイドル」なる賞品つきコンペを開いてマーケティング用のコピーを競い、昼夜を問わずユーザーから送られてくるＧＩＦと絵文字満載のメッセージに応える日々。その間、自分の選択を後悔したことは一度もありません。

　人生を大きく変える選択を自分の感情に従って決めるなど、まったく合理的に思えないかもしれません。でも、それが決してめちゃくちゃな戦略でないことは、心理学や行動科学の研究が（私自身の体験も！）明らかにしています。この章で紹介していきますが、最良の判断や問題解決では感情もきちんと考慮されていることが、各種研究でも示されています。むしろ、意思決定のときに感情をいっさい無視してしまうと、意外なほどの弊害があるのです。

## 岐路に立ったとき、どれを選択するか

自分の直感を正しく受け止めるには、技術がいります。何かを決めるときには論理的に分析するのが正当で、直感で決めるのは正攻法でないと思いがちです。でも実のところ、感情に対する評価が低いのは、私たちが感情をどう読み解くべきか理解していないからです。そこで「仕事における感情の扱いかた新ルールその3」は「感情は考慮すべき要素のひとつ」です。最終的に「今回は感情は考慮しない」と決める場合はあるかもしれませんが、感情の存在は認めるべきなのです。投資に関する意思決定を分析したある実験では、決定を下す際に、プラスの感情かマイナスの感情かを問わず、もっとも強く明確な感情を抱いたと申告したグループが結果的によい投資判断をしました。最終的には抱いた感情に従って決断しなかった場合も含めての話です。よい選択をした人は自分の感情と向き合い、どの感情が何を意味していて有益なのかをよく考え、そうでない感情は整理していました。つまり、自分のあらゆる感情を吟味することで、一つひとつを自分でコントロールでき、振り回されずにいられたのです。

意思決定というと、なんらかの感情を抱くことと、その感情をもとに行動することを同一視している人が多くみられます。自分の感情を認識すると、その流れに圧倒されてしまうのです。

しかし感情は、根拠のない超自然のシグナルではありません。知識や経験、瞬時の情報処理作業のもとに

いろいろな決断

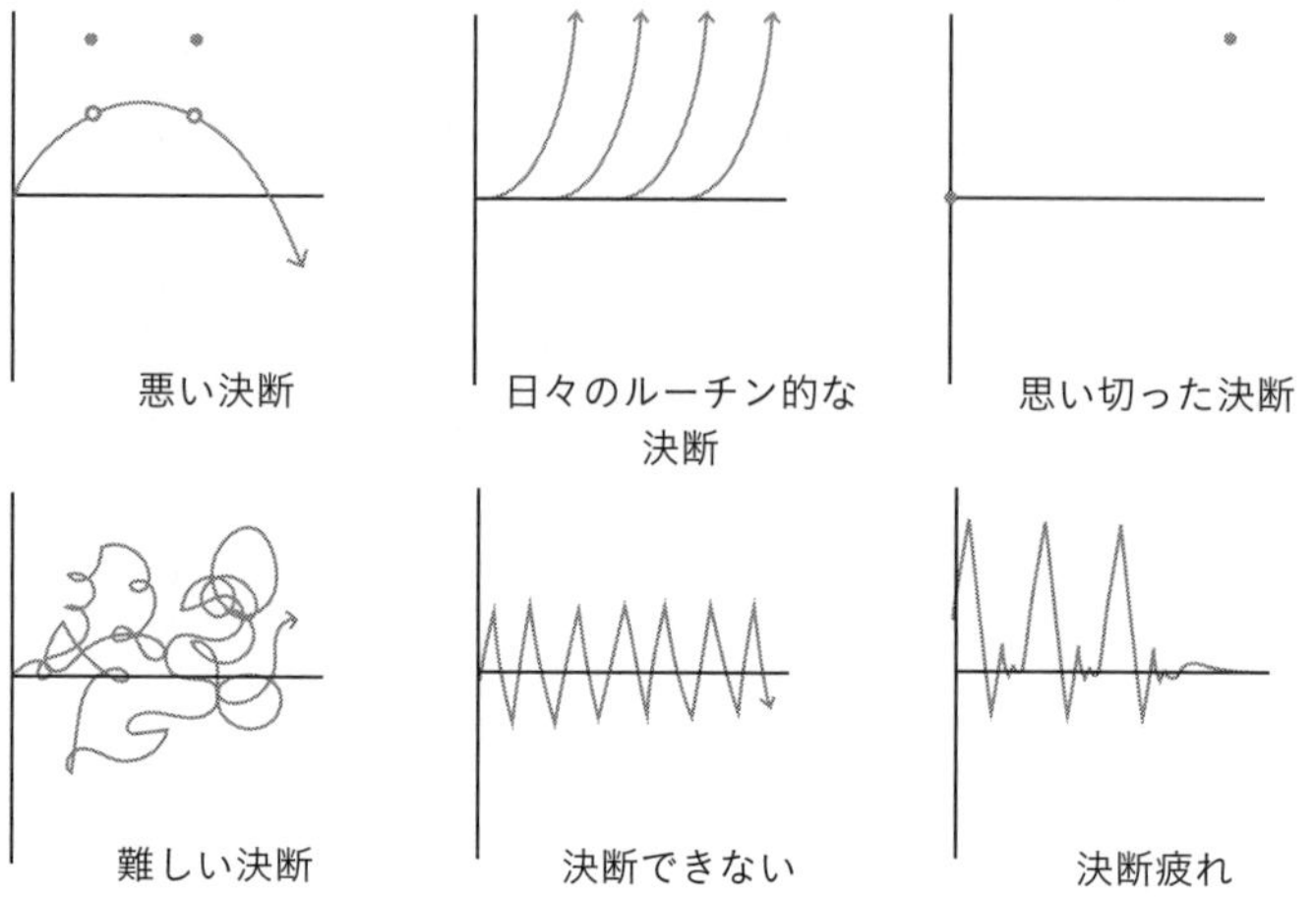
悪い決断
日々のルーチン的な決断
思い切った決断
難しい決断
決断できない
決断疲れ

生じるものです（心理学者のウィリアム・ジェームズは本能的な感情を「体感している知識」と表現しています）。自分でも説明がつかないけれど、直感で確かに感じる、という経験はないでしょうか。そうした感覚は、選択肢を絞り優先順位をつける際の手がかりになります。新しい仕事に応募するとしましょう。マーケティング・アソシエイトになる自分を想像して不安に襲われたなら、選択肢のリストから外していいかもしれません。データサイエンティストとして働く自分を思い描いてわくわくしたのなら、それもめざすべき道である大事なサインになります。

　決断するときに感情と向き合うのが大切なもうひとつの理由は、実際、行動を決める際はすでに感情が絡んでいるからです。純粋に論理だけで何かを選ぶのは不可能でしょう。シートベルトをするかしないかのような単純な選択でさえ、感情面の影響は切り離せません。「安全確保のためにシートベルトをする」という行為は感情とは無関係な選択に思えますが、これもも

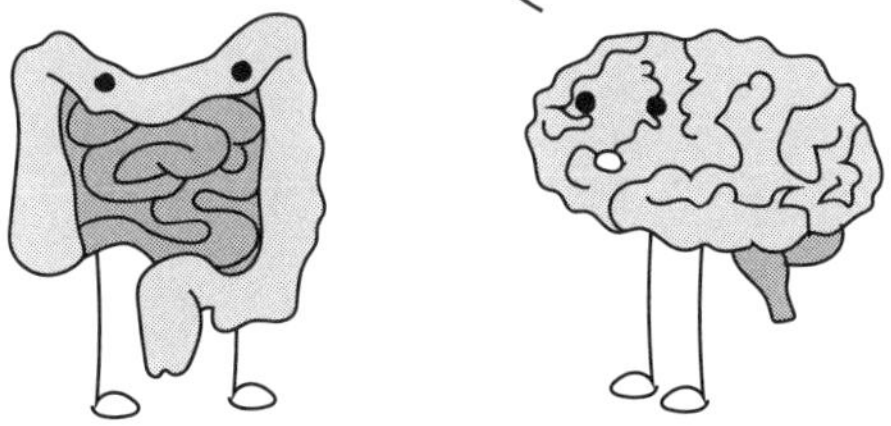
きみの直感は
ぼくの判断と同じくらい
正しいかも
腹の底
脳

とをたどれば「事故にあって命を落とすのは怖い」というまっとうな不安からくる選択なのです。

この章では、自分の感情をどう分析すればいいかをみていきます。有効な感情とむだな感情の違いを知り、感情に左右されるべきではない決定の例を検証し、自身の感情の傾向をふまえた最良の決断の出しかたを考えていきましょう。

## 何を考慮し、何を捨てるか

すべての感情を同等に検討する必要はありません。あなたの脳が発するすべての声を、よく吟味せずにあてにするのは危険です。心理学では「関連性のある感情」と「関連性のない感情」を区別しています。

・関連性のある感情は、目の前にある選択に直接結びつく感情です。例えば昇進の希望を出すか否かを決めようとしていて、希望を出さなかった場合は後悔するだろうなと思うなら、関連性のある感情です。こうした感情は、選択肢を吟味して絞りこんでいく際の手がか

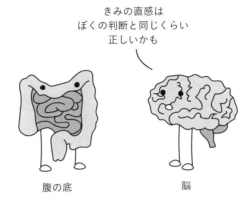

自分にとって
ベストな選択をして！
いま楽しいほうを
選びなよ！
関連性のある
感情
関連性のない
感情


りとして有効です。

・関連性のない感情は、選択しようとしている事柄と直接の関係はないものの、決めようとする過程で何かと顔を出してきます。例えばリズがたんすの角に足の指をぶつけたり、駐車違反の切符を切られたりしたとします。むしゃくしゃした気分になったリズには、同僚が出してくる提案が急にどれも使えないレベルに思えてくるかもしれません。

大原則は「関連性のある感情は無視しない、無関連の感情には振り回されない」です。何かを決めるとき、「私はどう感じているか」と問いかけてみましょう。自分の感情を把握したら、目の前の選択と関連があるかないかで分けて考えます。「いま自分は不安を感じているな」と思ったら、いまから下す決断について不安なのか、あるいは大事なプレゼンを明日に控えて不安になっているのか、よく考えてみることです。この違いをしっかり区別できれば、上手に決定を下せるようになります。

よい意思決定のために

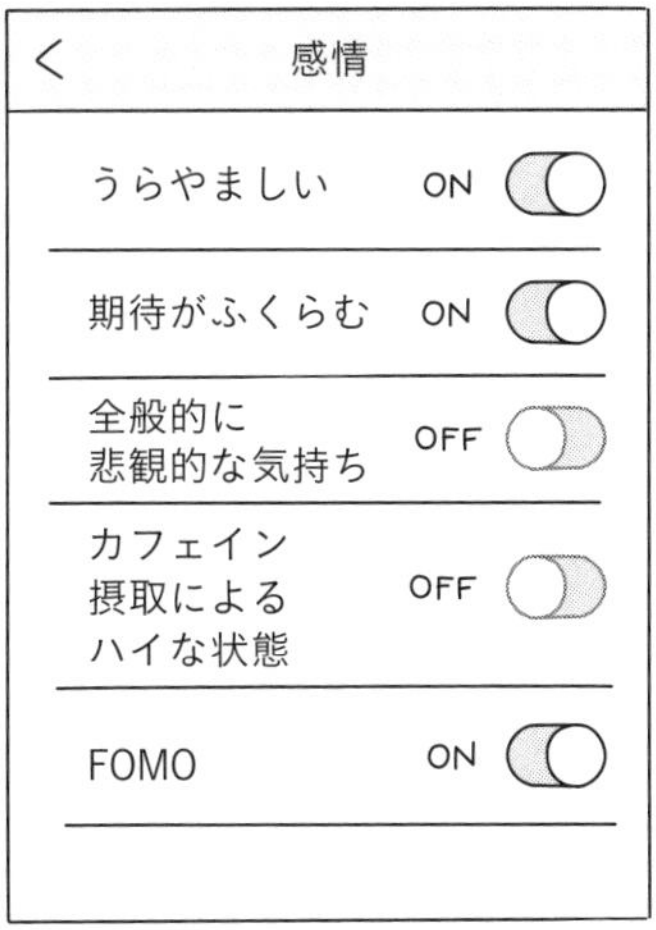
感情
うらやましい　ON
期待がふくらむ　ON
全般的に悲観的な気持ち　OFF
カフェイン摂取によるハイな状態　OFF
FOMO　ON

## モリーより

私の場合、「この選択をしたら未来の自分はどう思うか」よりも、「疲れた」「空腹」など、今この瞬間の感覚をもとにものごとを決めることはしょっちゅうです。例を挙げると、仕事のあとに同僚と飲みに行こうとすると、なかなか気が乗りません。誘われたときは行きたいなと思います。が、夕方六時になって一日の仕事を終えると、「疲れてるしおなかもすいたし……」となります。この「選択肢とは無関連の感情」が、「家に帰って夕飯を食べたい」（私は田舎のおばあちゃん式に夕飯を六時半に食べたいタイプ）「ひとりで静かに過ごしたい」という気持ちにさせます。ですが、飲みに行けば行ったで楽しく、仲間とのつながりを感じるのもわかっているのです。この「行けば楽しい」という「関連性のある感情」が、直接関連のない感情に屈しないようにするといいんですね。

## 関連性のある感情

関連性のある感情はあなたを導く「心のナビ」ととらえてみてください。二つの選択肢から一つを選んだ場合にどうなるかを考えたとき、プラスかマイナスどちらかの感情がわいてくるはずです。リズが人生の岐路に立ったとき、ニューヨークへ行く自分を思い描いたらわくわくしたと言っていましたね。これは、リズにとっていい選択であることを示唆する感情の動きです。

関連性のある感情は、リンゴかオレンジかのように違うものを比較検討するときに使える共通通貨です。人生には、なかなかうまく比較できないような選択肢から一つを選ばなければいけない場面があります（例えば「ロースクールへ行くか、それともヨガのインストラクターになるか？」など）。そんなとき、それぞれの選択肢のメリットとデメリットを並べても答えが出ないようなら、それぞれを選んだ場合にどう感じるかを考えてみるのはヒントになります。

選択肢と直接関連性のある感情は、無関係な感情より長く持続する傾向にあります。数時間か数日たっても同じ気持ちが消えないのなら、おそらく関連する感情と判断してよさそうです。関連性のある感情として一般的なものを以下に挙げてみるので、こうした感情をどう解釈すればいいのかを考えていきましょう（時と場合によって、関連性があったりなかったりする感情もあります。ここでは代表的な例を挙げています）。

### 期待

**意味するもの：** これを選ぶと考えると、ほかの選択肢よりもわくわくしてエネルギーがわいてくる――。

葛飾北斎作　うねる不安の波

そんなふうに感じたら、その選択肢は重視すべきサインかもしれません。といっても、その期待が本当に取るべき選択を意味するのかはしっかり確かめることです。認知心理学者のダニエル・カーネマンは、決断の記録を取ることを勧めています。何かの選択を迫られたら、その選択によって何が起きると思うか、そのシナリオに心ひかれるのはなぜかを書いておきます。そうすると、自分の期待が正しかったか評価できますし、この先何かを決めるときに自分の感情をどう扱えばいいかのフィードバックにもなります。

### 不安

**意味するもの**：実は、不安は悪いものではありません。どの選択肢もいいときほど、人は不安になるようです。心理学ではこれをウィン‐ウィンのパラドックスと呼んだりします（神経科学では「第一世界問題に相関する神経活動」、すなわち先進国特有のぜいたくな悩みとも）。あなたが抱えているストレスを軽んじるわけではありません。難しい選択はやはり難しい選択ですが、プラスの側面もあるのです。

不安をうまく利用するには、不安がどこからきているかを理解する必要があります。「不安というのはさらなる恐怖への恐怖心です。身のまわりの世界を自分の管理下におき、現実を把握して安心したいという要求が根っこにあります」と、エグゼクティブ・コーチのジャスティン・ミラノはいいます。不安と恐怖心を区別するポイントのひとつが、恐怖心は一時的なもの、不安は数日か場合によっては数カ月続くことです。

まず、手に入れたい、掌握したいものは何かを明確にするところから始めます。ミラノは次のような問いかけを勧めています。「思い入れを抱いているのはどんな期待、考え、結果でしょうか？　あの投資家からの支援？　特定のクライアント？　特定のプロダクトでしょうか？」。思い入れの対象が何か明確になれば、不安を生産的に利用できるわけです。「健全なやりかたは、まずこういう結果を手に入れたいという自分の思いを認識したら、その思い入れをいったんゆるめて、創造力を発揮して現実に即した新たな道を描くことです」とミラノ。モリーの経験を例に挙げてみましょう。モリーは以前、クライアントに満足してもらえるか不安に思っていましたが、不安の根本には役に立ちたいという思いがあると気づきました。そこでいまは、クライアントに初めから「お役に立てるためにできることはありますか？」と問いかけることにしています。

いま感じている不安が何を意味しているのか、不安を生産的なものに転じるにはどうすればいいのか。この答えを見つけるために、ミラノは五つの問いを立てました。

1. 何が不安なのか。
2. その不安を身体のどこで感じるか。

3. そこに反映されている願望は何か。不安の裏にある願望は何か。
4. 願望に気づいたら、それに従って行動を起こすかどうか。
5. 行動するなら、どんな段階を踏んでクリエイティブなアクションを起こしていくか。

これに順番に答えていくと、恐怖心から反射的に動くのでなく、問題解決のために創造性をもって動けるようになるはずです。

**後悔**

**意味するもの：**後悔が最小限ですむと思う選択をしましょう。先のダニエル・カーネマンとエイモス・トベルスキーによると、あらゆる感情のうち、人がもっとも避けようとするのが後悔だそうです。行動経済学を生んだふたりの足跡を追ったマイケル・ルイスのノンフィクション『かくて行動経済学は生まれり』には次のように書かれています。「人生で大きな決断をするときにどうやって決めているかときかれると、エイモスはよくこう答えた。これを選んだら何をどう後悔するかを思い描いて、一番後悔が少なそうな選択肢を選ぶ。一方ダニエルは後悔を具体的に考える。予約したフライトを変更すればいろいろと都合がいいときでも、変えようとしない。変更して事故にでも巻き込まれたときの後悔を考えるからだ」

**モリーより**
私もよくこの方法をとります。大学院へ行くべきかどうか決めるとき、こう考えました。「一〇年後、大学院へ行かなかった場合と行った場合、どちらがより後悔するか」。交際関係についてもあてはめられます。悩んでいる友人に「一年後、いまの相手とまだ続いているか、別れているかでどっちが後悔すると思う?」ときいたことも。この視点の何がいいかというと、将来どうなっていたいかを必然的に考えさせるからです。未来を思い描くときは、今の例でいうと「大学院で学んだ内容を生かすかどうか」「今の相手と付き合い続けて自分は幸せでいられるか」に注目してみるとよいと思います。

人は現状維持を選びがちですが、変化を起こすことでよりハッピーになれる場合もあります。『ヤバい経済学』を書いた経済学者のスティーヴン・レヴィットはこんな実験をしました。転職すべきか、交際相手と別れるべきかなど、人生の大事な決断で答えを決めかねている人を集め、コインを投げて運命を決めてもらいます。表が出たら変化を選ぶ。裏が出たら現状を維持する。すると半年後、表が出た人、つまり変化を起こす行動をとった人のほうが幸福度が高かったのです。「人生を変える決断を前にすると、人は過剰に慎重になるのかもしれない」とレヴィットはまとめています。

嫉妬

**意味するもの：**「誰かをうらやましいと思う気持ちは、自分は望んでいるけれどもっていないものを相手がもっていることを意味しています」と話してくれたのは、『人生は「幸せ計画」でうまくいく!』の著者、グレッチェン・ルービンです。「法律関係から作家業に転向を考えていたころ、法曹界で活躍する卒業

僕がいちばんうらやましいのは
うちのネコなんだけど、
これってどういうことだろ？

生の記事を母校の冊子で読んで、ふうんと軽い興味をおぼえました。そして別のところで作家として成功を収めている人の話を読んだとき、はげしく嫉妬をおぼえたんです」

嫉妬心はその人の価値観を明らかにします。ただし、自分をごまかさずに、真に正直になった場合。たいていの人が、ねたむ自分を恥だと思うものです。それは、嫉妬が往々にして、相手が自分よりも上だということを暗に意味するから。ねたみの感情を研究しているターニャ・メノンも指摘していますが、「私が彼女に嫉妬しているのは、この仕事については彼女よりも自分が完全に劣っているからだ」と認めるのは勇気がいります。この先、人がもっているものや能力に羨望をおぼえたら、心のなかであらゆる技を繰り出して何でもないふりをしなくていいのです。うらやましい気持ちを認めてみると、改善点や変えるべきところが見えてくるかもしれません。

答えを出す前に、きみがひねくれてるのは
関連があるのかないのか自分にきいてみてごらんよ

## 関連性のない感情

人が何かを選択するとき、感情をいっさい排除することはできません。コピー機でおつりのコインを拾った程度の小さなできごとでも人の気分を左右しますし、意思決定にも影響するものです。ですが「この気持ちと、今から決めようとしている内容は無関係」と認識すれば、むだな感情に左右されずに判断できます。人生の道すがら、関連のない感情に振り回されないために一番簡単なのが、ものごとを決める前に時間をおくこと。望まない訪問者をふるいにかけるようなものだと思ってください。

### 高揚感

**意味するもの：**高揚しているとき、人は過度に楽観的になったり、衝動的になったりします。気持ちが高ぶった状態の人は、そうでない人よりも自分は病気にはならなそうだと考え、お金もより多く使う傾向にあります（カジノが高揚感を誘う明るいネオンと騒がしい音にあふれているのはそういうわけです）。また、高揚しているとあまり深く考えず、バイアスに流されやすくなり、楽天的な気分に合った情報のほうを多く記憶します。たとえば賞与が出てわくわくしているときに同僚を評価すると、おもに相手とのいい時間を思い出すのです。

**対処法：**不安と高揚感は同じコインの裏と表です。両方をうまく扱うには、身体からアプローチして自分を落ち着けること。鼻から息を吸って気持ちを静めたり、短い時間でいいので外を歩いたり走ったりしてみましょう。

**悲しさ**

**意味するもの：**悲しいとき、人は「グラスに半分しか水がない」と考えます。気持ちが沈んでいると、悪いことが起きる可能性ばかりに意識が向きます。自分への期待値が下がり、先のことを考えるよりも今すぐ手に入る何かを選びがちです。一方で、気がふさいでいるときは、何かを決めるのにもじっくり時間をかけて慎重に考えるともいえます。これは、ある程度までならいいことです。悲しいときに人はあれこれ思いめぐらすきらいがあり、頭のなかで分析を繰り返す無限ループにはまると、選択肢から自信をもってどれかを選びとるのは難しいものです。

**対処法：**感謝の気持ちには悲しみと逆の効果があります。悲しい気持ちにうまくけりをつけて整理できないときは、いま感謝していることを三つ挙げてみましょう。本格的に気分を上げたいなら、これまでよくしてもらいながら感謝を伝えたことのない相手に、個人的なお礼の手紙を書いてみるのも有効です。幸福感をもたらすといわれる方法はたくさんありますが、このちょっとした行ないは幸福感が大きいうえ、効果がひと月以上も持続したとする報告があります。

あまり感謝されることのない小さな幸せ

椅子と机の高さが自分に合っていて快適

2週間たったネイルがまだきれい

会議のとき必要なデバイスがすんなり動く

待たずにエレベーターがすぐ来た

## 怒り

**意味するもの**：怒りは人を短絡的にします。堅実で確実な選択肢より、あえて確率の低い大穴を狙う。ステレオタイプに頼る。人の助言を聞こうとしない。ウォーレン・バフェットはかつて、怒りにまかせて一〇〇〇億ドルの損失を出したことがあります。一九六四年、バークシャー・ハサウェイは経営難にあえぐ紡績会社でした。すでに投資家として成功していたバフェットは、バークシャーの経営状態はわかっていたものの、それでも同社の株は安値で取引されすぎていると考えました。そこでバークシャーの株を買いこんですぐに売却し、当時CEOだったシーバリー・スタントンに利益を還元しようともちかけます。しかしスタントンが当初の合意から翻意して売却数を抑えようとしたのを受け、バフェットは激怒します。スタントンの提示を受け入れず、じわじわと時間をかけて株を買い上げ、やがてスタントンを解雇できるまでの支配権を得ます。この「途方もなく愚かな選択」の結果、バフェットは約二〇年にわたり下り坂の一企業に多額の資金をつぎこみ、結局は失敗に終わります。もっと賢明な投資をしていれ

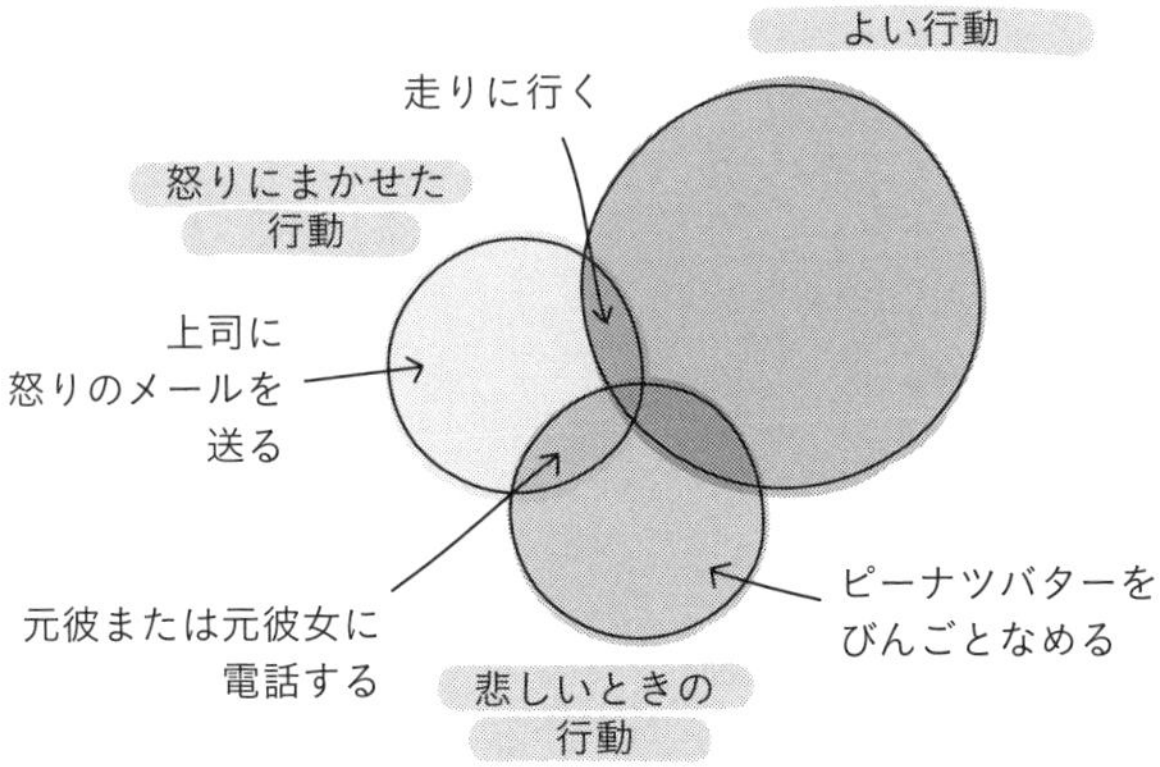
よい行動
走りに行く
怒りにまかせた行動
上司に怒りのメールを送る
元彼または元彼女に電話する
ピーナツバターをびんごとなめる
悲しいときの行動

ば、バークシャー・ハサウェイには今よりも一〇〇〇億ドル以上高い価値がついていたことでしょう。

**対処法：**怒りを覚えたら、いったん立ち止まってひと呼吸おきましょう。拙速な行動に出ないためです。かっとなると人の意見やアドバイスに耳を傾けられなくなりますが、すぐに切り捨てないことです。こんな実験があります。グループを二つに分け、最初のグループにはグレートバリアリーフを泳ぐ魚を撮った「ナショナル・ジオグラフィック」の心落ち着くビデオを見せます。もう一方のグループには映画「マイ・ボディガード」で主人公がいじめにあう、見ていて怒りがわいてくる場面を見てもらいます。その後、推測が必要な課題に取り組んでもらうのですが、最初のグループは有益な参考情報をもらうとそれを考慮して推測したのに対し、後者のグループは参考情報を信用しない傾向がみられました。いじめの場面を見た人の四人に一人は有益なヒントを受け入れず、正確でない推測をしたのです。

### ストレス

**意味するもの：**ストレスが意思決定に与える影響は、男女で異

よい意思決定への道

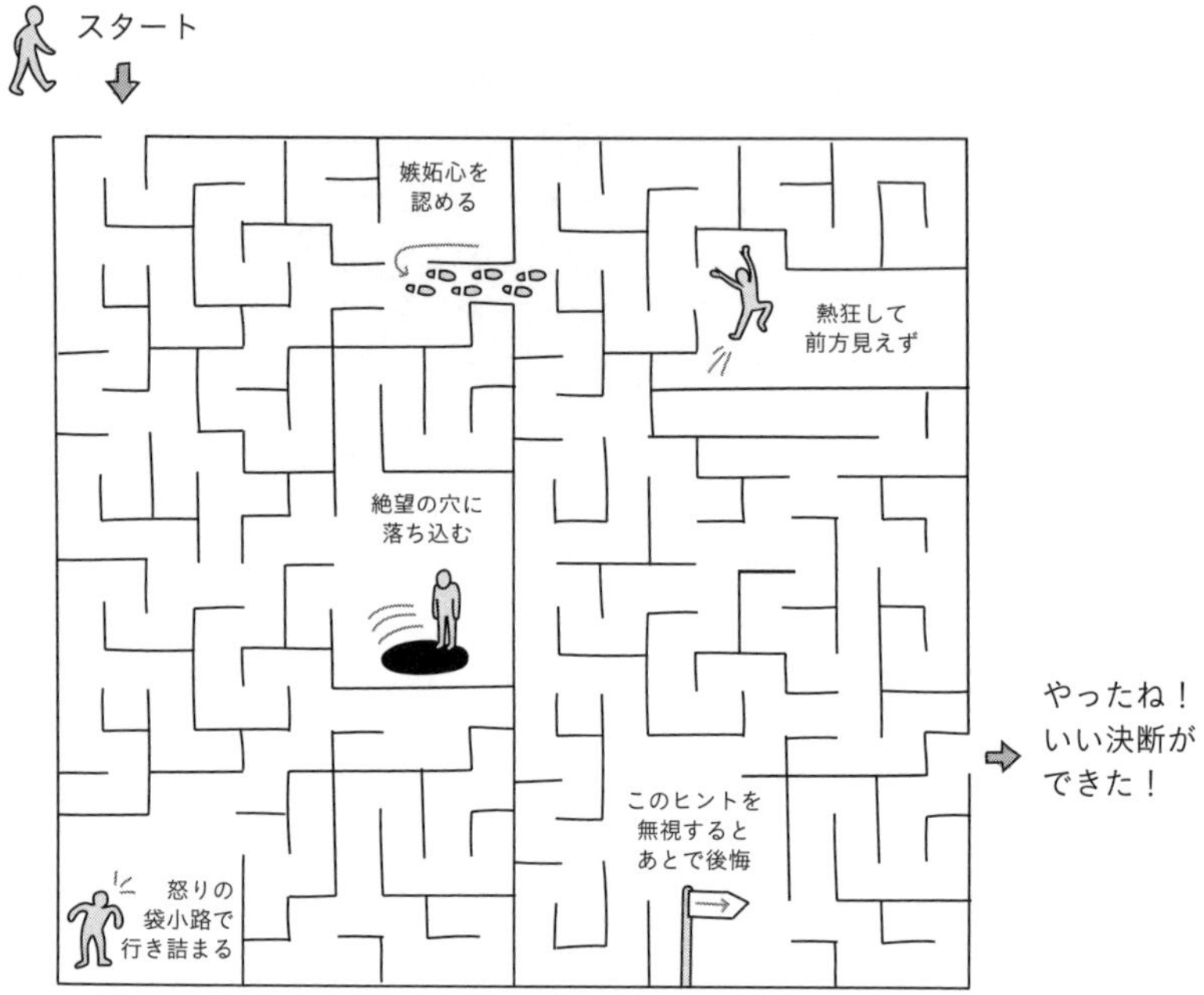
スタート
嫉妬心を認める
熱狂して前方見えず
絶望の穴に落ち込む
やったね！いい決断ができた！
このヒントを無視するとあとで後悔
怒りの袋小路で行き詰まる

なるようです。脅迫や威圧を受けると、男性はリスクが高いほうを選ぶのに対し、女性はリスクが低いほうを選ぶ傾向があります。

**対処法**：あわてて動かないこと！　心理学者のテレーズ・ヒューストンはこう指摘します。「ストレスを感じていると、『どうしよう？　どうしたらいいんだろう？』という状態を早く脱して『とりあえず何かやっている』状態へ移行したくなるものです」ジェンダーで違いがあるのなら、意思決定するチームに多様性があると強みになるともいえます。心理学者のニコル・ライトホールの指摘です。「重要な意思決定の場にはジェンダーの多様性をもっと意識するとよいかもしれません。女性と男性で違う視点が出てくるからです。より慎重にていねいに、時間をかけて決めることがよりよい選択につながるものです」

## 人事採用プロセスでは注意

「感情は考慮すべき要素のひとつ」ですが、大事な注意点があります。それは「その人を採用するかどうかを直感に頼ってはいけない」こと。実際、採用面接のプロセスでは、評価する人の感情が判断を左右しすぎているのが現状です。法律、金融、コンサルティングの分野で採用プロセスに携わっている人の実に四分の三以上が、直感に基づいて採否の判断を下していると認めています（ある銀行の幹部は「恋愛みたいなものです」と喩《たと》えていますが、恋愛が失敗に終わることはないとでもいうのでしょうか……）。判定を下すのも速いです。採用面接は事実上、最初の一〇秒で決まるとする研究結果もあります。評価する側は早々に判断を下し、あとのやりとりはその判断を確認するためになされるわけです。採用するか否かの判断を自分の感情にゆだねる一番の問題は、「話していて自分が心地いい人を選んでしまう」点にあります。

話していて心地いい人を採用することの何がいけないのでしょうか？　それは、話していて楽しいことと、応募者がその仕事に最適な人物かどうかは（もっといえばその仕事ができるかどうかさえ）あまり関係ないからです。人は自分と似た人や親しみを覚える相手に好感をもつものです（出身地が同じとわかった、など。「え、あなたアトランタ出身？　私もなの！」）。したがって、感覚にまかせて判断すると「類は友を採用し、類が友を採用して、また類が友を採用する」ことになってしまいます（ネットフリックスで一四年にわたり人事部をまとめたパティ・マコードの弁）。応募者がどれだけ肯定的に評価されるかは、評価する側とその

人の脳は
無意識の先入観に
惑わされやすい
そのため、つぎのような人を評価しがちです
自分と
雰囲気が
似ている人
出身地が
近い人
同じラジオを
聞いている人
ジョークが
おもしろ
かった人
カートに入れる
カートに入れる
カートに入れる
カートに入れる

人にどれだけ共通点があるかを見れば一番わかるともいいます。ここでは、人を評価、採用する際に感覚で決めるとなぜよくないのか、有能な人を見抜くにはどうすればいいのかを考えてみます。

私たちがある属性の人たちに対して偏見をもっていて、それが意図しなくても潜在的な差別につながっているというのは、今に始まった話ではありません。男性中心とされる分野に女性が参入するのは男性が応募するよりハードルが高いですし、男性の場合は、女性中心とされる分野の仕事をしようとも思わない場合が多いのではないでしょうか（これに異議を唱えるべく、「あなたには看護師としてふさわしい男らしさがありますか？」と呼びかけた求人広告がありました）。非白人の女性はさらに不利な立場にあります。黒人女性は仕事ができる自分をつねに示し続けなければいけないプレッシャーを他のグループより強く感じていますし、ラテン系女性が自信をもって堂々と行動すると、職場の同僚から「感情的すぎる」「やりすぎ」とみな

この人を採用するべきだよ！

される可能性が高いのです。偏見は現実を偏見のとおりにするものです。採用面接に応募してきた人と話をし、「この人はだめだな」と思えば（その気持ちは必ず表情やしぐさに表れます）、あなたはその人を不採用に追いこみます。マイノリティにあたる人が「人種的、民族的マイノリティは仕事ができない」と考える上司の下で働くと、そうした偏見のない上司と働くときよりもずっとパフォーマンスが下がったという報告があります。また、黒人男性は、仕事に対する倫理観が低いというステレオタイプを跳ね返そうとして、長時間労働をしなければと思いがちです。

あいにく、スイッチを切って感情をオフにすることはできません。望むと望まざるとにかかわらず、感情はなんらかの形で選考過程に影響します。それでも、偏見や先入観にとらわれないための方法はたくさんあります。一番いいのは、成果を出すために現在のチームに欠けているスキルは何かを明確にしたうえで、応募者にそのスキルがあるかを客観的に確かめることです。ネットフリックス人事部のパティ・マコードは「課題を定義するところから始めると、それを解決するための多様な方法に対してオープンになれます」と言います。応募者の性別や経歴、人種などの情報を排除して選考を進め

理屈では

人材の獲得は何より大事だから採用面接は優先事項だよね

現実は

うわ、やべっ。あと2分で面接があるんだった

る「ブラインド採用」がありますが、この手法では評価する側が必然的に応募者のスキルだけを見ることになり、結果として多様な人材が集まるケースが多いのです。有名な実験として、オーケストラの楽団員を採用するオーディションで姿が見えないよう幕の後ろで演奏してもらったところ、性別によるバイアスが減少し、女性の採用率が上がった例があります。政治風刺番組「ザ・デイリー・ショー」でも、ブラインド採用を取り入れたところ女性とマイノリティの採用が増えています。

まず、面接は必ずきちんと系統立てて進めることです。応募者にききたい質問をリストにし、回答を公正に評価するための評価基準を作っておきます。グーグルはqDroidという社内ツールを開発しました。面接者が募集する職種と求めるスキルを選ぶと、ツールが必要な質問事項をはじき出して面接者に提示します。例えば「あなたの行動がチームにポジティブな影響を与えた経験を教えてください」「目標達成のためにあなたがチームを効果的にまとめたときのことを教えてください」「どのようなアプローチをとりましたか」などです。質問はどの応募者に対しても同じです。各応募者の答えを客観的に比較するには、面接の構成を統一しておく必要があるからです。

質問に対する回答は聞いたその場で評価し、対等に比較対照します。人の記憶はあてにならないもので、いったん面接が終わると印象に残っているのは直近のやりとりだったり、感情に訴えかける、あるいはこちらを楽しませるタイプの答えだったりするものです。つまり、面接がひととおり終わったあとでその人の各質問への答えを評価したのでは、判断によけいな要素が混じってしまうのです。数人の応募者を比較検討するときは、まず最初の質問への答えを全員ぶん比較し、評価していきます。これを次の質問、その次の質問と繰り返します。そうすれば一人の応募者に過剰に注目することもありません（偏ったバイアスが入りこむのはこういうケースです）。比較してみると、すばらしく光る答えが一つあって「この人が頭ひとつ抜き出て有力かな」と思った候補者が、実はほかの答えは精彩を欠いているのに気づいたりするかもしれません。

最後に、注意喚起の意味もこめて、系統立てて面接をしないとどうなるかを示す例を紹介しておきます。イェール大学で教えるジェイソン・ダナのチームは、参加者を二つのグループに分け、対象となる学生のGPA（単位あたりの成績平均値）を予測させる実験を行ないました。グループ1は学生たちの過去の成績と現在の履修クラス一覧を情報として与えられ、グループ2はそれに加えて直接学生と面接する機会が与えられました。すると、面接をしたグループのほうがGPAの予測と実際の数値との差が大きかったのです。さらに怖いことに、学生が面接で一部でたらめな、または無意味な受け答えを指示されたケースでも、面接した側の大半が気づかなかったといいます。

## 選考・採用過程でバイアスに惑わされない判断をするために

**・準備して臨む**

採用にあたって、そのポジションに求めるスキルと資質は何かを明確にしておきます。前もって準備する間もなく面接官として駆り出される場合は（望ましくはないですが、よくある話です）、該当するポジションの職務内容と質問事項の例を採用責任者からもらっておきます。

**・選考過程で応募者の氏名を伏せて検討する**

内容が同じ履歴書を白人らしい名前で企業へ送ると、アフリカ系に多い名前で送った場合よりも面接に呼ばれる確率が五〇パーセント高いという有名な報告があります。最初に研究で指摘されたのは一九八九年ですが、状況が改善されたとはいえません。

**・実際の仕事を想定した評価を**

そのポジションでよくぶつかる問題や、現在チームで取り組んでいる仕事を応募者に説明し、解決や成功に導くためにどんな方法を取るかの概要を示してもらいます。実際の仕事に即したパフォーマンス（ワークサンプル）を見せてもらえば、応募者がその職種についたときの仕事ぶりが何よりも端的に表れます。面接や学歴、さらには職務経歴よりも雄弁で、スキルを基準にして選ぶためには評価者にとって有効な方法です。

**・「優秀な人が続いたからそろそろ次は違うかも」のように考えない**

面接の順番によって、応募者の適性に対する評価が左右されてしまうこともあります。面接する側は、優秀な応募者とそうでない人は同程度いることを前提にしがちです。優秀な人が立て続けに五人現れると、次の人に対しては「そろそろ優秀な人ばかりではないのでは」という目で見てしまうかもしれません。

**・面接官は各応募者に対する感触を数字で評価する**

個人的に得た感触を数値で示せば、判断がしやすくなります。

**・選考から決定までを複数名で行なう**

評価はつねに客観的に。マネジャーなど単独の判断にゆだねず、最終判断までをグループで決めます。

## 交渉する

報酬や昇進、あるいは担当業務の割り振りをめぐっても、重要な決断を迫られるときがあります。ただ、内容や条件の交渉に入る前に、自分の内面での攻防に決着をつけなければいけません。心のなかで繰り広げる自問自答には答えが明快なときもありますが（「父親が病気だから休暇の延長を申請しないといけないな」）、なかなか決心がつかずに疲弊してしまうこともあるでしょう（「上のポジションに手を挙げるべき？　いや、そもそも私はそんなこと言える立場？」）。後ろ向きな自分がいると、うまく交渉する力を発揮できなかったり、交渉しなくていいやと自分を納得させたりしてしまいます。例えば昇給の交渉をしたいと思っても、しないほうがいい理由を即座に並べ立ててしまうのです。「今ちょうど会社も厳しいし」「同僚だってみんな同じようにがんばってるし」「給料を上げてほしいなんて言い出したら上司になんだこいつと思われそう」などなど。腹を決めていない状態では、心のなかの動揺ややもやに引きずられて、最初に腰の引けた提案をする、相手が出してきた代案をあっさり受け入れる、自信ありげな同僚よりも低い条件で手を打つといった結果につながります。そうならないためにも、交渉の場に出る前に、自分はどうしたいのか納得できる答えを出しておきましょう。

次に、自分の交渉スタイルを理解し、自身のジェンダーや文化的な背景がそこにどう影響しているかを知るのも大切です。マイノリティに属する人は給与交渉で控えめな要求をしがちですし、女性は男性とくらべて振られた仕事を断らず、多く抱え込む傾向があります。自分に自信がもてず遠慮がちになってしまう人は、自分にとって大切な人のために交渉するのだとイメージしてみましょう。こんな実験があります。自分のこととして交渉に臨んだ女性は要求額が男性よりも七〇〇〇ドル少なかったのに対し、友人のために交渉する設定で望んだ女性は男性と変わらない額を要求したのです。次善の策を用意しておくのも有効です。「希望より低い額を提示されたら、自分が要求する理由をあらためて伝えて、給与以外の形で何かの福利がないかきいてみる」といった作戦です。

**モリーより**

ここで私たちから、報酬を上乗せするという点で具体的に役立つかもしれないアドバイスをひとつ。転職するときの給与交渉であれ、今の仕事の昇給交渉であれ、報酬額アップを持ちかけるときにおすすめの決めぜりふが「報酬だけが不満だなと思いながらこの仕事をしたくないんです」です。私自身、転職の際に何度かこのひとことを使って、条件を上げることができました。ここでは、報酬の額をネックにしたくない（つまりネックになるほど低いのは不満だ）と伝えることによって、働く自分にとっても雇う側にとってもそのとおりだなと賛同できる事実を述べているわけです。自分の気持ちを受け止め、相手の気持ちも考慮した視点ですよね。雇う側も、あなたが不満を抱えて働くのは望まないはずですから。

交渉に必要なアイテム

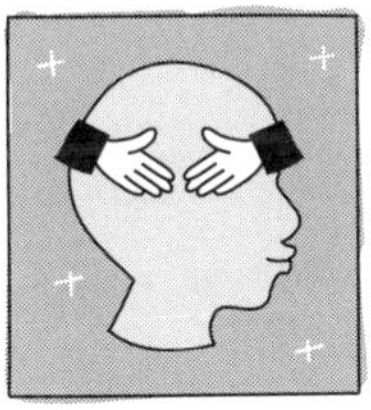
明確にした
自分の希望

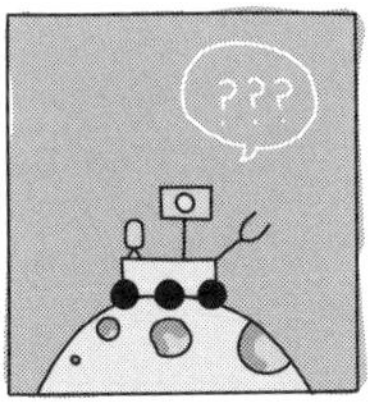

好奇心

相手の希望を
つかむ

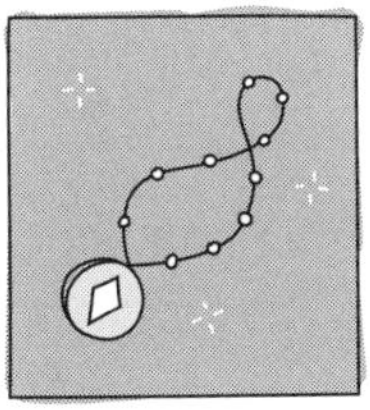
支えになってくれる
お守り

優柔不断ジェパディー（*クイズ番組）

| 役に立ちそうなグーグル検索 | 悩む暇があったらほかにすべきこと | あとでくるかもしれない後悔 | 悩みを聞いてくれた人 | ありえない最悪のシナリオ |
|---|---|---|---|---|
| $200 | $200 | $200 | $200 | $200 |
| $400 | $400 | $400 | $400 | $400 |
| $600 | $600 | $600 | $600 | $600 |
| $800 | $800 | $800 | $800 | $800 |
| $1,000 | $1,000 | $1,000 | $1,000 | $1,000 |

## 意思決定のためのチェックリスト

チェックリストは文字どおりライフセーバーです。業務上の重要事項に漏れがないようにチェックリストを導入すると、軍のパイロットでは事故が、病院の外科医では感染率と死亡事例が、それぞれ減少しています。このあと、意思決定のための「気持ちの向き合いかたチェックリスト」をまとめておきます。みなさんが向き合う意思決定の場面は一つひとつ違っていて、すべてを完璧に網羅した手引きは作れませんが、次に挙げた基本的な項目をチェックしていけば、よくある間違いを避けられるのではないかと思います。

その前にひとつだけ。夜になるとこれまで自分が犯した数々の選択の過ちを思い出してくよくよしてしまう、というみなさん。人生は不確かなことの連続です。プロセスを踏んでよく考えた末に決めても、やっぱり違った、となるかもしれません。コインを投げて表が出るか裏が出るかはだいたい同じ確率だろうと予測はついても、確信をもって「次は表が出る」と言い切ることはできません。ですから、たとえ予測や計画どおりの結果にならなくても、あまり自分を責めないでおきましょう。

・☑選択肢を書き出す

二つの選択肢しか書かなかった人は、もう一つ別の可能性がないか考えてみましょう。多くの場合、選択肢は二択ではないはずです。「イエスかノーか」「AかBか」に選択肢を限定してしまうと、実際よりも選択のリスクを高くしてしまいます。「今の仕事を続ける」と「新しい仕事につく」の二つを挙げたなら、例えば「今の会社で別のポジションにつく」のように別の選択肢を加えて可能性を広げられないか考えてみます。

・☑感じていることをすべて書き出す

いらいらしているのか、不安になっているのか。あるいはカフェインを欲しているのか？

・☑意思決定と直接関連のない感情を制御または整理する

・☑残りの感情、つまり意思決定に直接関連のある感情がどの選択肢と結びつくかをみる

その気持ちがどの選択肢に付随するのか考えてみます。わくわくするのはAを選ぶと仮定したときでしょうか？　不安になるのはBを選んで後悔しないか考えたとき？

・☑「なぜ」よりも「何が」を考える

「なぜ心配なのか」と「何が心配なのか（何を心配しているのか）」の違いを考えてみましょう。「なぜ心配なのか」に対しては「普段新しいことにチャレンジしないから」のように、自分をあわれむような常套句の言い訳で答えがちになるものです。一方「何が心配なのか」だと、目の前にある選択肢についてどう感じているかを直接すくいあげることにつながります。「『なぜ』の問いかけは自分のなかの制約に焦点をあて、『何が』は潜在能力に目を向けさせます。『なぜ』はネガティブな感情をかきたて、『何が』に注目すれば好奇心をもち続けられます」心理学者ターシャ・ユーリックの言葉です。

### ・☑自分の意思決定パターンを知る

次のうち、あなたはどちらのタイプに近いでしょうか。

1. 選択肢についてできるだけたくさんの情報を集めたうえで決めたい。自分のなかの条件に合うものが見つかっても、念のためにもう少し調べなくてはと考える。とにかく最善の選択をしたい。
2. 自分が何を求めているのか基本的に把握していて、ほどほどに合致していると思える選択肢があればそれを選び、行動に移す。「これで十分いい」と思える。

1を選んだあなたはとにかく最良の選択を求める「マキシマイザー」、2を選んだあなたはほどほどで満足できる「サティスファイサー」です。通常、サティスファイサーのほうが自分の選択への満足度が高いといわれています。マキシマイザーのほうが客観的に見てよりよい選択をした場合でもそうです。仕事探しでいえば、マキシマイザーはより報酬の高い仕事につく傾向にありますが、「本当にこれでよかったのだろう

マキシマイザーの思考プロセス

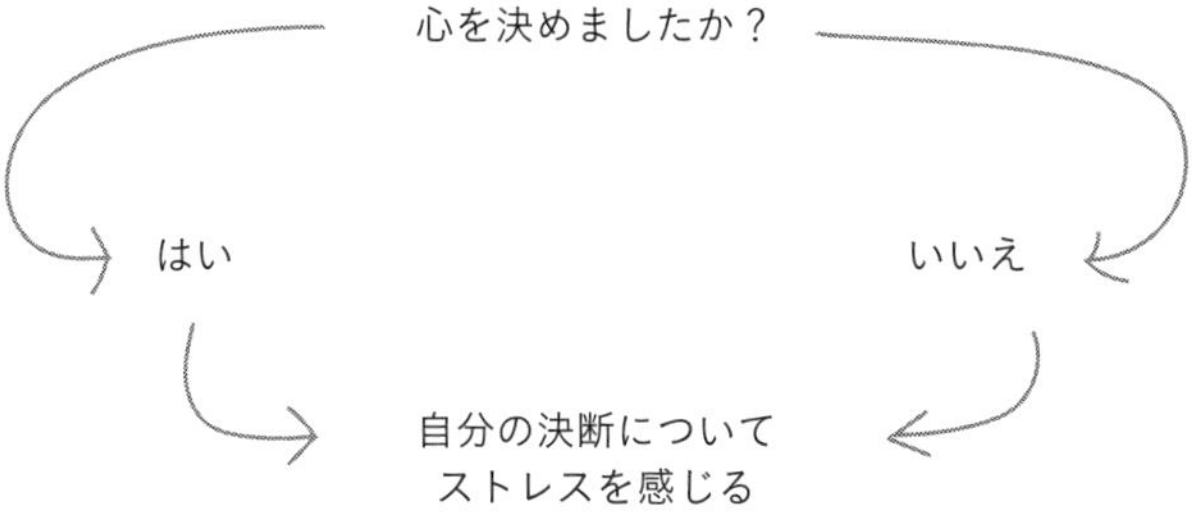
心を決めましたか？
はい
いいえ
自分の決断について
ストレスを感じる

か」など、結論の出ない考えをぐるぐるとめぐらせるため、満足度が低くなってしまいます。

マキシマイザーのみなさんが行き詰まらないための対処法を挙げてみます。

**・トーナメント方式で選択肢を絞っていく**

・選択肢を半分ずつにわける（六つあれば三つずつ）
・各グループから一番いいと思うものを一つずつ選ぶ
・勝者二つのなかからベストだと思うものを選ぶ

**・検討する選択肢の数を適当に制限する**

ランチをどこで食べるかを決めるとします。このとき、三〇軒の店から選ぶのでなく、検討の対象を三軒に限定して、そこから選ぶと決めてみるのです。「これで十分いい、と思えればほぼ間違いなくそれで十分いいのです」とは、『なぜ選ぶたびに後悔するのか――「選択の自由」の落とし穴』の著者で心理学者のバリー・シュワ

マキシマイザーに贈るお悔やみの言葉

どちらもいい気がするけど、どちらか一つ選ばざるを得なかったんですよね…わかります

選ばなかった選択肢のことをつい考えてしまうあなた…私の心はあなたと共にあります

なかなか決められないあなたの気持ち、心からお察しします

ルツの言葉です。

・**最終決定を急がない**

二つの選択肢を行ったり来たりしながら迷うのも悪くはありません。新たな決断を前にして心配になったり迷ったりするのは、じっくり時間をかけてそれぞれの選択肢のメリット、デメリットを正確に吟味するよう脳が促しているのかもしれません。

・☑**ほかの人に考えを聞いてもらう**

メンターや同僚、友人などに、検討している選択肢について話してみましょう。自分の思考プロセスを言語化すると、これまで集めてきた情報を必然的に総括することになります。先入観や偏見が意思決定に影響をおよぼしている場合、第三者の視点で指摘してもらえるかもしれません。

・☑**結論を出す**

以上のステップを踏めば、選択肢はかなり絞られ、ベストな選択ができる自信がめばえてきたの

結論を出す前に気持ちの温度を確かめよう

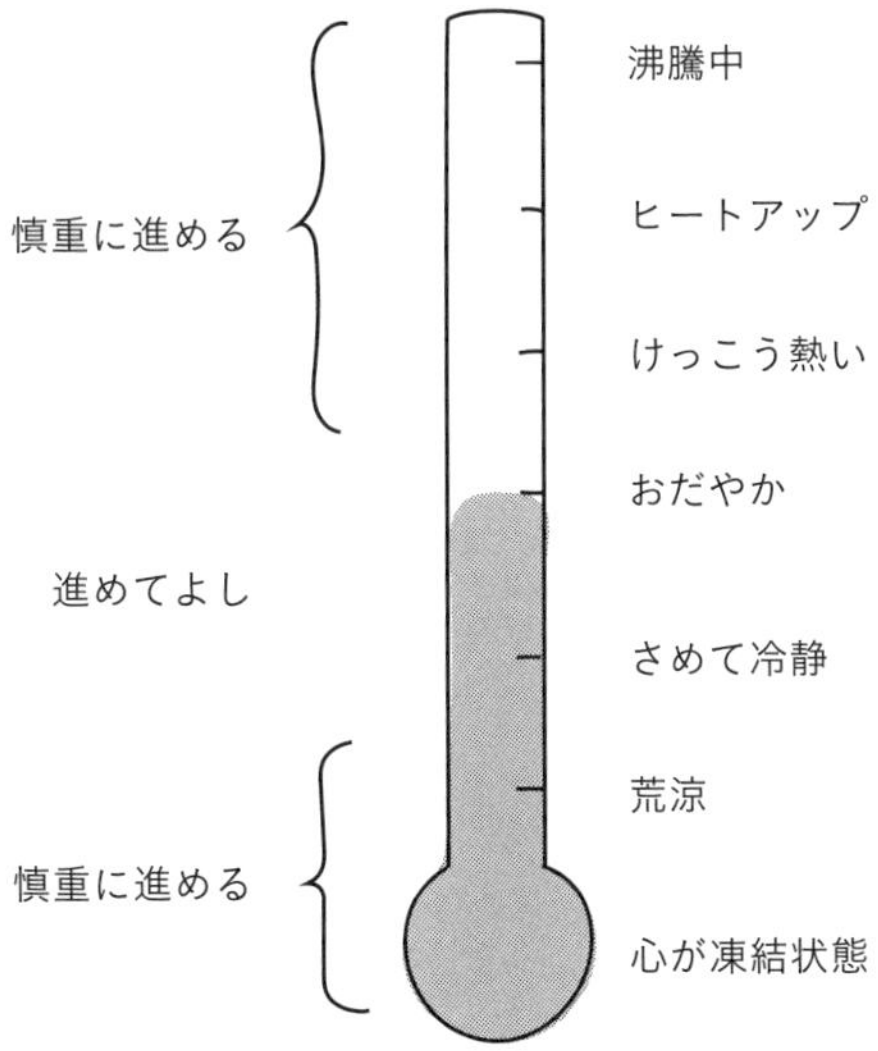
沸騰中
ヒートアップ
けっこう熱い
おだやか
さめて冷静
荒涼
心が凍結状態
慎重に進める
進めてよし
慎重に進める

ではないでしょうか。大丈夫、私たちの心は自分の選択に満足しようとすることが研究でもわかっています。たとえ現実が予測どおりにならなかったとしても、選んだ道で満足しようと心が作用するのです。

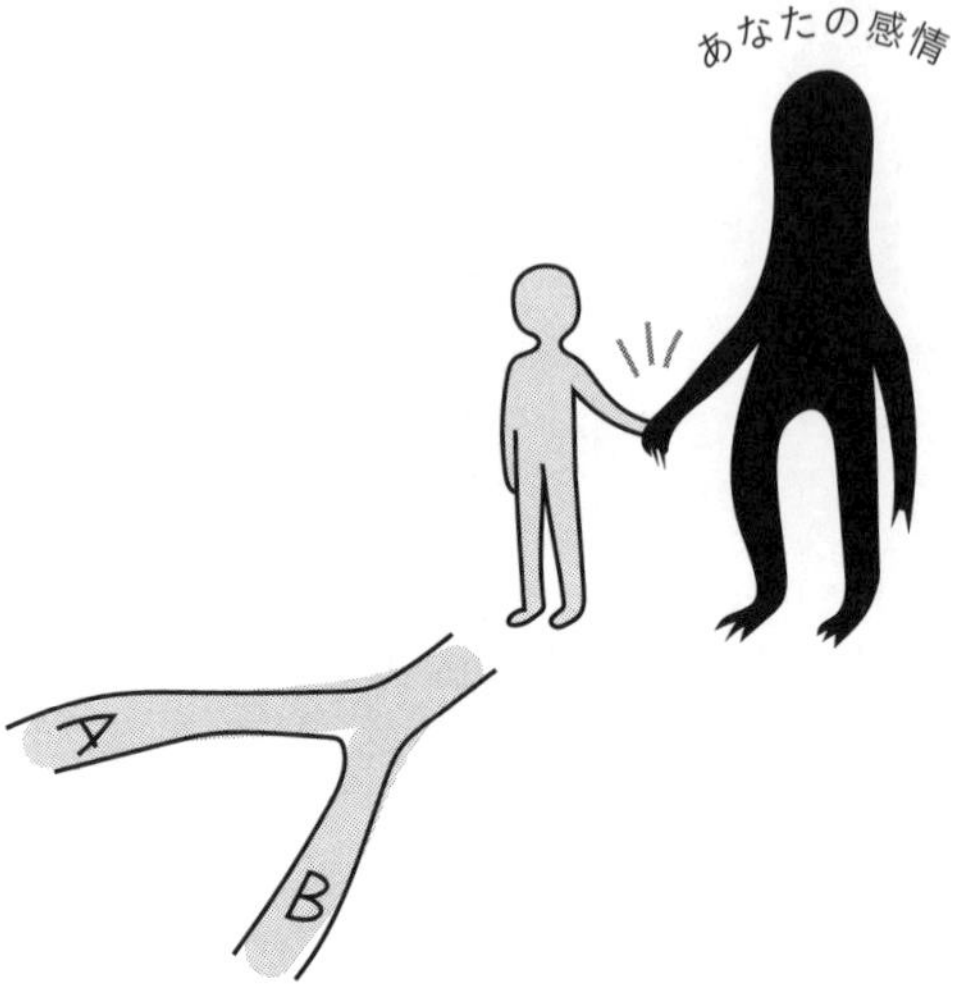


## まとめ

1. 自分の気持ちに耳を傾けるのと気持ちに従って行動するのは別の話だと心得る
2. 意思決定と直接関連のある感情は考慮する。直接関係のない感情は脇へおく
3. 採用面接の選考プロセスでは感情をベースに決めないこと。面接の質問事項を系統立てて用意し、バイアスにとらわれずに結論を出す
4. 相手との交渉の場に出る前に、自分のなかで考えをまとめておく

第5章

# チームに欠かせない「心理的な安心感」

「メンバーが誰か」より
「メンバーがどう感じているか」が左右する

自分ひとりでやれればチームワーク問題なんて
即解決なのに

私の案はいいのかな、それとも的外れ？　友人のライラは頭のなかで考えました。チームミーティングの最中で、てのひらが汗ばんできます。私が何か言ったら、わかったふりをしてるだけだってばれてしまう？　ライラはチームに加わってまだ二週間。メンバーはあと二人いて、まだよく知りませんがどちらもかなり競争心が強そうです。カールはライラが話している途中でしょっちゅう言葉をかぶせてくるし、アナは質問に答えるときにわざと見下したような表情をするのが癖のよう。ライラはそんな二人から「仕事のできない人」と思われていないか不安でした。

五分、あるいは一〇分経ったでしょうか。自問自答を繰り返したあと、ライラはついに口を開きました。ひととおり考えを話すと、アナが眉を上げています。ライラはそのまま声をひそめ、自己嫌悪を覚えました。ああ、またこの表情だ――。ところがアナはゆっくりうなずいています。「すごくいい」期待をにじませた声でそうつぶやいたのです。カールも加わりました。「うん、悪くないね！」どっと安堵が押し寄せ（心がむち打ちにあったかのよう）、ライラは遠慮がちに笑顔をつくりました。ライラはよい案をきちんと出して

心理的な安心感のない私が会議に出ると

①
②
発言しようかな？
③
わかってなさそうに見えるかな？
どうやって説明しよう？
笑われるかな？
私の考えってそもそも成り立つ？
何て言おう？
④
いいミーティングだったね。また来週！
!

いたわけです。

「どうしてあのとき、あんなに自分に自信がなかったんだろう？」サンフランシスコでこの話をしてくれたライラは、飲みかけのビールのグラスを見つめながらそう振り返りました。

　これがきっかけで生まれたのが、ルールその4「まずは心理的な安心感をはぐくむ」です。この章では、メンバーが安心して意見を言い、リスクに挑戦し、疑問があれば遠慮なく質問できるチームの作りかたを考えます。成果をあげるチームがさまざまな摩擦や対立にどう対処しているかもみていきましょう。そして、困ったメンバーを悪意・攻撃型、なんでも否定型、怠け型の三タイプに分け、タイプごとに接しかたのヒントを紹介します。

## 心理的安全性

よいチームには何が必要でしょうか？　答えの前

に、ちょっとした実験を紹介しましょう。アリステア・シェファードは、ビジネススクールのプレゼン大会を前にした学生たちに、マッチングサイトで相手を探すときのような質問に答えてもらいました。「ホラー映画は好きですか」「つづりの間違いは気になりますか」などです。すると、アリステアは純粋に質問への回答だけを頼りに、全部で八つある参加チームの順位をすべて当てたそうです。各メンバーの頭のよさや、経験、リーダーシップなどの情報はいっさい参考にしていません。どうしてわかったのかというと、チームの各メンバーの心理状態に鍵がありました。

グーグルも、これと同じ微妙な心理的要素を二〇一二年に突き止めています。社内の研究グループが二〇〇近いチームを分析し、成果をあげるチームとそうでないチームを分ける要素は何かを調査した結果でした。結論は驚くべきものでした。チームメンバーの在籍期間や年齢、外向的かなどの要素には、チームのパフォーマンスとの関連性がみられなかったのです。「大量のデータがありましたが、特定の性格やスキル、バックグラウンドを調べてもとくに違いが見つかりませんでした」と、グーグルのピープル・アナリティクスチームでマネジャーを務めるアビール・ドゥベイは振り返ります。「（チームのメンバーが）誰か、どんな人なのかはあまり関係ないようです」それより大事なのは「どんな状態か」の部分でした。よいチームは、メンバーがお互いの考えを尊重していました。メンバーの間に「心理的安全性」があったのです。つまり、ほかのメンバーに笑われたり見下されたりする心配をせずに、アイデアを口に出したり、間違いを認めたり、リスクをとってチャレンジしたりできる安心感があることを意味します。チームに心理的安全性があるかを診断するテストを巻末に用意したので、興味のある方はやってみてください。

成功するかどうかを左右するのは心理的な安全性です。グーグルの調べでは、心理的安全性のレベルが高

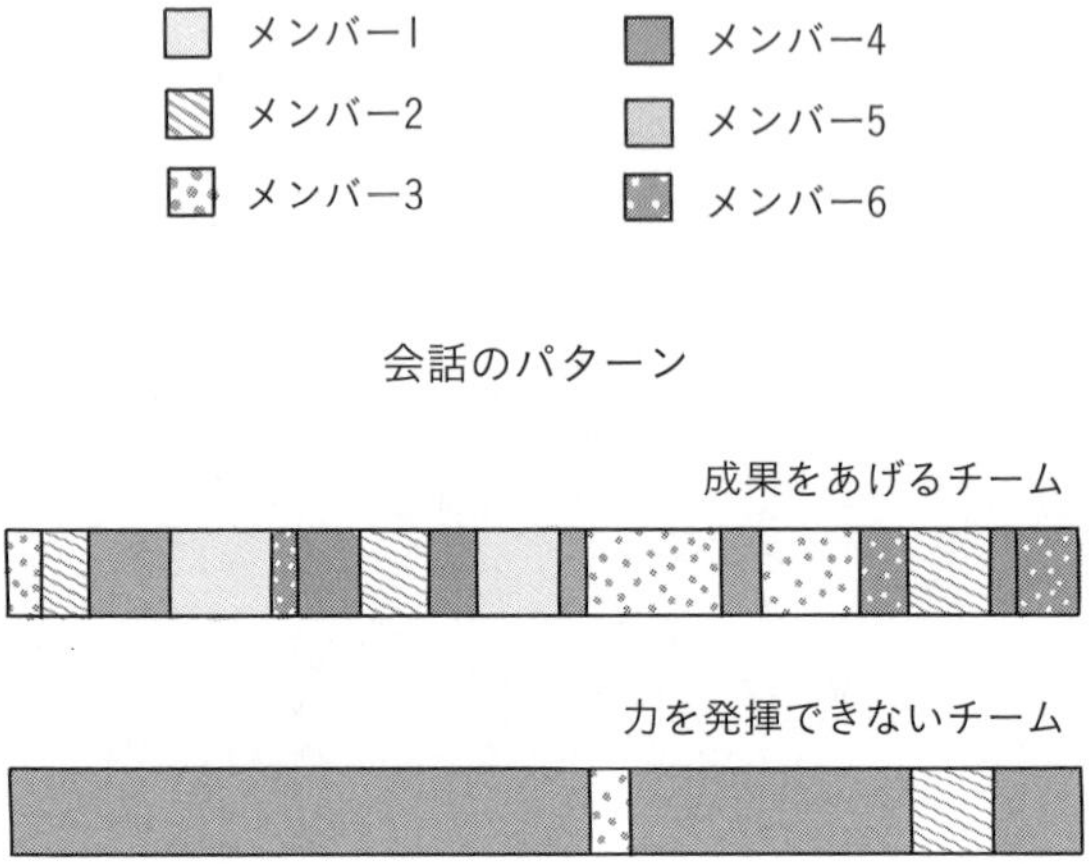
メンバー1
メンバー2
メンバー3
メンバー4
メンバー5
メンバー6
会話のパターン
成果をあげるチーム
力を発揮できないチーム

いチームのメンバーは離職率が低いほか、売上が大きく、上から有能と評価される率が二倍高いことがわかりました。チームパフォーマンスを研究するＭＩＴのチームも同じ結論を出しています。仕事のできる人をただ集めても、必ずしもできるチームにはなりません。成果をあげるチームは、メールでも対面でも互いの考えをまめに話し合い、一人が会話を支配せず、相手の気持ちに気を配ります。先のアリステア・シェファードがホラー映画が好きかや、つづりのミスが気になるかをたずねたのは、チームのメンバーが異なる視点に寛容かどうかをみるためでした。冒頭のライラがミーティングでなかなか声をあげられなかったのも、精神的な安心感がなかったことが背景にあります。

誰にでも失敗はあります。例えばモリーが何かミスをしてしまったとリズに報告したとき、リズが追い討ちをかけるような発言をすれば、すでに落ちこんでいるモリーはさらに落ちこみます。そうなるとモリーは次に困ったときに声をあげづらくなりかねません。今「困ってるから助けて」と言わずにいて最終的に失敗するほうが、リズに助けを求めて冷たくされるよりさ

僕の質問をなんでも初歩的だというのはやめてくれないかな

らに落ちこむ結果になり得るのに、です。このパターンは、ミスが致命的になりかねない医療の現場にも存在します。ある実験で、医師と看護師からなるチームに患者の治療にあたってもらうシミュレーションを行ないました。各チームには一人ずつ、「君たちは私の下では一週間も続かないね」と他のメンバーに威圧的に接する「外部の専門家」か、中立の立場で接する専門家のいずれかが加わります。結果はおそろしいものだった、と研究者は報告しています。横柄な専門家と組んだチームは重大なミスを犯してしまいました。患者の診断を誤る、蘇生や人工呼吸を適切にできない、間違った薬を処方する等のミスが出たのです。

多様性のあるチームづくりをするには、心理的な安心感はさらに大切です。チームに多彩なバックグラウンドの人がいると明らかに有意義なメリットがありますが、このメリットが得られるのは、チーム内に心理的安全性が確立されている場合に限ります。考えてみれば理由は簡単です。例えばチームにマーケティングのアナリストが一人いて、あとの九人はエンジニアだとします。心理的安全性がなければ、アナリストは大多数を占

心理的安全性を確保するために

注　意
質問する人を
あなどらないこと
皮肉めいた
表情は
つつしむ
うわの空
禁止区域
STOP
人の話を
さえぎらない

めるエンジニアからの反論を恐れて、よくよく考えてからでないと発言しないのではないでしょうか。人は安心できる環境に身を置いてこそ、自分の個性を異質な障害物にせず、強みとして発揮できます。メンバー一人ひとりに、ほかの人にはない発想や知識があります。チームが存在するのはまさにそのためです。一人のアイデアやスキルには限界があり、それを集結させて課題の解決にあたるのがチームです。メンバーが自由に発言できない、あるいは発言すると見下される気がするようなチームでは、すばらしい力を発揮する可能性をせばめてしまっていることになります。

　チームに「バースト性」が生まれるのも、心理的安全性があってこそです。バースト性とはデータ転送の話ではなく、チーム内で互いの意見をもとに次々とアイデアが発展し、爆発的な力で創造性が発揮される状態を指します。この状態は、ぐずぐずと停滞して非生産的なブレインストーミングとは対極にあります。高い創造性をもつチームは概して、メンバーが自由に次々とアイデアを出していきます。ただし――ここが再び大事なところなのですが――やはり根本には心理的安全性が必要です。これがあれば、質問やアイデアがあちこちから飛び出してたまたま発言がさえぎられても、自分が個人攻撃されたと受け取ることもありません。かつてウーバーのトップは「toe-stepping」（人を踏みつけてでも上をめざす）を推奨していましたが、のちの新CEOはこれを「たちの悪い行ないをする言い訳に利用されることが多かった」として取りやめています。TVドラマ「トランスペアレント」でクリエイターを務めたジル・ソロウェイは仕事環境について「いろいろ違った意見の人がいるといいと思うが、衝突して行き詰まるのは望まない」とし、「クリエイティブな面で議論を引き起こす人はいいけれど、実生活の面ではだめ」と述べています。次の項では、衝突を避けながらこの「バースト性」の強みを生かす方法をみていきます。

残念ながら、自分のチームでつねに心理的安全性を確保するのは難しいかもしれません。熾烈な競争を繰り広げる組織では、虚勢やはったりもよしとされますが、こうした行為はよきチームプレイヤーには向きません。個人の努力を何よりも評価する競争社会の組織で長年働いてきたような人と、同じチームで仕事をする機会もあるでしょう。私たちの身近にも、名門の大学院に入ってしばらく経ったころ、「もちろん知ってると思うけど、○○ってあるでしょ」という言い回しをよく使うようになった友人がいました。こう言われると「知らない」とは言い出しづらいものです。心理的な安心感がないチームで仕事をせざるを得ないときは、どうか自分の精神を健全に保つことを優先し、自分でコントロールできることに意識を向けてください。「自分がコントロールできる要素」が何かは立場によって違います。チームに属する個人として、またはリーダーとして、心理的安全性を確保するためにできることをそれぞれ次にまとめます。

## 心理的に安心できる環境のつくりかた
## チームの一個人ができること

**・オープンな話し合いができる場を設ける**

「みなさんどう思いますか」「反対の人はいますか」といった問いかけでは、対立する意見や視点をうまく引き出すのは難しいものです。チームに内向的な人がいる場合はとくに、一人ひとりに考えを書き出してもらい、全員が発表して共有する形にします。意見を聞いたら、一歩深めるフォローアップの質問も忘れずに。ＩＤＥＯでパートナー兼ディレクターを務めたロシ・ギヴェチは「質問を投げかけたとき、最初に返ってくる反応は最終的な答えではないことに気づいた」といいます。そのためメンバーには自分の考えについて「もっと話して」と促し、「思いやりの足場」が築けている場合に限って提案をしてもいい、と勧めています。

**・「とんでもないアイデア限定ブレスト」のすすめ**

みんなでとんでもないアイデアを意図的に挙げるか、絶対に無理、無意味と思える案をあえて考えてみます。これによりプレッシャーがなくなり、ばかばかしいと思うようなことも思い切って自由に提案できるきっかけになります。

**・説明を求める（メンバーが遠慮せず質問できる空気をつくる）**

誰かが略語や専門用語、業界用語を使ったら、意味を説明してもらいます（かつ自分も使わないようにします）。最初はほかの人がどう思うか気になるかもしれませんが、明確でない点を説明してもらうのはチームのためだと位置づけて、チーム全体でみんなの心理的安全性を高めていきます。

・**アイデアを引き出す言葉を意識して使う**

誰かがおもしろい提案をしたら「やってみよう！」と返す。誰かが口にしたアイデアの趣旨がよかったら「そのアイデアをベースにして……」と掘り下げていく。あるいはもともとは即興劇の手法で現在はアイデア出しのマインドセットとして取り入れられている「Yes and...」（「いいね、それなら……」とまず肯定して相手の提案・発言を受け入れる手法）を活用してアイデアを発展させていく、などがあります。

## リーダーにできること

・**チームの行動原理を決めておく**

ミーティングやプロジェクトを始める前に、チーム内でのお互いへの接しかたについて基本原則を決めておきます。例えば、善意を前提にする、相手を信頼する、目の前の今に集中する、などがあるでしょうか。共有する原則を決めたら、壁に貼るなどして目につくところに掲げておきます。

・**リーダーみずから要望を引き出す**

「このチームでは心理的な安心感がもてない」と申し出る負担をメンバーにかけないこと。そもそもそんなことを言ってきてくれると期待してはいけません。みずから声を掛けるのがリーダーの仕事です。

「リスクをとって行動していいんだとみんなに思ってもらえるために、リーダーの自分ができることは何か」とチームのメンバーにたずねてみましょう。

・**行動とコミュニケーションのバランスをとる**

仮想通貨取引サイトのコインベースのプロダクトマネジャー、B・バーンは次のような比喩《ひゆ》を使っています。仕事上でもプライベートでも、人間関係はすべて、アイスクリームの木の棒を積み上げて塔を作るようなものだ、というのです。食事を共にする、同じ仕事に取り組む、共同で記事を書くなどの「体験」が木の棒で、コミュニケーションが棒を貼り合わせる糊《のり》。一緒に何かを体験しても、何を感じたか、何が必要かなどを話し合って共有しなければ、棒を積み上げただけの塔になり、いずれくずれてしまいます。逆に、共同作業をこと細かに分析しすぎて、相手と何かすることそのものを楽しむゆとりがなければ、糊の重みでくずれ、塔を築くことはできません。

・**掘り下げる質問を意識する**

資産運用会社のブラックロックでは、社員同士の会話のきっかけを作る方法をいくつか用意しているそうです。その一つが、二人ずつのペアになってもらい（人は大勢に向けて話すよりも、一人を相手に話すときのほうが安心して相手を信頼します）、会話の口火を切る質問「子どものころを振り返って、頭に思い浮かべる食事といえば何ですか？　またその理由は？」に答えていく、というものです。この質問が心のハードルを下げ、次にさらなる開示へつながります。「ピザ、とだけ言って終わりにする人はいません」とマネージング・ディレクターのジョナサン・マクブライドは言います。「みんな、家族の話や家のしきたりの話、どんなふうに育てられたか、両親や祖父母との毎週定番だった食事など、い

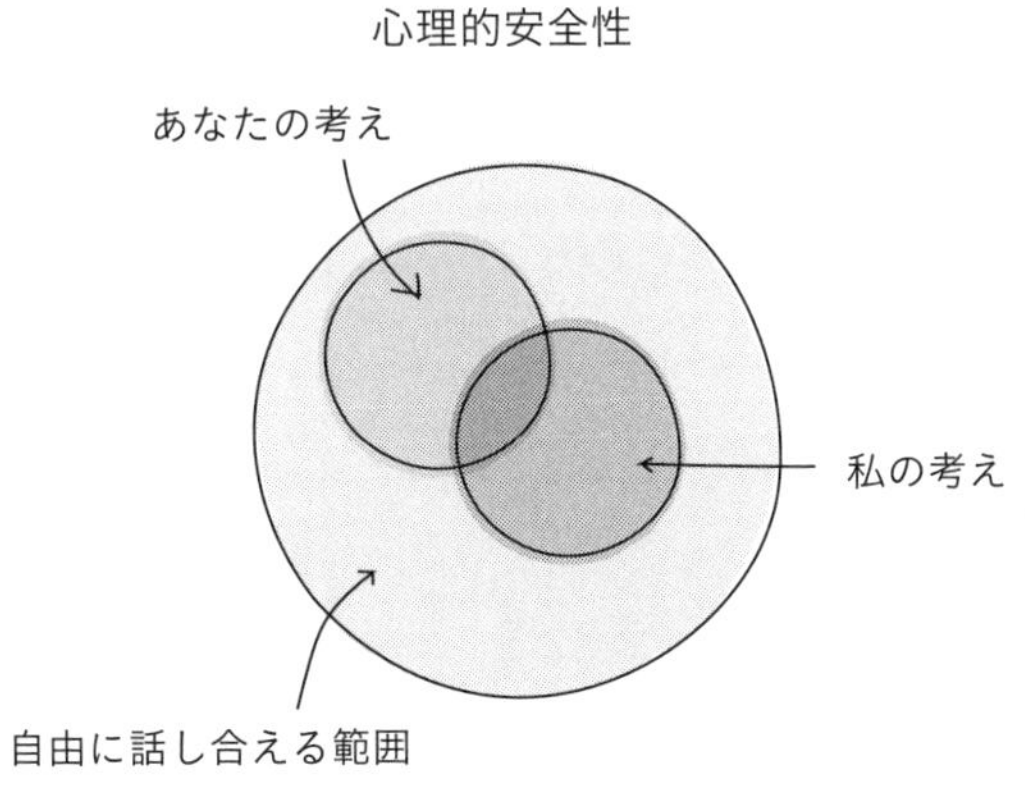
心理的安全性
あなたの考え
私の考え
自由に話し合える範囲

ろんな話をするんです。例えば、うちは毎週日曜には家族全員でピザを焼いてみんなで一緒に食べました、みたいに。食べものの話なんですが、普通なら会って五分の人からは引き出せないような、その人の人生と家族が詰まった話が聞けるんです」

## 衝突は生じるもの

映画プロデューサーのダリル・ザナックはこんなことを言いました。「同じ仕事をする二人の意見がずっと一致していたら、どちらかが無能である。二人の意見がずっと相いれなければ、双方とも無能である」うまくいけば、衝突は突破口を開きます。映画「トイ・ストーリー」を手がけたクリエイターたちは早い時点で意見がぶつかり合い、その結果二つの大きな方向転換をしています。当初考えられていた機械じかけのドラマーだったキャラクターは空手チョップのできる宇宙飛行士風のおもちゃに変わり、これが人気キャラクターのバズ・ライトイヤーになりました。また腹話術師が持つ人形だったキャラクターはカウボーイ人形のウッディに変わっています。

当然、衝突すればいやな気分になりますし、燃え尽きたりキレて

| | 相手のことは好き | 相手がきらい |
|---|---|---|
| 相手の考えは好き | 衝突なし | 人間関係の衝突 |
| 相手の考えがきらい | 仕事についての衝突 | 敵対 |

出て行ったりする場合もあるでしょう。適切な方向づけをせずに議論を戦わせても、ブレインストームは決裂してしまいます。意見の相違やグループとしての機能停止で行き詰まってしまったチームは、メンバーがそれぞれ一人で仕事をしたときよりも、アイデアの数も質も下がってしまうのです。

ここからは、議論を戦わせていても心理的な安心感を確保する方法を取り上げます。衝突は「仕事についての衝突」（クリエイティブ活動をめぐる不一致）と「人間関係の衝突」（人と人との不一致による衝突）の二種類に分けられるので、それぞれの対処法を学んでいきましょう。多くの場合、この二タイプは関連しあっています。考えかたをめぐる不一致を相手と切り離して考えるのは難しいですから。

## 仕事についての衝突

私たち二人も、仕事の進めかたの不一致と無縁ではありません。この本を書く過程でもぶつかることはよくありました。モリーは章の原案をさっと書いて担当の編集者に送り、まずフィードバックをもらいたいタイプ。一方リズは、内容をじ

チームが乗り越えるべき障害物マップ

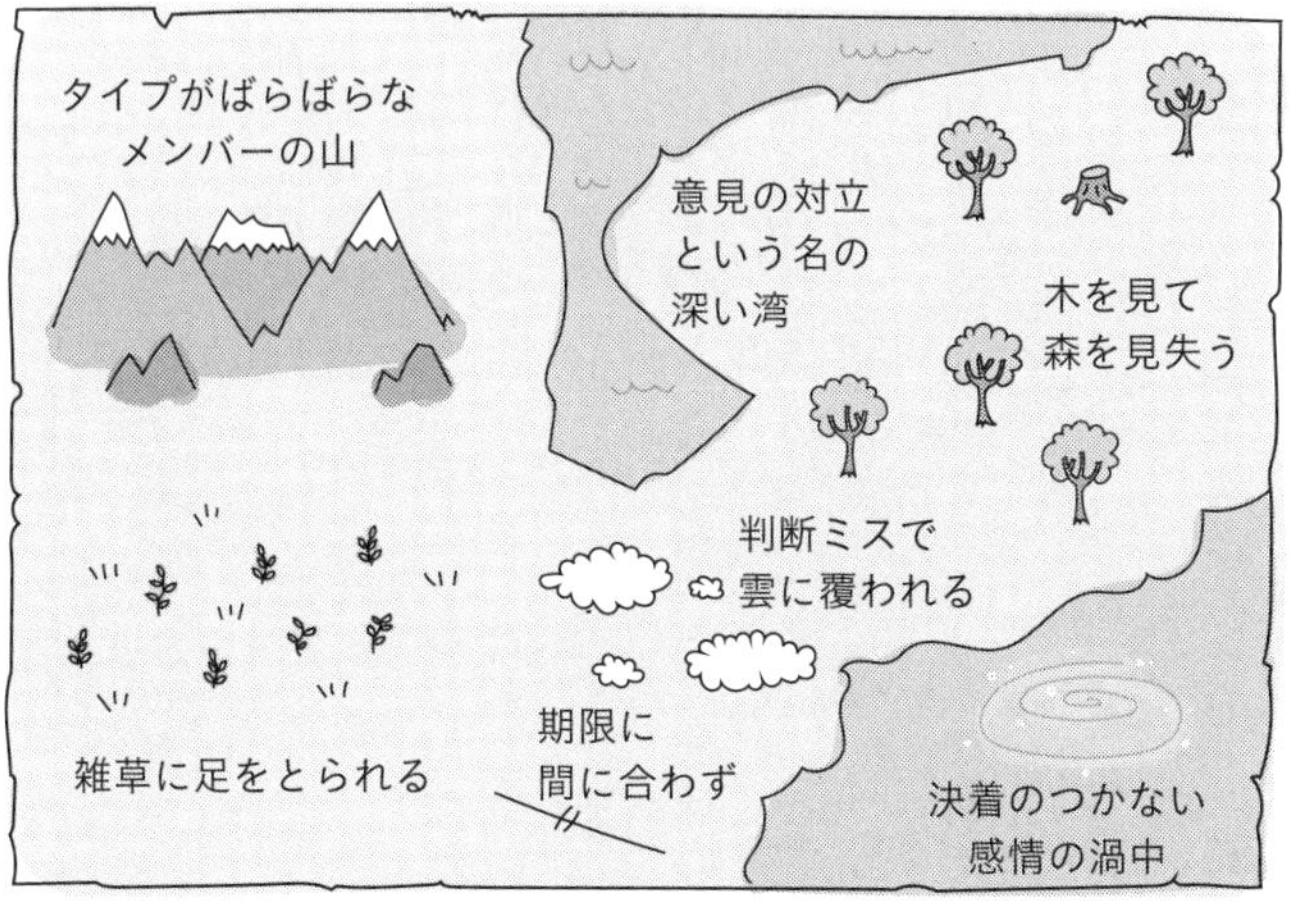
タイプがばらばらな
メンバーの山
意見の対立
という名の
深い湾
木を見て
森を見失う
判断ミスで
雲に覆われる
雑草に足をとられる
期限に
間に合わず
決着のつかない
感情の渦中

っくり練って、ある程度整えてから編集者に見せるタイプです。でもやっていくうちに、この違いはうまく作用することに気がつきました。リズは中途半端な内容のまま出してしまわないようにブレーキをかけ、モリーは細かな語順の違いに悩んでしまうリズにブレーキをかけられます。そうして適度なバランスを見つけ、この章はこれでいいのかまだなのか、それはなぜなのかを納得できるまで話しあえるようになったのです（それでもときどき、お互いをいらっとさせてしまうことはあるのですが）。

やりかた次第でうまく生かすこともできます。仕事の進めかたについて、生産的なぶつかりあいをあえて生むしくみをチームに取り入れるのもありです。アニメ映画制作のピクサーでは毎朝、制作中のフィルムをレビューしあう場を設けています。アニメーターが途中までできたフィルムを持ち寄り、各キャラクターの動きや表情をお互いにチェックします。参加する人に求められるのは、作ったアニメーターに対する評価ではなく、画に対するコメント。映画「インサイド・ヘッド」のスチール写真には「瞳の形がまちまち」「足先がもう一歩」といった反応がありました。このレビューでもう一つ重要なルールは「作品を『自分の考えに近づけようとして』手を加えてはいけない。大事なのは『よりよく』することだ」、とアニメーターの一人ヴィクター・ナヴォーネは述べています。メンバー同士が各自の案のいい点、改善できる点をじっくり話しあえれば、チームとしてよりよい決定が出せるものです。

## 私の「取説《とりせつ》」

起こり得る衝突にうまく対処するには、コミュニケーションスタイルや仕事の進めかたを円滑にする方策を事前に用意しておくことです。《ニューヨーク・タイムズ》のコラムニスト、アダム・ブライアントは数々のCEOを取材してきましたが、その多くが、相手との共同作業をスムーズに進めるために、いわば自身の「扱いかたマニュアル」や「私と仕事をする際の手引き」を用意していました。アダムはこれをチーム仕事に応用するべく、次のような質問事項を用意して、メンバー同士で回答を共有する場を設けることを勧めています。一時間ほどの時間をとって、できれば中立な立場の人が進行役を務めるのがおすすめです。

**あなたについてチームのメンバーに知っておいてほしいこと**

1. 率直な、ありのままのあなたについて何か知っておいてほしいことは?
2. されるとかなりいらだつことは?

3. 自覚している変なところ（性格、癖、行動）は？
4. 一緒に働く人で大事だと思う資質は？
5. 人に誤解されているなと思う点で、訂正しておきたいことは？

**あなたの仕事スタイルについて**

1. あなたとコミュニケーションをとる際に一番いい手段は？
2. 一緒に仕事をするのはどの時間帯がいいか？　場所と形式は？（同室で集まるのか、ミーティングのスタイルは、ファイル共有の方法は、など）
3. このチームでめざすゴールは何か。チームについての懸念事項は？
4. 意思決定はどのように行なうか。メンバー全体の同意がいるのはどんな事項か。衝突や対立はどのように対処するか
5. フィードバックのスタイルは？（1on1ミーティングで、グループで、毎週決まった時間に一週間を振り返る、など）

**モリーとリズの回答例：1**

**モリー：**私は徐々に人と打ち解けていくタイプです。いったん距離が縮まると、温かく寛容で、ばかげたこともするような人間だとわかってもらえるはずです。でも最初は、実際より打ち解けづら

くて真面目な印象をもたれるかもしれません。距離が縮まるまで少し時間をもらえれば。

**リズ：**仕事中は一人でやらせてもらうのが好きです。経済コンサルタントをしていたとき、DISCアセスメントというツールで行動特性の分析をしたところ、私と仕事をする場合は「簡潔かつはっきり、あとはまかせて去る」のがよい、と出ました。まさにそのとおりですね……。メールなどでひんぱんにやりとりするのが好きな人からすれば、私の行動は社交性に欠けると映るかもしれませんが、決してそういうつもりではありません。メールやメッセージが絶えず入ってくると集中できないのです。認知切り替えは「生産性を飲みこむ穴」ですから。

その後、チーム全体の答えをあらためて確認する場を設けます。最初にメンバー全員のワークスタイルをつかんで確認しておくと、必ず役に立つものです。すべて順調にまわっていると思えば、予定に入れておいたミーティングはいつでもキャンセルすればいいのですから。

## 人間関係の衝突

私たち二人の話に戻ってみましょう。リズとモリーはどの時点で原稿を担当編集者に見せるかで意見が違いました。例えば、リズがどこかの時点で「いまの状態でこの章を見せるのはありえないよ」といい、モリーが「リズは私の意見を絶対まともに取り合わないよね」と返したとしましょう。そうすると、仕事についての衝突から、人と人の衝突に発展してしまいます（チーム内の心理的安心感もここで消えます）。人間関係の衝突に支配されてしまうと、どんなに時間やコストをかけても、能力があっても、話し合いはうまくいきません。ポップカルチャーの世界にも、メンバーの間に生じた確執が原因でチームが崩壊や解散に至った例は数知れません。イーグルスのあるメンバーが、不仲だったメンバーにステージ上で「あと三曲演《や》ったらおまえをぶちのめす」と告げ、その後解散に至ったエピソードは有名です。TVドラマ「となりのサインフェルド」では、キャストの一人ハイディ・スウェドバーグがあまりに一緒に仕事のしづらいタイプだったため、ほかの出演者がクリエイターのラリー・デヴィッドに懇願して、ハイディの役柄を死ぬ設定にしてもらったとか。

人間関係の衝突は、どうしても相《あい》いれない違いが顕在化してしまったのだからしかたがない、とあきらめることもできますが、実はお互いの話をじっくり聞くだけで解決できる場合も多いのです。例として、議論を好む人と、議論して人と対立するくらいならなめくじをなめるほうがマシ、という人がいたとします。議論好きがいつものごとく相手の意見に異議を表明すると、二人の間に衝突が勃発します。議論好きは相手の意見を試す狙いで、相手の上を行こうとする発言を繰り出すのです（「どうして○○とは考えなかったの」「その提案は的外れだよ」もしくは端的に「あなたは間違ってる」など）。双方の気持ちを害さないためには、チームのメンバーそれぞれの会話のスタイルを話し合い、衝突があったときにチームとしてどう対処するか決めておくことです。誰かが意見を述べたら、すぐにその場で反論したり弱い点を指摘したりしてもいいのか。あるいは批判はもう少し間接的に伝えるべきなのか。この両者のあいだで多少の衝突が避けられない場合、議論を避けたい派のあなたにわかってほしいのは、議論好きの発言にはあなた個人を攻撃したりおとしめたりする意図はないことです。一方、議論好き派としては、あまり挑戦的に議論をしかけると、まわ

それぞれの思いで仕事に臨むメンバー

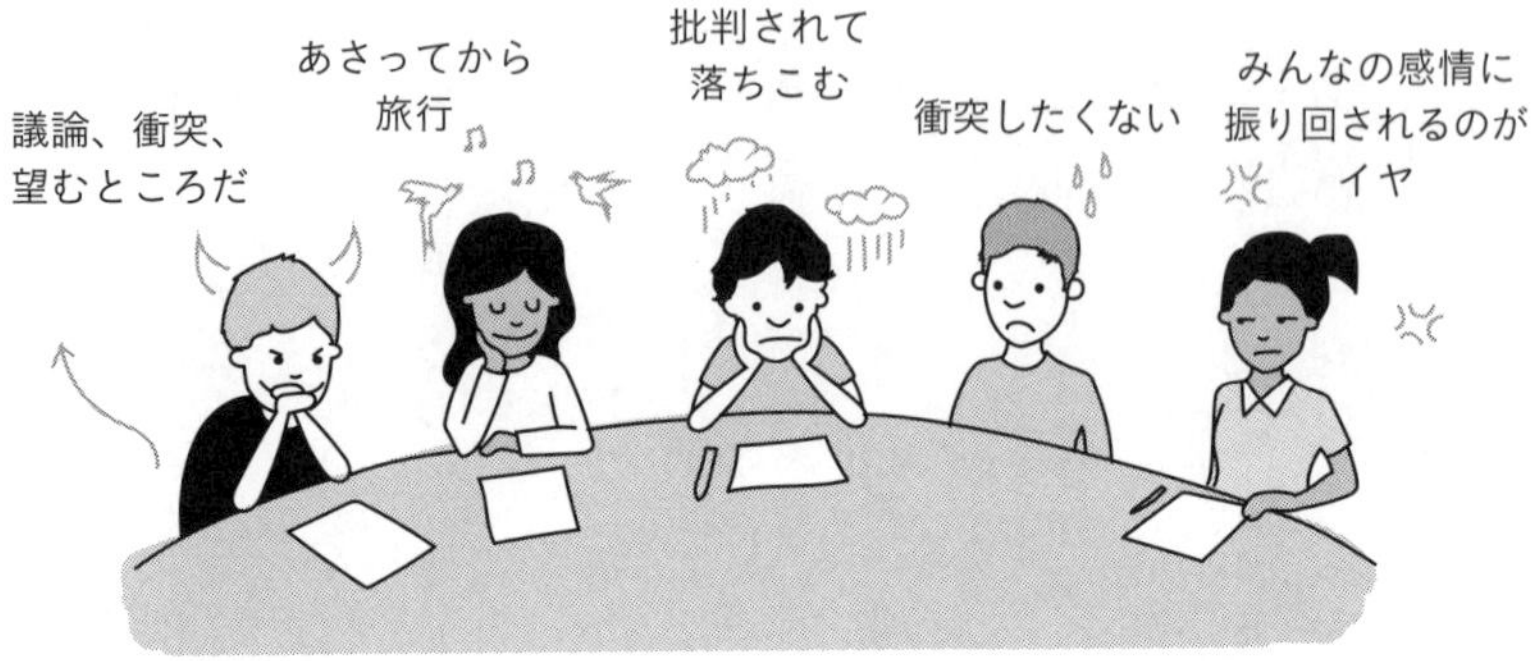
議論、衝突、
望むところだ
あさってから
旅行
批判されて
落ちこむ
衝突したくない
みんなの感情に
振り回されるのが
イヤ

りからのインプットを遮断してしまうかもしれない点を心にとめておきたいところです。

チーム内で対立や衝突が起きたとき、互いを認めあえていれば心理的安全性は保たれます（どんな対立も、承認を求めての葛藤と読み替えることができます）。考えの相違で心が傷ついてしまうのは、相手との間に互いへの敬意が確立されていないときだけです。今日からはぜひ、言いたいことがあれば遠慮なく（ただし優しく）言ってみましょう。『グレートボス――シリコンバレー式ずけずけ言う力』のキム・スコットは同書で、率直な意見を誰かに伝えるとき、「相手が怒ったり、やり返してくるのではないかと心配する。でも実際は、じっくり話せる機会になってよかった、と受け止めてもらえる場合が多い」と書いています。逆に他者への敬意に何よりも欠けるのは、相手がそこにいないかのように存在を無視すること。相手を承認する行為は、人に「自分の存在を見てもらえている」という気持ちをもたらします。対立する相手などとの難しい対話については、コミュニケーションを取り上げる第6章で詳しく考察します。意見の合わない相手も同じ人間であり、その人なりの要求があるのだと考えてみましょう。グーグルの産業部門長、ポール・サンタガ

議論で見かける発言

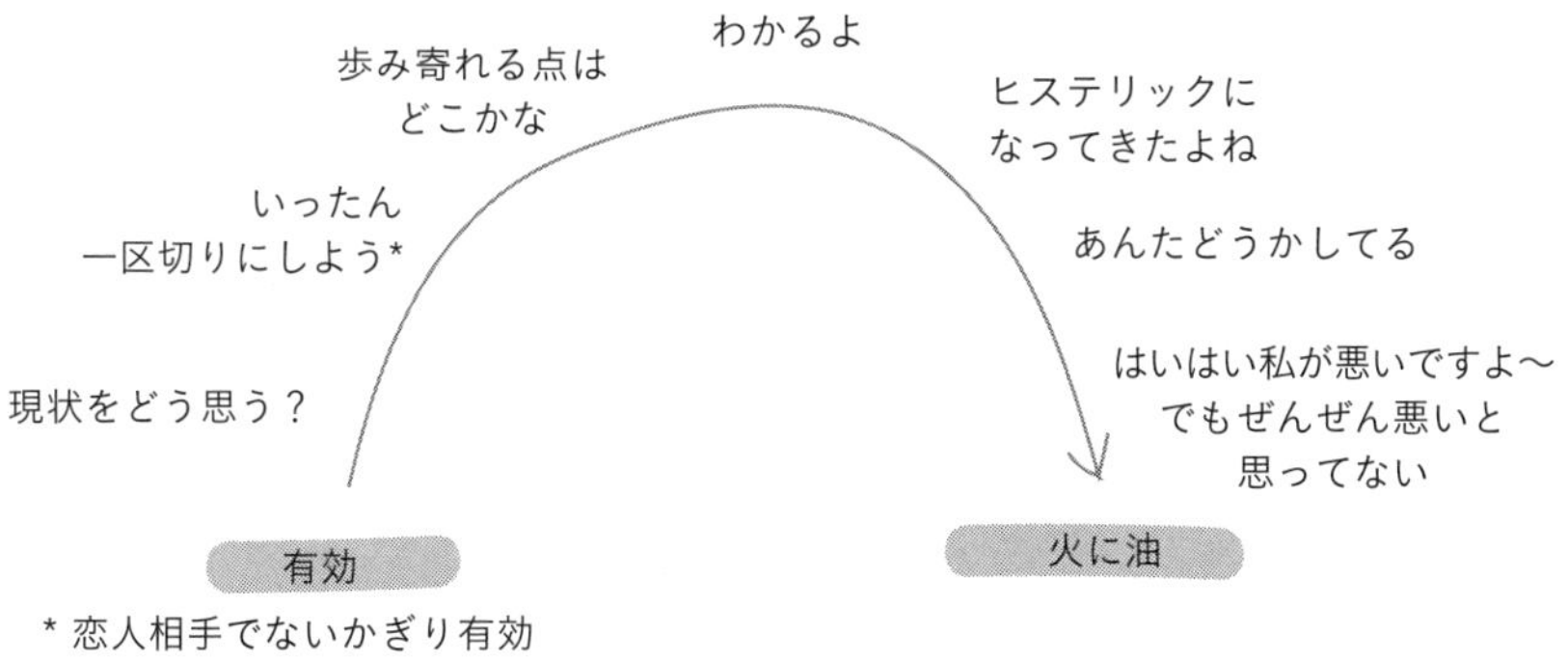
わかるよ
歩み寄れる点は
どこかな
ヒステリックに
なってきたよね
いったん
一区切りにしよう*
あんたどうかしてる
はいはい私が悪いですよ〜
でもぜんぜん悪いと
思ってない
現状をどう思う？
有効
火に油
* 恋人相手でないかぎり有効

タは「Just Like Me」という取り組みをチームで実践しています。誰かと議論になっているメンバーに対して、以下を心にとめてもらおうという試みです。

・私と同じく、相手には相手の信条、視点、意見がある。
・私と同じく、相手も希望、不安、弱さがある。
・私と同じく、相手も尊重されたい、評価されたい、自分も役に立てると思いたい。

対話を試み、相手の存在を認めてもなお、どうしてもいらいらさせられる相手はどうしたらいいでしょうか。最善なのは、何もしないことかもしれません。話し合いを蒸し返すのもＮＧ。ぐるぐると堂々めぐりになって、相手との問題をさらに悪化させかねません。いったん深呼吸して落ち着き、ぶつかり合っても希望するようにはならないのだと受け入れましょう。多少のごたごたや衝突は道のりの一部だと受け止めて、相手へ注いでいた意識を仕事そのものへ移してみます。

最後にもうひとつ。私たち二人は「寝るときまで怒りを抱えては

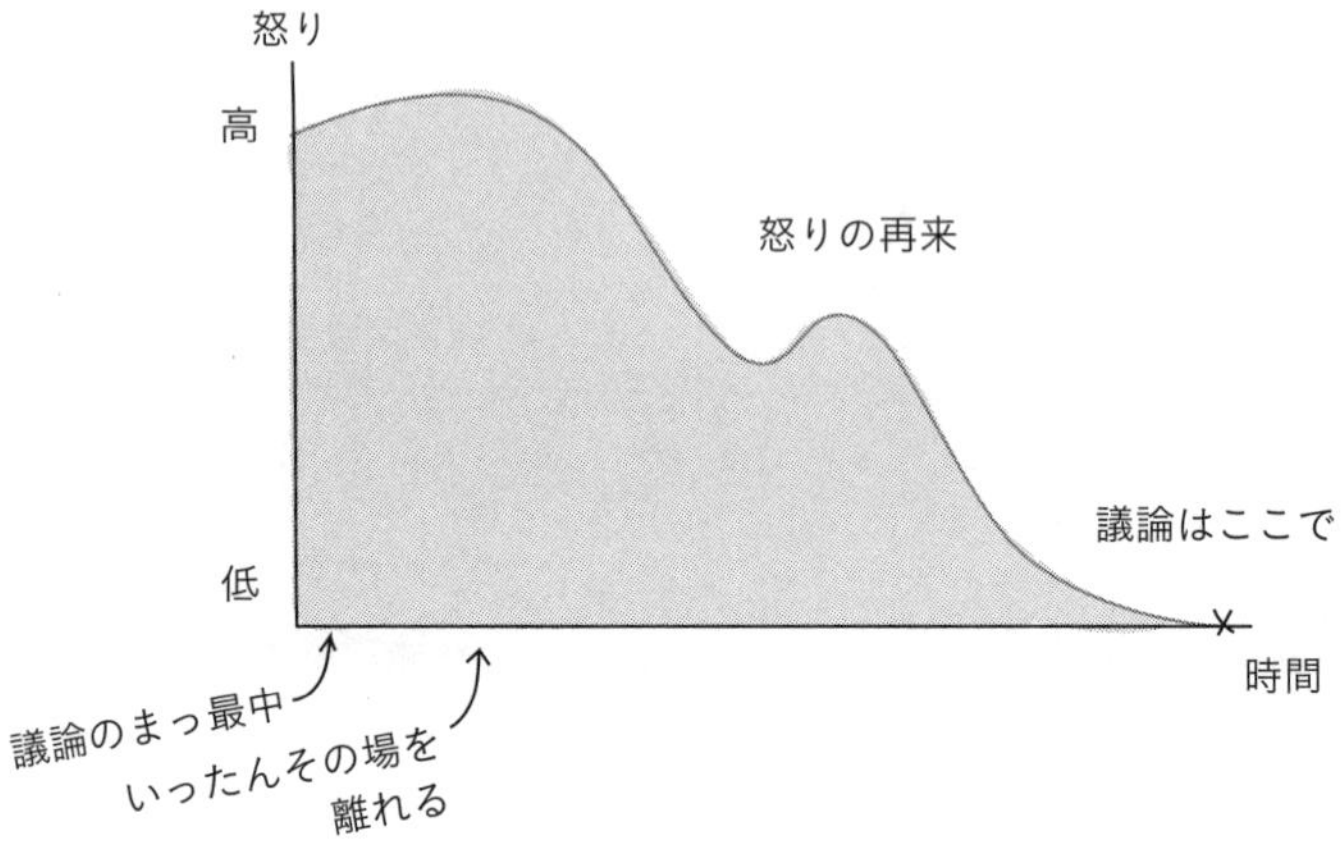
怒り
高
低
怒りの再来
議論はここで
時間
議論のまっ最中
いったんその場を
離れる

いけない」という「格言」が好きではありません。怒りを抱えたまま寝たっていいんです！　嫉妬や憎しみ、怒り、不満といった感情は、現実を正しくとらえる目を曇らせるもの。その場で即座に解決しなければいけない議論はそれほどありません。少し距離をおいて、あらためて問題に向き合えばいいのです。

## よい議論をするために

### ・好奇心をもつ

あなたから責められていると感じた人は、あなたを敵だとみなし、自衛しようとします。そうならないように、相手が意見の不一致や対立の根本にある原因を何だと考えているのか、解明してみましょう。相手に「いくつかの要素がからんでると思うけど、一緒に検討していこうか」のようにもちかけ、そのあとで「いまここで何が必要かを考えてみよう」と解決策を探るのもいいかもしれません。

### ・事前ミーティングで話し合う

新しいプロジェクトを始める際、三〇分程度の時間を設けて、うまくいくかどうか不安な点をあらいざらいチーム全員で出し合ってみましょう。こうすると、チーム全体でリスク要素を把握し、対処することができます。グーグルの研究部門だったグーグルX（現在はX社）のトップを務めるアストロ・テラーは言います。「そうした話は少人数で個人的にはしているかもしれませんが、明確に声をあげたり、十分に話し合ったりはしていない場合が多いものです。この種の発言をすると、士気を下げる、やる気がないとレッテルを貼られてしまうためです」

・**事後ミーティングで話し合う**

プロジェクト進行中、あるいはプロジェクトの各段階の途中で何らかの衝突や対立があったら、あとで時間をとって、なぜそうなったのかを解明してみましょう。どこをどうすればうまくいったのかをチームで共有し、この先問題が起きないためにどうすべきなのか、意見を出し合います。

・**自分のなかにある偏見を知る**

多彩な背景をもつ人が集まる環境で仕事をする場合、最大の障害になり得るのが、各人が「きっと衝突はあるだろう」と受け止めてしまう点にあると報告されています。公正や平等の規範を重んじる姿勢を前面に出せば、一人ひとりが偏見からくる言動や反応を表に出すケースは減るのです。

・**批評は枠組みをつくって生産的に**

お互いに生産的な批評をするには、「すぐに変えられる点」「ちょっとした行動で意味のある変化をもたらす点」「全体をとらえなおす方法」のいずれかにあたるアイデアを出し合うとうまくいきます。この三点を念頭におくとちょうどよい制約ができ、話が個人攻撃へ流れるのを防げます。

・**「反対意見をうまくいえる人」をロールモデルにする**

プライベートでも仕事上でも、「率直な発言をしてもうまくいっている人」がまわりにいないでしょうか？　その人がどんな言動をとっているかを一度観察して、よいところを参考にさせてもらいましょう。

## リズの講義：チームミーティング成功術

「チームミーティングが非生産的でなんとかしたい」という不満、みなさんも聞き飽きているかもしれません。でもそれだけ現実に繰り返されているのです。チームが話し合い、意思決定していくためにミーティングは欠かせませんが、あまりに多いとコストばかりかかってしまいます。かける時間はミーティングそのものの時間だけではありません。前後の一五分ずつに「あ、このあとミーティングだ（または「あー、ミーティングが終わった」）。ちょっと休憩するか」となる時間も当然あります。

これだけ会議や打ち合わせが多いのは、人は基本的に集まるのが好きで、どこかに属するのが好きな生きものだから。私自身、ミーティングが嫌いなくせに、自分だけ呼ばれないとなんとなくおもしろくなかったりするのだから困ります。みんなで一堂に会してそれらしく意見を述べたりすると、生産的なことをしている気分になるという面もありますね。有意義なミーティングにするために私が決めているルールをご紹介します。

### 1.　しっかり聞く

スマートフォンやパソコンは脇に置きましょう。誰かが話している前で画面を見ていたら、相手の話は画面上の情報より重要でないし価値もない、と宣言しているのと同じです。はっきりいって侮辱ですよね？　集まって会議をするのは、課題を解決して次のステップを決めるため。何度も会議を重ねなくてはいけないのは、最初の段階で誰もちゃんと聞いていなかったから、とはいえないでしょうか。

**2.　議題を明確に**

何のためにミーティングをしているのか私もあなたもわからないとしたら、いったいなぜ集まっているのでしょう？　目的のはっきりしないミーティングは苦痛でしかありません。ほかにも仕事が山積みならなおさら。ミーティングがだらだらと非効率だと、報酬や上司がいくらよくても仕事に対する満足度が下がることは研究でも立証されています。

**3.　必要以上に長くしない**

早く終わったら解散します。会議を三〇分や一時間で予定していたからといって、それまで引き延ばさなくてもいいのです。

**4.　時間設定は大事**

「ひとつの会議で午後全体がつぶれてしまうことがある。まとまった仕事をするには短すぎるくらいに残りの時間が分断されてしまうからだ」とポール・グレアムも書いています。ミーティングを入れるなら、午後でも午前中でもぜひ最初か最後にスケジューリングを。朝一〇時半のような中途半端な時間だと、午前中が分断されて生産性が下がってしまいます。

BINGO
ミーティング「あるある」ビンゴ
ひそひそ話
「前へ進める」
開始が遅れる
スワイプ中
SNS見てる人
「必要なリソース」
ミュート
し忘れた端末
意識がとぶ
まとまらない話
BLAH
BLAH
早く終わった
「あとで再検討」
あえてふれない
問題
FREE
変な保留音
出席者が遅刻
おやつの
差し入れ
質問とみせた
解説
ちょっと
顔出す人
ゲームしてる
女性の発言に
割りこむ
次のステップが
明確
「わざと反対意見
をいう」
決められる人が
いない
会議じゃなくて
メールで
よかった疑惑
「あとで個人的
に話そう」

## 困った同僚三タイプ

傷んだリンゴ一つが箱全体をだめにするように、問題のある人がいるとまわりにも悪影響がおよびます。ウィル・フェルプスが行なった実験では、各チームに「攻撃的な人」「やる気をそぐ人」「あからさまにさぼる人」を（演じてもらい）一人ずつ入れたところ、チームのパフォーマンスが四割近く落ちたといいます。セス・ゴーディンは次のように指摘します。「プロジェクトの足を引っ張る、役割を果たさないでさっさと帰る、いじめ的な行為をして未来あるほかの社員をやめさせてしまうなど、チーム全体の士気を下げる人がいても、その人が在職権を持っているとか、仕事のスキルはある、そんなに悪い人じゃないなどといって、しかたないと受け入れてしまう場合は非常に多い」マネジャー級のみなさんにいいたいのは、こうした悪影響をおよぼす人を許してはいけないということ。チームの心理的安全性のためには大事なのです。チームにマイナスの影響を与え続ける人をそのままにしておくと、メンバーはリーダーの資質に疑問を抱くようになります。もちろん、問題がある人でもチームから外せない場合もあるでしょう。そんなときにどうするか。ここでは、困った同僚の代表的な三パターン、悪意・攻撃型、なんでも否定型、怠け型について、それぞれの対処法を考えてみます。

### 悪意・攻撃型

二人の同僚がいるとしましょう。一人は仕事ができるけれど感じの悪いタイプ。もう一人は仕事はあまり

困った同僚3札

悪意と攻撃の
ジャック
とにかく嫌なやつ

「それは無理だよ」連発
クイーン
なんでも反対、前向きな提案なし

怠け王
キング
とにかく仕事をしない

できないけれどいると楽しいタイプ。一緒に働くならどちらがいいでしょうか？　管理職を対象に同じ質問をしたところ、仕事ができる感じの悪い人を選ぶと答えた人が多数派でした。あるマネジャーの理由はこうです。「感じが悪くても、仕事ができる相手なら好かない気持ちを抑えられますが、仕事ができない人をできるようにするのは難しいですから」。ところが、同じ管理職が実際に人を採用することになったとき、感じの悪い応募者を選んだ例は皆無でした（つまり、仕事ができるけれど感じの悪い人はいわば一一センチヒールのようなもの――使えると思ったけれど、実際には苦痛すぎたわけです）。それも当然です。攻撃的で感じの悪い相手と仕事をすると、心配が絶えず、気分は沈み、眠りが浅くさえなります。

攻撃型は人の繊細な部分を容赦なく傷つけ、一緒にいる人は見くびられていると感じ、やる気や活力を奪われてしまいます。当然、心理的な安心感は損なわれます。このタイプは通常、特定の人にだけ攻撃的なわ

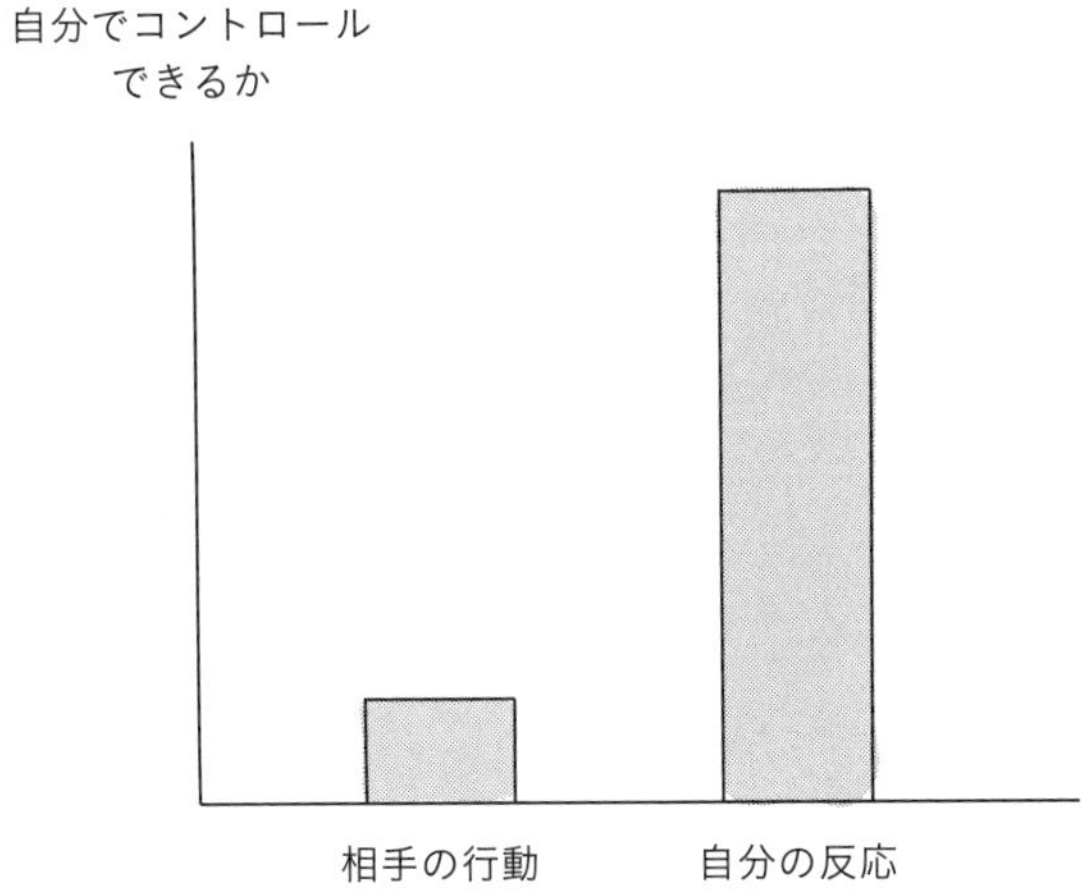
自分でコントロール
できるか
相手の行動
自分の反応

けではないので、チーム全体の勢いややる気をそぐおそれがあります。攻撃型をチームから外せない場合、一番いいのはその人のネガティブな部分を封じてしまうことです。『あなたの職場のイヤな奴』の著者、ロバート・サットンは、ある博士課程の学生がアドバイザーの教授に悩まされたエピソードを書いていました。教授から意地の悪いメールが次々に送られてきて困った学生は、すぐに返信せず、一通のメールでまとめて返信するようにしました。そうして嫌な相手からのコンタクトを減らすことができたそうです。

ここで注意したい点を一つ。自分と馬が合わない相手＝攻撃型で感じの悪い人、というわけではありません。各種研究によると、私たちは自分に似た人、なじみあるタイプの人、見た目の感じがいい人、自分のことを好きになってくれる人を好む傾向があります。この人にはいらっとさせられるな、どうも好きになれないな、という人がいたら、自分と違うタイプだからそう思うのかもしれません。あるいは、相手のことをまだよくわかっていないからそう感じるだけかもしれませんよ。

## 攻撃型の対処法

**・接する機会を減らす**

ＴＶ脚本家としてハリウッドに出入りするエリザベス・クラフトは、仕事柄、普通の人以上に攻撃型の人と接する機会があるといいます。「誰かに毒入りのグラスを渡されたら、飲んだりしませんよね。それと同じで、言葉で毒を投げつけられても飲んではだめです。職場で感じの悪い理不尽な態度で接してくる人がいても、まともに受け入れないことです」

**・相手の気持ちになってみる**

どんな過去があって今のように攻撃的になってしまったのだろうと想像してみます。

**・ただし、心を許して自分を開示しすぎない**

攻撃型の人は、あなたの弱みや限界をほかの人に明かして評価をおとしめようとしたり、あなたの繊細な部分につけこんだりする場合も。

**・物理的に距離をおく**

ＭＩＴ教授のトーマス・アレンによると、二メートル離れた席にいる同僚と二〇〇メートル離れた席の同僚では、普段のコミュニケーション頻度が四倍違うそうです。

**・心理的に距離をおく**

頭のなかでタイムトラベルに出て、「時間的に距離をおく」ことをしてみましょう。ロバート・サットンは次のように勧めています。「今は一日後、一週間後、あるいは一年後なんだと考えてみます。そうして振り返ってみると、（頭にきていたことや悩んでいたことも）そんなに長くは続かなかったり、最初に思ったほどひどくないなと思えたりします」

**・あなたが管理職で権限があるなら、チームから外す**

いろいろ試してみてもうまくいかなければ、攻撃型の人にはチームを外れてもらってもいいかもしれません。間違っても上の地位に昇進させてはいけません（望ましくないのですが、実はこれが意外にあるのです）。ブリガム・アンド・ウィメンズ病院の医療従事者向けサポートセンターの設立に携わったジョー・シャピロ医師は私たちの取材に対し、声の大きい威圧的な人が高い地位につく例はかつて医療の世界にもあったと証言します。「ある種の能力を過剰に評価していたところがあります。あの人は外科医としての腕はいいしね、というふうに。でもいい医師なら、敬意をもって人に接し、よきリーダーでなくてはいけません。それが患者さんの治療の結果にも影響するからです。すぐれた技量があっても、人としての資質が伴わなければそれが生かされないことを理解していませんでした」

## なんでも否定型

仕事は妥協の連続です。刻々と迫る締切、こちらを立てればあちらが立たないクライアントの要望、限られたリソース。チームが最終的に出す成果は決して一〇〇パーセント完璧とはいきません（送信ボタンを押したあとにとんでもない誤字を見つけたりもしますよね）。なんでも否定型は、提案に対してあらゆる穴を見つけて指摘しつつ、自分で代案は出さないタイプをいいます。「後ろのほうで批評はするが、結果や、決

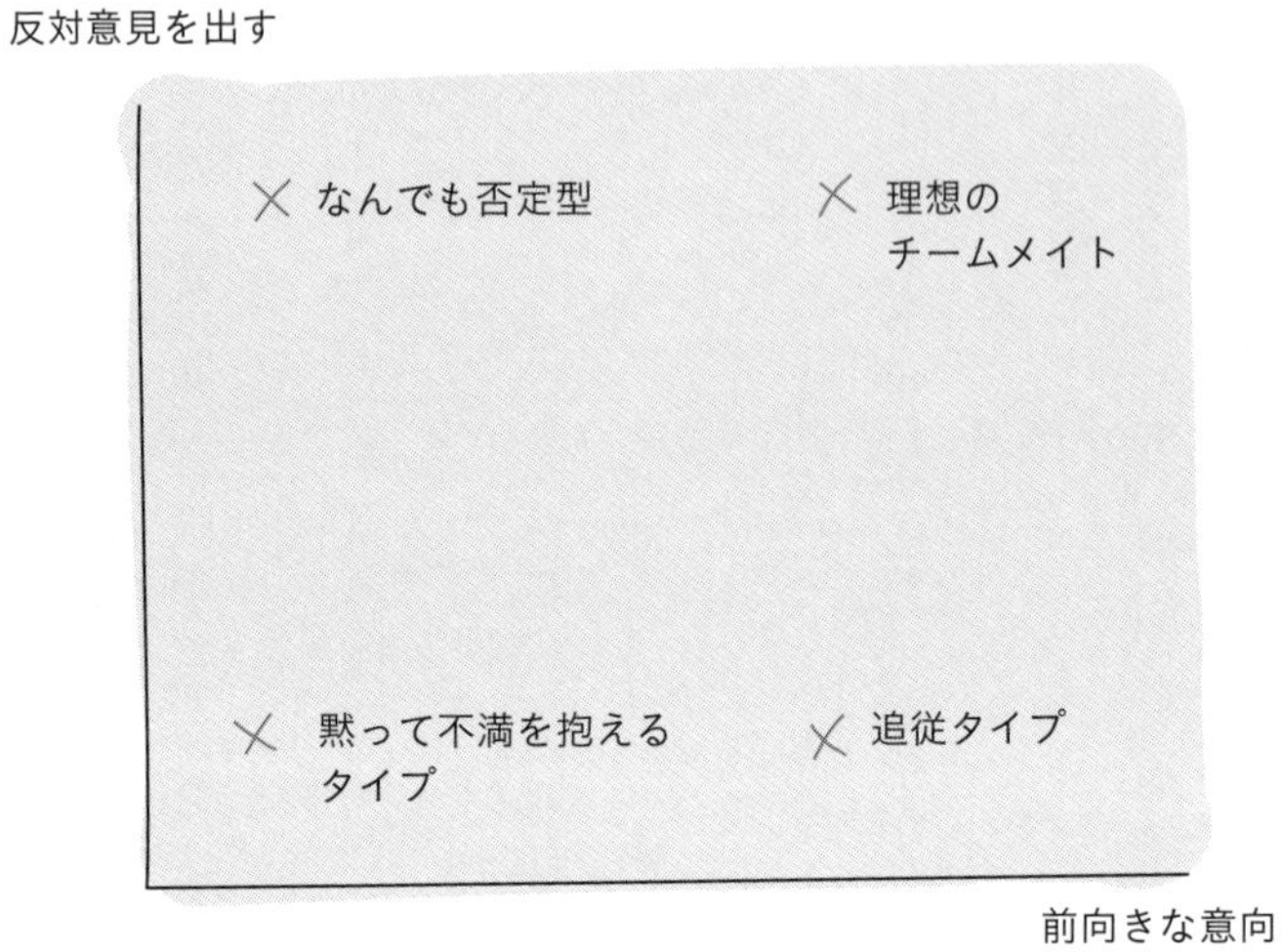
反対意見を出す
なんでも否定型
理想のチームメイト
黙って不満を抱えるタイプ
追従タイプ
前向きな意向

定がもたらす影響は引き受けようとしない」ベンチャーキャピタリストのマーク・サスターはそう書いています。「それは無理だよ、が彼らのモットーなのだ」

念のためことわっておくと、疑問を呈する人がみんな「なんでも否定型」なわけではありません。健全に疑ってみる精神をチームから排除したいのではなく（悲観的な見かたには概してちゃんとした論理がベースにあったりします）、ひねくれ者スクルージの発言を生産的に導くのが目的です。リズが以前働いていたスタートアップのジーニアスでは、批判的な意見を出すときには実際に使えそうな提案をセットでつけましょうという方針がありました。例えばモリーが「リズがこの章の冒頭に入れたエピソードはずれてる気がする」と意見をいうなら、そのあとで「代わりにドリー・パートンのヘアスタイリストの話を入れたらどう？」と続けるのです。

## なんでも否定型の対処法

**・意見は聞くが一線を引く**

生産的な提案を促しても出てこなければ、そこで話を打ち切るか次の人の発言に移るなどします。

**・掘り下げて背景を引き出す**

『学習する組織――システム思考で未来を創造する』の著者、ピーター・センゲはこう問いかけます。どうしてそう考えるに至ったのか？　どんなデータをもとにしてその視点になったのか？　どんな情報があればその考えが変わる可能性があるか？　よりよい結果をめざした構想ができないか？

**・否定的な言動に抵抗する**

『The Wisdom of Teams』の著書があるジョン・カッツェンバックは、チームには少なくともネガティブ志向とポジティブ志向が同じくらいなければならないと提言しています。心理学の研究者ジョン・ゴットマンは、健全な関係を維持するには、肯定的なコメントと否定的なコメントを五対一の割合で確保するのが必須だといいます。これについては、チームで仕事をするなら少なくとも二対一はほしい、というのが私たちの考えです。人事の権限がなくてもできる対策としては、なんでも否定型がミーティングで批評を繰り出してきたら、すかさずポジティブな面を見つけて指摘すること、でしょうか。

なんでそんなに不機嫌なの？
好きなだけ休みとっていいよって言ってたのに

## 怠け型

「最低限必要な以上に努力するのが俺にとっての〝失敗〟の定義だ」ＴＶドラマ「コミ・カレ‼」の主人公、ジェフ・ウィンガーのせりふです。自分の仕事に加え、他人の仕事まで背負わされるのはまったくもって腹立たしいものです。サッカー効果というのを聞いたことがあるでしょうか。もしリズが割り当てられた仕事を「まあいいか」と放棄するようになったら、チームを組むモリーは自分が都合よく利用されていると感じるでしょう。そうすると、モリーはリズが怠けたぶんをカバーしようとは思わなくなり（サッカー、つまりカモになって利用されるのはいやなので）、チームとしての不公平感からやる気が低下し（これも自分だけが損をするのはいやなため）、仕事の成果も下がります。

進んでみずからを犠牲にする聖人君子ではない私たちは、複数名で仕事をする場合、個々の努力がいい結果につながると実感できる範囲内でがんばるものです。先の例でいえば、モリーが自分たちの仕事にはもっと広い意義があるのだと考えれば、自分の責任を回避したりせず、むしろリズがさぼっているぶんをカバーしようと奮闘するかもしれません。ですが、もっと人数の多いチームでは一人ひとりの存在が埋もれやすく、自分一人ぐらいたいしたことはないと感じた結果、手を抜く人が出てきてしまいます。

アマゾンの創業者ジェフ・ベゾスは、チームが大きくなりすぎる弊害を避けるため、「ピザ二枚の法則」を心がけているといいます。ピザ二枚で満足できなければチームの人数が多すぎる、というものです。メンバーがどの程度食べるかにもよりますが、だいたい五人から七人に収まるようです。といっても、どうせ食べるなら二枚といわずもっと買いたくなるのが人の常ですが。

## 怠け型の対処法

### ・なぜやる気がないのかを知る

「自分は役に立たないし必要とされていない」と思っているのかもしれないし、自分の役割をしっかり把握していないのかもしれません。もしくはプライベートで何か事情があるのかもしれません。

### ・二人組のペアをつくる

デザインとコンサルティングを手がけるSYパートナーズには、社員を二人一組にして「信頼関係のある最小単位のユニット」を形成してもらう取り組みがあります。二人組だと非難をぶつける相手がほかにいないため、一緒にうまく仕事を進める方法を必然的に探ることになります。

### ・評価は個人ベースで

評価は各個人の貢献度でなくチームとしての成果を基準にします、といわれると、手を抜く傾向が高くなります。メンバー同士で評価するピア評価などの評価基準を取り入れると、計画どおりに仕事を完了した人、そうでない人が可視化されます。

**・管理職に相談する**

チームとしてのミッションは、必要な仕事をできるかぎり最高の形で完成させることです。ナイキやオプラ・ウィンフリー・ネットワーク、ナショナル・ジオグラフィック・チャンネルでCMO（最高マーケティング責任者）を歴任したリズ・ドーランは次のように語ります。「埋めなくてはいけない隔たりがあったりプロセスが破綻していたりするのに気づいたら、その人がきちんと仕事をこなしていないことを上に伝えるのは子どもの告げ口とは違います。感情的に不満や愚痴を訴える形にならなければ大丈夫です」

**・管理職のみなさんは本人に直接伝える**

職務怠慢は本人に直接指摘するのが正しい対応です。チーム全体に向けて「手を抜いている人がいるようです」と伝えるほうが気が楽に思えますが、そうすると、さぼっていない人が自分の仕事ぶりをむだに心配する一方、怠慢な本人は自分のことを言われているとは思わない、となりがちです。好ましくない少数のために全体を責めるのは避けます。

## まとめ

1. オープンに話し合う。質問には相手を見下さずに応じる。リスクを取って行動したり、ミスを認めたりしていいんだと思える環境をつくる。これらを通じて、チーム内に心理的な安心感を確立する
2. 仕事に関する衝突をおそれて回避しようとしないこと。回避するのでなく、仕事を進める過程で起きる衝突が個人と個人の衝突にならないようにするしくみを設ける
3. 人間関係の衝突が起きたら、相手の言い分に耳を傾け、あくまでおだやかに自分の視点を相手と共有する
4. まわりに悪影響をおよぼす人がいる場合、外れてもらうか、それが無理ならチームに残したまま、何よりもチームの心理的安全性を確保する

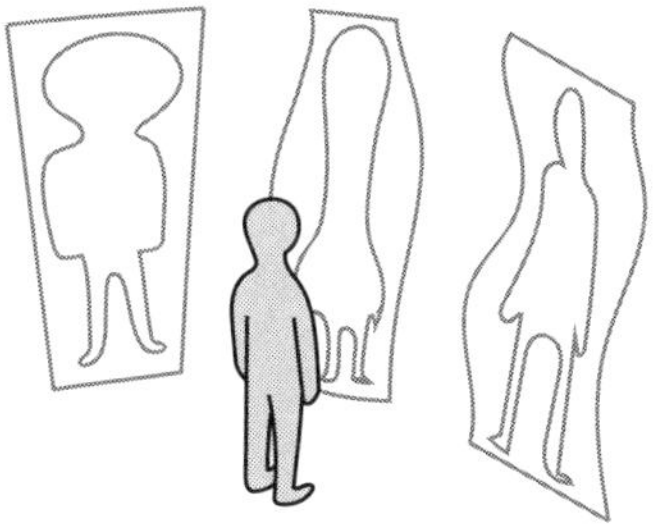

# 第6章

# 感情の伝えかたを意識したコミュニケーションのすすめ

感情と事実を区別する
自分の感情に振り回されないために

トム・リーマンとイラン・ザッカリーは、以前リズが働いていた音楽メディアのスタートアップ、ジーニアスの共同創業者です。イェール大学時代に意気投合した二人ですが、仕事上のパートナーとなった瞬間、互いに相手にいらだつようになります。「トムはあのすごい熱量のエネルギーでみんなを動かしていくんだけど、同時にそれが破滅を招くこともある」イランは《ニューヨーク・タイムズ》の取材でそう説明しています。一方トムのほうも、黙って考えこんでしまいがちなイランとぶつかることもたびたびでした。

二人の違いは、互いを補い合うように作用する道もあったのかもしれません。でも、二人は「慎重すぎる」と「やみくもに突き進む」のちょうどいいバランスに着地することができませんでした。ビジネス戦略を話し合うたび言い争いになり、二人の間は緊迫していきました。「僕たちはそれまで、友人同士としてはいつも馬が合ってた。だからこそ、二人で始めた事業のことで対立するのを割り切って受け止めるのは難しかった」とトムは言います。

二人の違いが決定的に衝突したのが、ある日、マンハッタンのペン・ステーションへ向かう途中で渋滞に

僕が言葉にしなかったこと、
きみは全然わかってくれてないね

巻き込まれたときのことです。ワシントンDCで大事な打ち合わせがあった二人はタクシーで駅へ向かっていましたが、あと数ブロックのところでなかなか車が進みません。列車の出る時刻は迫っていました。焦りと不安を募らせたトムがこの調子だと遅れそうだぞと言い出すと、イランは突如、タクシーの運転手に車をとめさせ、料金を払うと車を降り、駅へ向かってすたすたと歩き出したのです。いきなり勝手に車を降りたイランに、トムは強い怒りを覚えました。

二人はぎりぎりで列車に間に合いましたが、ほっとしたのもつかの間、互いに怒りをぶつけあいます。通路ではげしく口論しながら、トムは新たな不安を抱いていました。「事業を立ち上げて失敗に終わった人に話を聞くと、つまるところは仲間とうまくいかなかったのが原因だ、という話が本当に多いんだ。いつも対人関係が問題になる」。二人の関係をなんとかして立て直さなければ、会社もうまくいかなくなる。トムとイランはカップル向けのセラピーを受けることにしました。

＊

哲学者のアラン・ド・ボトンは言います。「あらゆる人が私たちをいらつかせ、怒らせ、困らせ、逆上させ、失望させる。そして自分も（悪意なく）同じことを彼らにしている」コミュニケーションは変化を起こすのに非常に有効なツールです。そこでルールその5は「感情と事実は区別する」です。効果的なコミュニケーションをとれるかどうかは、感情に振り回されずに自分の感情を伝えられるかにかかっています。私たちは得てして、深く考えない憶測のもとで相手とのやりとりをしがちです。でも、人が発する言葉は必ずしもその人が意味するところと同じではありません。心理学者のスティーブン・ピンカーも「言葉そのものがコミュニケーションの究極のかなめではない。言葉は世界へ通じる窓である」と指摘しています。この章では、仕事上必要だけれど言いづらい話の伝えかた、会話がうまく展開しないグループにみられる特徴、相手の気持ちを損なわないフィードバックの工夫、メールやSNSなどデジタルコミュニケーションの行き違いを防ぐコツを取り上げていきます。

## 言いづらい話にふれる

パートナーと別れるのと、あなたのアイデアを自分が言い出したかのように横取りする同僚に抗議するのでは、あなたにとってどちらがマシでしょうか？　ある調査によると、仕事関係の話しづらい対話に応じるよりパートナーと別れるほうがいいと答えた人が多数派だったそうです。この項では、言いづらい話を切り出すなど、職場での難しい状況を少し楽に切り抜ける方法を探っていきます。例えばチームの同僚が急に自分のやるべき仕事をやらなかったり、二人だけのやりとりのつもりだったメールにいきなりほかの四人にCCを入れてきたりしたとき、どう対応すればいいのでしょうか。

今夜のメニュー：話しづらい会話を避ける

IM FINE
黙ってられない
ハンバーガー
不満が募った
フライドポテト
かっとなった
熱々ステーキ
口に出さない
もやもや煮込み
口を閉ざした
貝のパスタ
骨の髄まで
とことん議論

言いにくい話をするのは気が重いものです。いっそふれずに避け続けたい気持ちにもなるでしょう。ですが、共に仕事をする相手と問題を話し合わずにいれば、あなたも相手も状況を改善する機会はもてません。[5]最初の時点でずれや問題点に対処しなかったがために、コミュニケーションのこじれや行き違いがうらみつらみに発展してしまう例は実に多いのです。トムとイランを担当したセラピストは、「いずれ表面化するのだから、問題点は話し合ったほうがいい」と二人に伝えました。問題の芽に気づいたら、わだかまりをそのままにしたり悪化させたりせず、お互いに相手に知らせ、落ち着いて穏やかに話し合う。そうすることで二人の関係は修復されていきました。

一方で、難しい対話を性急に進めてもうまくいきません。相手について誤った前提をもとに話をするか、自分の気持ちをただ発散してしまうか。やみくもに問題を突きつけると、最悪の場合、相手は攻撃されたと感じるか、決定的に決裂してしまうかもしれません。

小さなことを大げさにする人

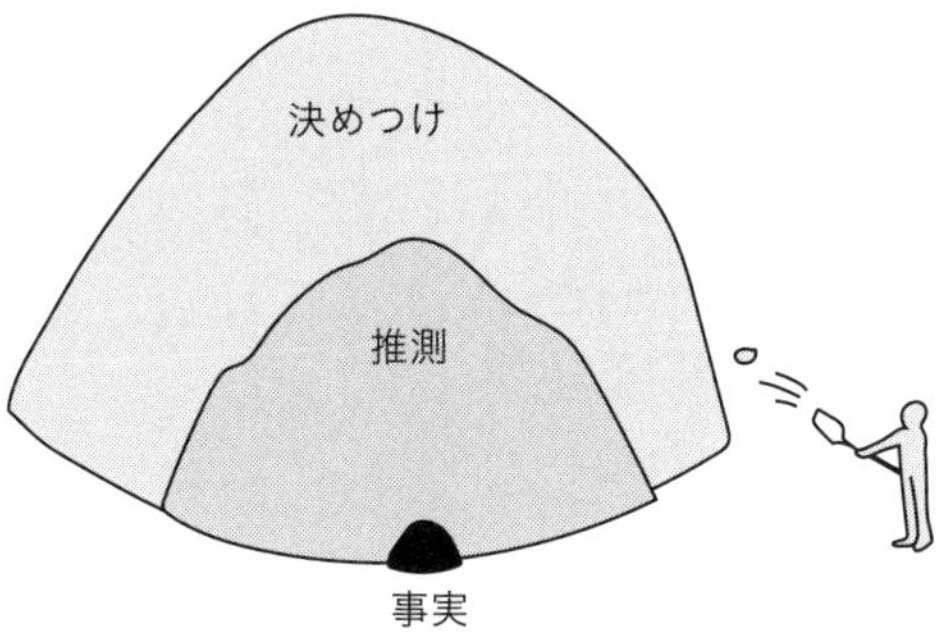


議論を暗転させないためには、以下の準備ができてから相手と話し合うのをおすすめします。

1. 自分の気持ちにラベル付けする（「私は傷ついている」）
2. その気持ちがどこからきているのか把握する（「友人の誕生日パーティへの招待メールが自分にはこなかったことに傷ついている」）
3. 相手の言い分を最後まで聞けると思えるまで心を落ち着ける。基準としては「自分は事実を全部わかっている」（「招待された人のリストに入ってなかったのは私が嫌われてるからだ」）と思っているうちは、難しい対話をうまくこなせる心理状態になっていない

このプロセスはある程度時間がかかります。難しい話を切り出そうと心に決めたあと、五分後にはもう相手に話しかけている――これはおすすめしません。イランがおじいちゃんからいわれたそうですが、

5. このテーマについては『話す技術・聞く技術――交渉で最高の成果を引き出す「3つの会話」』（ダグラス・ストーン、ブルース・パットン、シーラ・ヒーン著）を読むことをおすすめします。ここでも部分的に紹介しますが、一家に一冊あっていい本です。

「(よくいわれる「ぼーっと立ってないで何かしなさい」ではなく)ただ何かするんじゃなくて、立ってることも必要」なのです。準備ができたら、落ち着いて自分の気持ちを伝えますが、どう感じているかをきちんと言葉にして相手に伝えること。対話しようと決めた相手に対して、おそらく不満があったり、いらだっていたり、軽んじられている気がしたりしていますよね。そうした感情を相手に話さなければ、問題の核心は間違いなくそのまま残ってしまいます。

いらだちを態度や言動であらわにしてしまうと、事態は悪化するだけです(感情的になりすぎると、かえって何も伝えられないし伝わらないものです)。夫婦を対象にしたある調査によれば、穏やかに話し合いができる夫婦ほど、幸福度が高く、関係が長く続いているそうです。ユーモアをはさみ、相手への愛情を表すことで緊張を和らげ、問題をスムーズに解消しているのです。

**リズより**

以前、私が何か質問すると必ずものすごくゆっくりした話しかたで答える同僚がいました。噛んで含めるような口調に、見下されているようでいらいらしたものです。あるとき、つとめて穏やかに、その話しかたはどういう意図なのか訊いてみました。すると、できない人間にみられないようわざとそうしていたという答えが返ってきました……!

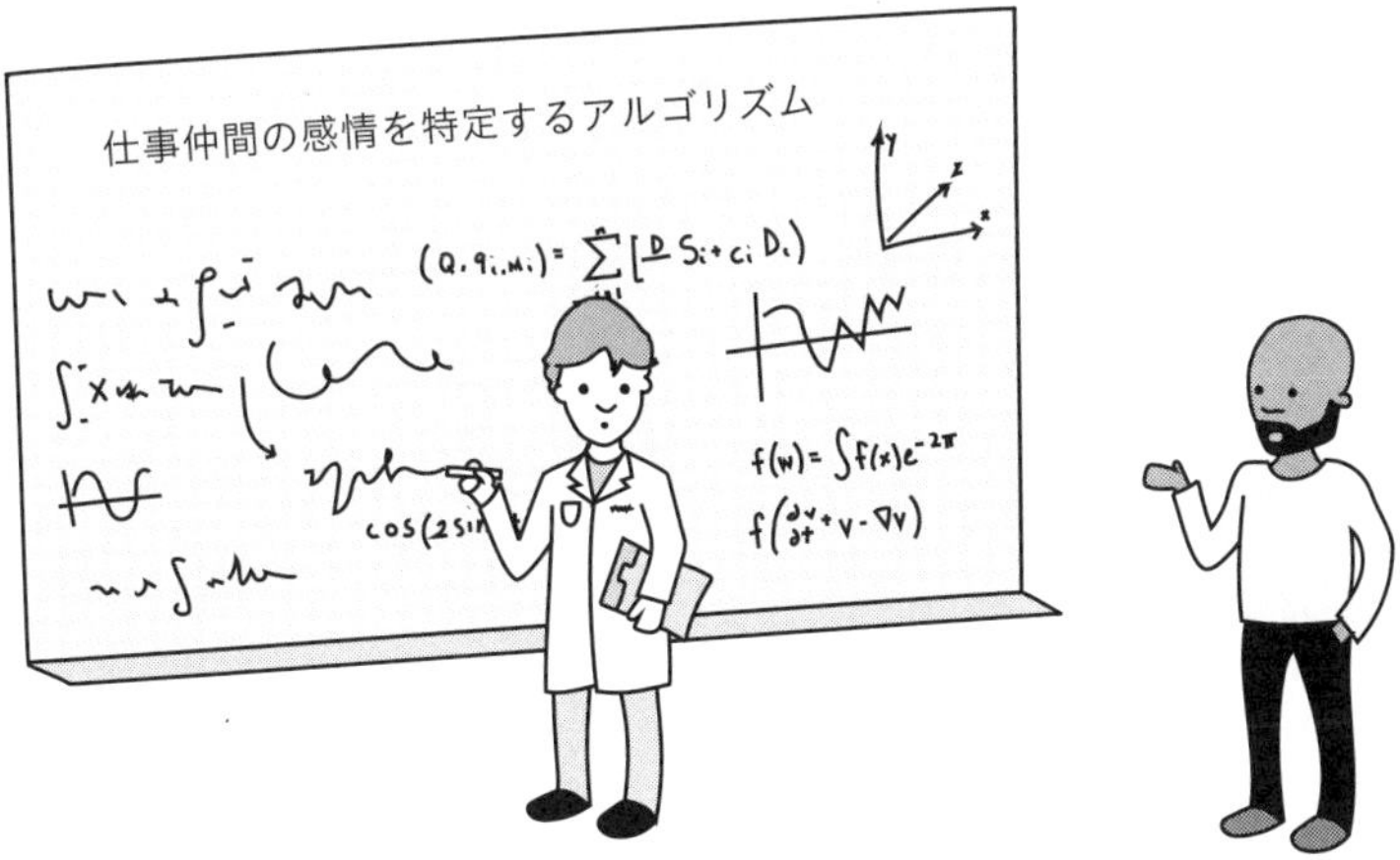


相手に直接きいてみたことある？

自分の気持ちを相手に伝えながら、感情に支配されずに話し合いを進める方法として、スタンフォードのビジネススクールでは「あなたが○○すると、私は□□と感じる」というフレーズを取り入れています。卒業生で現在スタートアップを立ち上げているクリス・ゴメスは「これで被害者と加害者という構図をつくらずにすむ」といいます。クリスが仲間のスコットと会社を立ち上げ、サイトの開設や有力パートナーとの提携を進めていくうち、スコットはいらだったようすを見せることが増えていきました。そこでクリスは思い切って、「話の途中でスコットにさえぎられると、自分がだめで否定された感じがして不快になる。何かききたいことがあっても切り出すのを躊躇《ちゅうちょ》してしまう」と伝えたそうです。ジーニアスの創業者、トムもイランに同じアプローチをしました。イランが買ったばかりの本を抱えて五分遅れでミーティングに現れたとき、トムは「その『ぶらぶらしてて遅れた』って態度に自分は傷つく」と説明したといいます。

## 謝罪する

ときには相手のいうとおり、もっともだと認めざるを得ない指摘を受けることもあるかもしれません。次の三ステップで上手な謝罪を組み立ててみましょう。

### 1. 非を認める

自分の行動を説明したくなるかもしれませんが、まずは抑えましょう。たいていは保身と映り、言い訳をしているようで印象が悪くなります。背景を説明したい場合も、したことの責任は自分にあるという姿勢を明確にします。例えばこんなふうに。「さっきは乱暴に言いすぎたと思う。完全に自分が悪いと認める。昨日の夜ぜんぜん寝られなかったというのはあるけど、だからといってさっきの言動がいいってことにはならない」具体的に示すのは大事です。「具体的に謝罪すれば、相手の主張するポイントを理解していますよと伝えることになる」とトムは言います。それから、伝えてくれた相手の気持ちを受け止めること。「僕のメールを乱暴だと受け取るとは思ってなかった。そう言ってもらえてよかったよ」のように伝えてみます。

### 2.「ごめん」「自分が悪かった」を明確に

謝罪の言葉をつらねすぎると、明確な謝罪がなくなってしまいます。「ごめんなさい」「申し訳なかった」を言うときの大原則は、一度そこで言い切ること。ここで例えば「(私の言動で) あなたがそう感じたなら悪かった」とひとこと足すと、謝罪のふりをしたうわべだけの謝罪への道まっしぐらです。

あなたが細かすぎるんじゃないの、と暗に示すような言いかたは避けましょう。責任の所在は自分にあるという姿勢を貫きます。

### 3. 同じ過ちは起こさないと伝える

同じミスを繰り返さないように、今後どう行動を改めるかを相手に伝えます。

以上をふまえた謝罪の例がこちら。「僕が資料をきちんと校正せずにクライアントへ送ってしまったせいで、いくつか誤字が見つかった。悪かったと思う。今後同じことがないように、いったん時間をとって、誰かに内容を確認してもらうようにするよ」

言いにくいトピックについてこうした話し合いの場を設けても変化がなかった場合、どうすればいいでしょうか。話している間、相手が耳を傾けて受け入れようとしてくれていたり、あなた自身が伝えたいことを全部うまく伝え切れなかったと思うなら、もう一度やってみましょう。一度目はお互いの間の緊張が解けずに、大事なところが伝わり切らなかった可能性もあります。ただ、他人の気持ちを気にかけない人、いっさい変わらない人、変わろうとしない人もいます。もし相手に自分を見つめ直す気も、歩み寄る気もないようなら、あきらめて切り上げてもいいでしょう。こうした人を相手に難しい対話を続けるのは、言ってみればヘアアイロンでスパゲティを加熱するようなもの、かもしれませんから。

行き違うコミュニケーションを図柄にしてみた

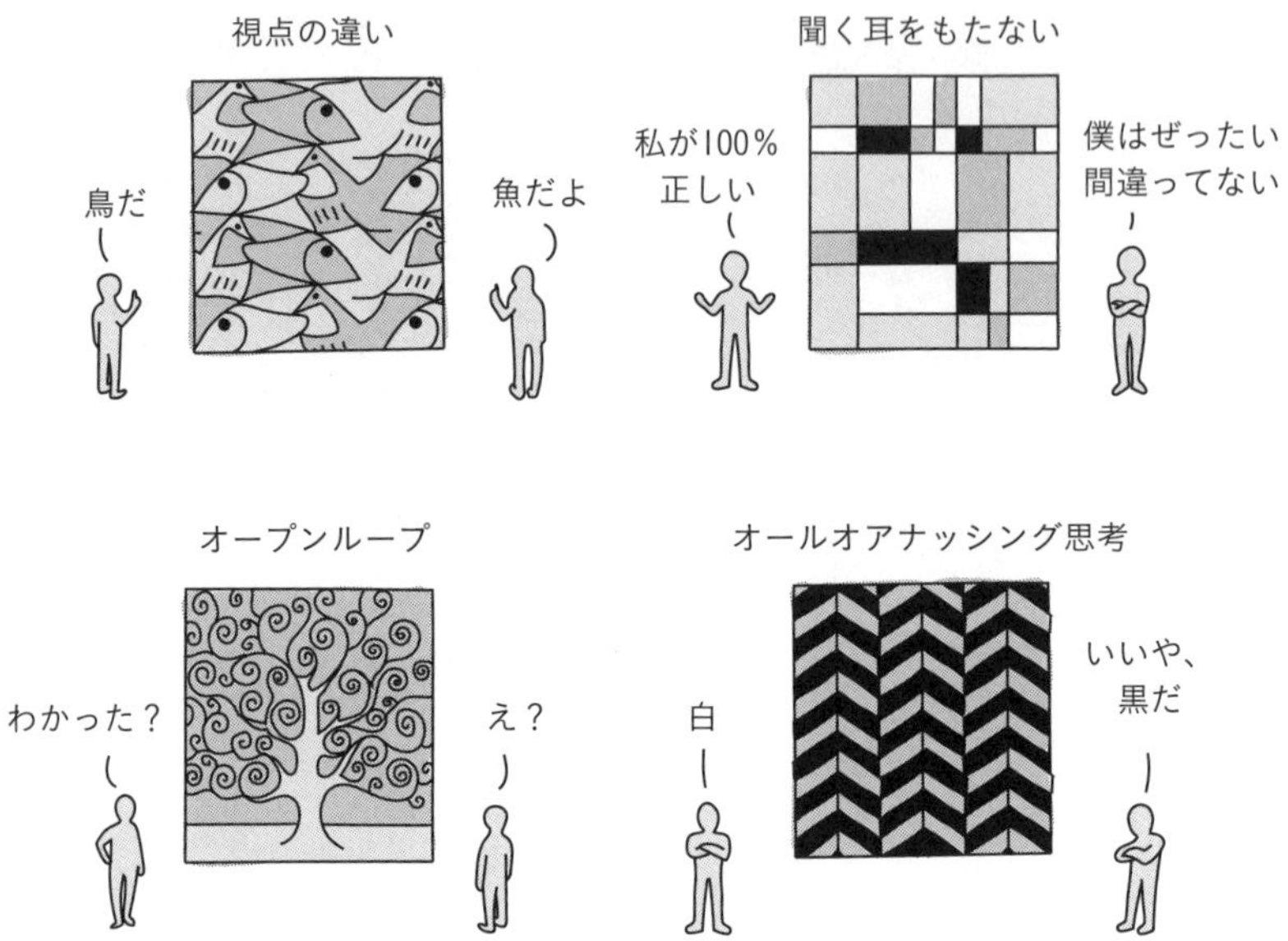
視点の違い
鳥だ
魚だよ
聞く耳をもたない
私が100%
正しい
僕はぜったい
間違ってない
オープンループ
わかった？
え？
オールオアナッシング思考
白
いいや、
黒だ

## 効果的に話すことの難しさ

自分をよく知ることは、コミュニケーションの大きな助けになります。例えば自分が内向型だとわかっていれば、外向型の同僚とぶつかりがちな理由も納得がいくでしょう。グーグルの人事部門は以前、マネジャークラスの女性たちは同じ立場の男性とくらべて、昇進の機会があっても自分から手を挙げる人がかなり少ないことに気づきました。そこで幹部からその点を指摘するメールを出しました。すると、ただその傾向を周知しただけで、管理職の行動に変化が表れました。次の機会には、マネジャークラスのジェンダー格差がなくなったそうです。

他者を知ることも同じように大切です。相手の文化的なバックグラウンドを知れば、ず

フェルメール作
同僚から一人前扱いされない少女

いぶん直截に思える批判も、個人攻撃のつもりはないんだなと受け止められるかもしれません。ここからは、ジェンダー、人種、年齢、文化、外向的か内向的かの違いによるコミュニケーションスタイルの特性を順にみていきます。おことわりしておくと、ここで紹介する研究は一人ひとりの体験を軽んじるものではなく、一つの側面だけで人を分類する意図はありません。すべての人に、一人ひとり異なる、たくさんの要素からなる個性があり、仕事上の経験があります。属性でひとくくりにしてそれを否定するのではなく、各属性の傾向を知ることによって、相手の言葉の背景にある意図をつかむ助けになればと考えています。

## ジェンダーによる違い

「私は『意地悪で嫌な女』か『魅力はあるけど頭はからっぽ』のどちらかなんです」ヒューレット・パッカードの元ＣＥＯ、カーリー・フィオリーナはそう表現しました。言語学者デボラ・タネンも指摘しているように、ジェンダーロール（ジェンダーによって期待される役割）にはステレオタイプがあり、それが女性をダブルバインド、つまり矛盾する複数の要求の板ばさみに追い込み

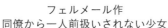

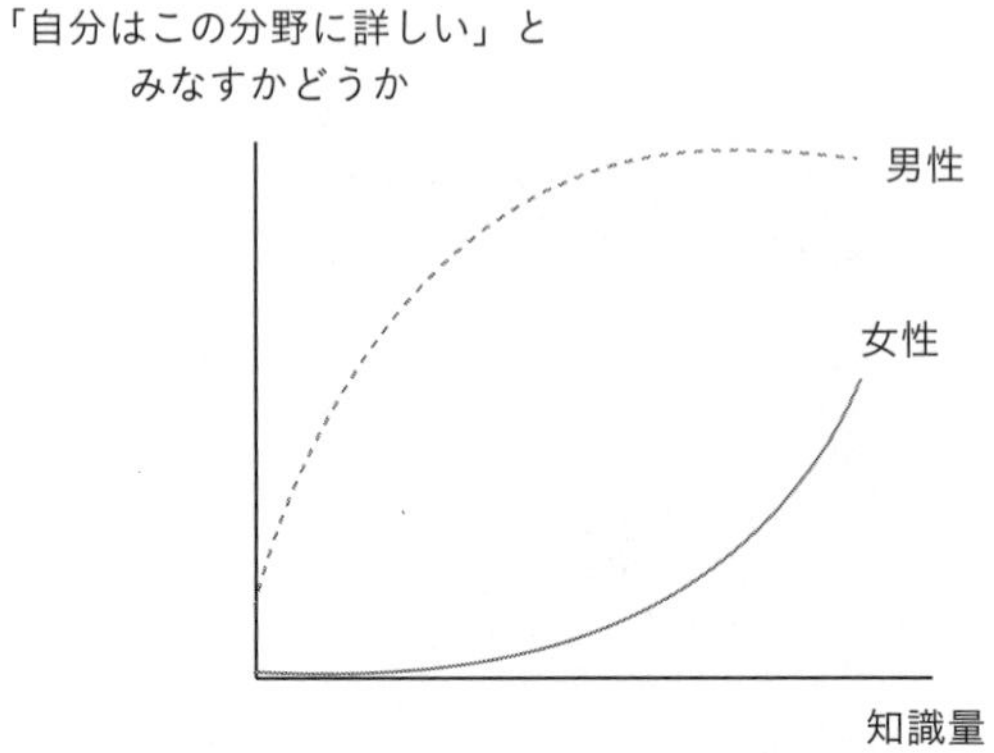


ます。具体的には、女性が心優しく高い共感能力をみせると、好感はもたれるもののリーダーシップに欠けると言われてしまう。自信をもって発言すると、今度は「攻撃的」だと非難される。批判を避けるため、女性は意見を述べる際にことわりを入れたり（「確信はないのですが……」）、クッションになる言葉を多用したり（「かもしれない」「……と思います」）しがちです。また、要求を質問の形で伝える、男性が多い場面で発言をためらうといった傾向もあります。教育委員会の会議を分析した研究では、メンバーの女性比率が八割に達してようやく、女性が男性と同等に発言したと報告されています（男性は全体の多数派であってもなくても関係なく、同じ量だけ発言しました）。

対して男性は、人（とくに相手が女性の場合）が話しているところへかぶせるように話すことで会話を支配し、「自分はこの分野に詳しい」と自称するハードルが女性より低いきらいがあります。ジュニパーネットワークスで副社長を務めたジェリー・エリオットは《ニューヨーク・タイムズ》の記事で、ある集まりでのできごとを回想しています。司会者が、集まった聴衆の男女に向けて、このなかで母乳育児について詳しい人はいますか、とたずねました。「一人の男性が手を挙げました。奥さんが母乳で育てるのを三カ月見ていたそうです。会場には子育てをしている女性もいましたが、自分は詳しいと名乗り出た人はいませんでした」

## よりよいコミュニケーションをとるには？

### ・女性を支援する意思を示す

オバマ大統領の一期目、大統領の下で働く女性スタッフは、会議などの場から女性が疎外されていて、出席できた場合も自分たちの声を聞いてもらえていないと感じていました。自分たちも貢献していることを男性陣にアピールするため、女性たちは拡充作戦と呼ぶ手法をとりました。女性の誰かが何か提案すると、別の女性が復唱し、まず評価するのです。すると大統領も注意を向けるようになり、業務や意思決定に女性が関わる場面が増えたそうです。

### ・成果を上げるチャンスを誰もが対等にもてる仕事環境づくりに加わる

男性のみなさんもぜひ、差別やハラスメントに気づいたら声をあげてください。無意識のうちに女性に対して次のような言動をとっていないか、振り返ってみてください。話を途中でさえぎる、マンスプレイニングする（男性が、女性に知識がないことを前提に解説や助言をする行為）、「〇〇ちゃん」や「女の子」呼ばわりする。どれも、平等で開かれた職場とはいえない振る舞いです。社内でも対外的にも、女性の同僚を対等な存在として扱う意識を徹底したいものです。

・話をさえぎられたときの対抗手段

相手にかぶせるように話す人は、大半がそうと自覚していません。とにかく気分が高揚して、割り込まずにいられないのでしょう。このタイプには、いつも割り込んで話すくせがあることをそっと知らせ、そうされるとどう感じるかを伝えるだけでも変化があるかもしれません。それでも改善されなければ、話の妨害を禁止するルールを先に宣言しておくことを、職場環境のコンサルタント、ローラ・ローズが提案しています。例えばこんなふうに言ってみましょう。「これからする説明にはいろんな件が含まれているので、みなさんまずは聞いてください。全体をお話しさせてもらってから、詳細について意見を伺いたいと思います」

## 職場で涙を見せることについて

仕事中に気持ちが抑えられなくなって泣きそう――あなたならどうするでしょうか？　「たいていの人はとにかくすばやく涙を引っこめようとするでしょう。ですが、それをきっかけと受け止め、現状を分析していくのも大事です。自分は今どうなってるんだろう？　寝不足なんだろうか。ちゃんと評価されていないのか、仕事のしすぎで疲れているのか。この仕事が嫌いなのか。仕事をやめるのが怖いのか」これは、『It's Always Personal』の著書があるアン・クリーマーからのアドバイスです。

もちろん、会議中に涙が浮かんできたら、こんなふうにじっくり考えてはいられません。まわりに人がいるようなら、化粧室へ行くか水を飲みにいくなど、その場を離れ、落ち着いてから戻ります。泣くときは自分一人か、精神的に支えてくれる人が一人いてくれると気持ちが落ち着くそうです。そんな信

**知ってた？**

涙には3種類ある

| 基礎分泌の涙 | 反射性分泌の涙 | 情動性分泌の涙 |
|---|---|---|
| つねに目を潤す | 刺激に反応して分泌、目を保護する | 感情が高まって分泌 |

頼できる人がいるのなら、頼ってしまいましょう。

　職場で泣くなんてと自分を責めるのはやめましょう。涙するのは仕事を真剣にとらえているからこそとも言えます。事実、心理的なストレスを熱意ととらえ直すと、涙に対する周囲の受け止めかたも好意的になります。二〇一六年の大統領選で、ヒラリー・クリントン陣営のスタッフは涙する場面がたびたびあったため、広報部長を務めたジェニファー・パルミエリの部屋は特設の「泣く部屋」になっていました。「同じ陣営の仲間は、女性も男性も一人残らず、泣くことはごく人間的な反応だと受け止めていました。大統領候補とそれを支えるスタッフが耐えなくてはいけない、非人間的な圧力に対する人間的な反応だと」パルミエリは回想録にそう書いています。「泣く部屋に駆け込む人に対して、不名誉などという烙印はいっさいありませんでした」

　では誰かが泣いていたら、どうすればいいでしょうか？　まず、涙は悲しさを意味するとは限らないと心得ておきます。ジャーナリストのジョアン・リップマンは、男性は女性の部下が泣くのを恐れて、率直なフィードバックを控えるケースがままあると指摘します。仕事場で涙するのは男性より女性に多いと報告されていますが、涙の理由は怒りや悔しさであることが多いものです。「男性はそのように受け止めていません」とリップマンは言います。「職場で女性が涙するのは、男性が大声を出したり声を荒らげて怒ったりするのと同じ反応なのです」

## 人種による違い

何か間違ったことを言ってはいけないという不安から、私たちは人種の違いにふれることを避けがちです。しかし、この不安に言動を左右されてしまうと、やはりそれに伴う影響が出てきます。現在、ハビット社で主任ソフトウェアエンジニアを務めるキーシャは以前の職場で、不快にさせてはいけないと同僚が配慮した結果、自分がいい仕事をするために必要なフィードバックを結果的にもらえなくなっていたと指摘します。前職のコードレビューでのことです。コードレビューでは、エンジニア同士が隣り合って座り、書いたコードを一行ずつ査読し、エラーや改善点を見つけていきます。白人男性同士が組むと、お互いの仕事を容赦なく酷評していました。「このコードはひどすぎる。今こうして隣に座ってるのもいやになるよ」「三行目のセミコロンを忘れてるのがありえない」といったやりとりがされるのです。

一方、アフリカ系女性であるキーシャへのフィードバックとなると、同僚の態度がまったく変わるのです。「全体的にすばらしいね。あえて一点言うなら、自分なら七九行目はこう変えるかもしれない……」こんな調子です。あるときキーシャはついに指摘しました。私にフィードバックする際の態度が明らかに違う、これでは私が学んで成長する場にならない、と伝えたのです。それを境に、同僚のエンジニアはキーシャをほかのメンバーと同様に、チームの一員として扱うようになりました。この経験から、キーシャは現在の職場でコードレビューを公平に進めるプロセスを手がけました。エンジニアは具体的な指摘をする、改善のための例を示す、主観性を意識することなどが求められます。

私たちはなぜ、人種やそれに関連する問題に直接ふれないようにしようとするのでしょうか。心理学者のキラ・ハドソン・バンクスは次のように説明します。「私たちは社会生活を営むなかで、人種については言及しないほうがいいんだと学習していきます。何か問題が持ち上がるまで話し合う機会がなければ、話し合う技量も、相手の声を互いに聞くすべももてません」。ですから、過ちを恐れないでほしいのです。何か間違いをおかしたら、相手に謝罪し、言葉の選びかたや言動を変えればいいのです。最初に「私がもし、あなたの気持ちを害したり攻撃的ととれることを言ったりしたら、その場ででも後からでも率直に建設的なフィードバックをしてください」のように宣言しておくのもありです。

## よりよいコミュニケーションをとるには？

**・人種差別的な意識を暗に含む言葉に注意し、指摘する**

「インナーシティ」「不法滞在外国人」などの言葉は、直接名指しはしていなくても、特定の属性に対する侮辱につながるものです。

**・違いを「ないもの」として扱わない**

「肌の色は関係ない」というスタンスは、実はよけいに偏見を助長する傾向があります。多文化主義を掲げ、文化の多様性をオープンに話し合っている組織（さまざまな国で生まれ育ったメンバーからなるチームなど）は、そうでない組織より公平で差別のない環境だろうとみなされますが、実際はそうとは限らないことが報告されています。人種について明確に言及せずに多様性を語っていると、人種に起因する差別を結果的に覆い隠す形になりかねないというのです。フィードバックを行なうときは、先入観があるかもしれない点を心にとめつつ、差別的だと受け取られるのを恐れて重要な批評を控えたりしないことです。

**・ただし、共通項に目を向ける**

「私たち」「あの人たち」という言いかたは避けます。分断を生み、相手への共感を損なう視点だからです。

**・練習するうちに上達する**

「黒人の社員が発言するまで待っていてはだめ。人事部がメールで発信するまで待っていてもだめ」。ファウンダー・ジム社のCEO、マンデラ・SH・ディクソンの言葉です。人種について話し合えば、誤解やすれ違いもあるでしょう。それでも、謙虚な姿勢、学ぼうとする気持ちがあれば、失敗もうまくまるく収めることができます。

**・みずからの言動を振り返る**

あなたが間違った発言をしたとき、指摘や訂正をしてくれる人ばかりではありません。人種問題や差別について自然に話せるようになるにあたって大事なのは、自身が知識を得、自分を見つめることです。

ある同僚を前にすると自分のコミュニケーションのパターンが変わるとしたら、なぜ、どのように変わるのかを考えてみます。

## 年齢による違い

ベビーブーマー世代が仕事の引退を先送りし続けるなか（米国の六五歳以上の労働者数は二〇〇〇年以降、二倍以上に増えています）、米国では史上初めて五つの世代が共に働く時代を迎えています。

沈黙の世代　一九二五から一九四五年生まれ
ベビーブーマー　一九四六から一九六四年生まれ
ジェネレーションX　一九六五から一九七六年生まれ
ミレニアル世代（ジェネレーションY）　一九七七から一九九七年生まれ
ジェネレーションZ　一九九七年以降生まれ

世代の違いを嘆くのは、昔から変わらない世の習いです。一六二四年に英国の牧師が「今の若者ほど礼儀がなっていない者はない。まったくもってどうしようもなく礼儀がなっていない」と嘆いている記録があります。それから四〇〇年の時を経た今、ベビーブーマー世代はミレニアル世代を「ころころ仕事を替えていいかげんだ」と苦々しく思う一方、ミレニアルにとってベビーブーマーは「救いようがないＩＴ無知で、仕事を奪っている世代」です。そしてどちらもジェネレーションＸを「社会に背を向けて仕事への目的意識が

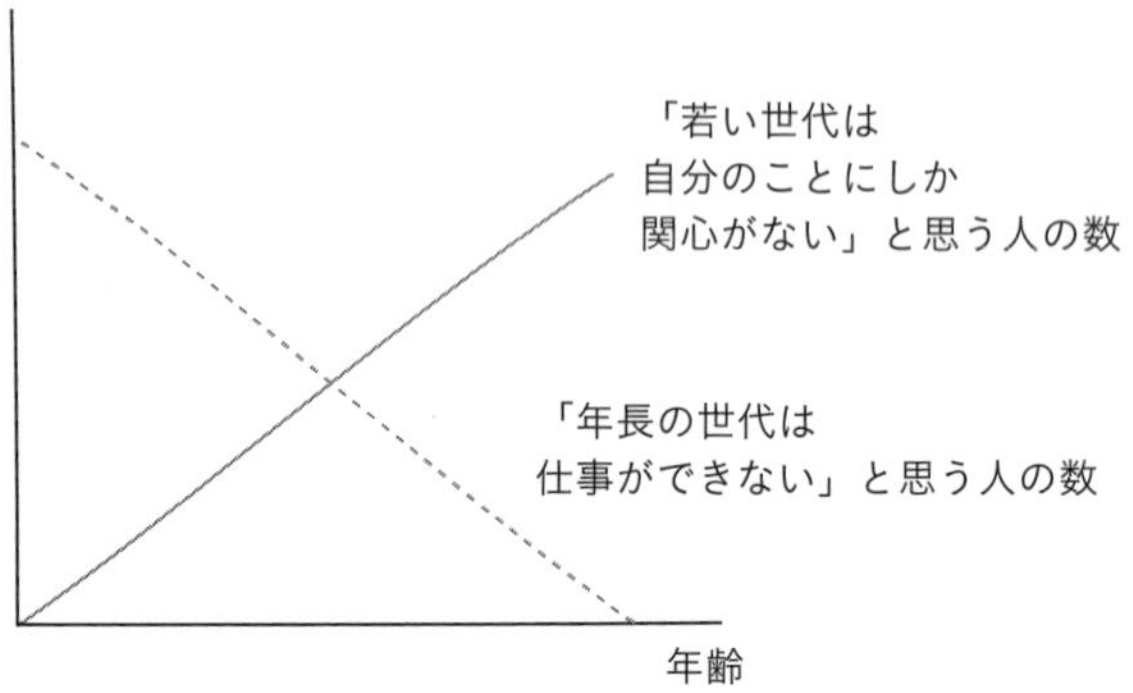
「若い世代は
自分のことにしか
関心がない」と思う人の数
「年長の世代は
仕事ができない」と思う人の数
年齢

低い」ととらえ、さらに若いジェネレーションZのことは「自分の周辺にしか関心がないスナップチャット依存症」とみなしているわけです。

　こうしたステレオタイプはありますが、世代間の違いとされている要素も、実はそれぞれのライフステージの違いによるところがあるとも指摘されています。《アトランティック》のコラムニスト、エルスペス・リーブは「一九八〇年以降に生まれた人がみんな自己陶酔しているわけではありません。若者は自己陶酔的なもので、年を重ねるにつれてそんな自分を乗り越えてゆくのです」と記しています（私たちがiPhoneで何かと自分の写真を撮るのに余念がない現代をさかのぼることずっと昔、パブロ・ピカソはたくさんの自画像を描いていましたし）。ただ、仕事に関するコミュニケーションの点では、世代によって好みの違いがあるのは事実です。若い世代は電話（あるいはボイスメールなどという代物）よりもメールやテキストメッセージを使うでしょう。上の世代にとっては、そんなやりとりばかりでは機械的だ、あるいは失礼だとなるわけです。世代による傾向を把握し、メール、電話会議、直接顔を合わせての対話など、コミュニケーションのバランスをうまくとりたいものです。

## よりよいコミュニケーションをとるには？

### ・世代をまたいだメンター制度を取り入れてみる

　これは組織のなかで若手と年長者を組み合わせ、お互いが視野を広げ、差別意識を減らしていこうとする取り組みです。ホテルチェーンを運営するジョワ・ド・ヴィーヴル・ホスピタリティ社を創設したチップ・コンリーは、五二歳のときにエアビーアンドビーの戦略アドバイザーに就任しました。「あるときミーティングで、テクノロジーの存在意義に関わるような問いかけをされたのですが、どう答えたらいいのかわかりませんでした。いわく、ある機能を市場に出しても誰も使う人がいなかったら、それは市場に出したことになるのか、というんです」とコンリーは回想します。「私はすっかり困惑してしまい、自分はまずいところへ出てきてしまったなと自覚しました」年下の社員たちのほうが、テクニカルな面ではずっと頭が切れるのです。それでも、コンリーにも貢献できることがありました（ここで「感情の扱いかた」の出番です）。研究によると、人間の社交スキルは四〇代から五〇代にかけてピークを迎えます。「ミーティングが終わるとよく、私より二〇歳くらい若い同僚のリーダーたちに控えめに申し出てみるんです。ミーティングの場でどう感情を読み取るか、あるいは特定のエンジニアのモチベーションをどう探るか、多少効果的にやる術《すべ》について個人的なコメントができるのだけれども、と」。そうやって、いわば若手にとっての感情的知性のメンターになったのです。まさにすばらしい展開ではないでしょうか。

## 多文化を背景にする多様性

「私の文化では、ほかの人に意見を訊くだけでも挑戦的と受け取られかねません」異文化マネジメントを研究するエリン・メイヤーに対し、インドネシア出身のある人はそう答えました。「本部からフランス人のマネジャークラスが何人か来て、一緒にミーティングをしたときのことです。その場にいる全員に対して、これについてどう思いますか、と一人ひとり訊いていったんです。私たちはとにかくショックでした。大勢のいる前で難しい回答を迫られるなんて、と」

一方、フランス人のマネジャー側は違う見かたをしていました。ある一人はこう説明します。「われわれは意見を熱く主張します。違う意見もオープンに話すのを好みます。（略）ひととおり終わるといいミーティングができたなと満足して、じゃ、また来週！　と解散します」

相手の文化規範をよく知らなければ、知らずに相手の気分を害してしまうケースはままあります。どんな感情なら安心して表に出せるのかも文化によって違います。例えばアメリカ文化では「自分はハッピーだしわくわくしてる」という空気を外に向けて発信しようとします。「アメリカ人は絶好調《グレート》だよ、と言わなくてはいけません。まあ大丈夫《ファイン》、くらいだと、沈んでるんだなと相手は思うわけです」とは、スタンフォード大学で心理学を研究するジーン・ツァイの解説です。エリン・メイヤーが作成した202ページの表をみると、反論や議論を好むか避けるか（横軸）、感情を積極的に表現するか否か（縦軸）の傾向が国別にわかります。

アメリカ的よくあるフレーズとその真意

| | |
|---|---|
| 絶好調だよ | まあ大丈夫 |
| まあ大丈夫だよ | やばい、<br>だめかも |
| 一瞬待って | 1分待って |
| 1分待って | 15分待って |
| 週末何か予定ある？ | なんでみんな<br>電話会議に<br>出てこないわけ？ |
| 私が間違ってたら言ってね | 自分は正しい。間違ってるのはそっち |
| これはあとで別途話そう | もう黙ってて |
| この件は<br>ミーティングのときに話そう | もうメール送ってこないで |
| いつか一緒にコーヒーでも | 「いつか一緒にコーヒーでも」<br>ってとりあえず言っとこう |

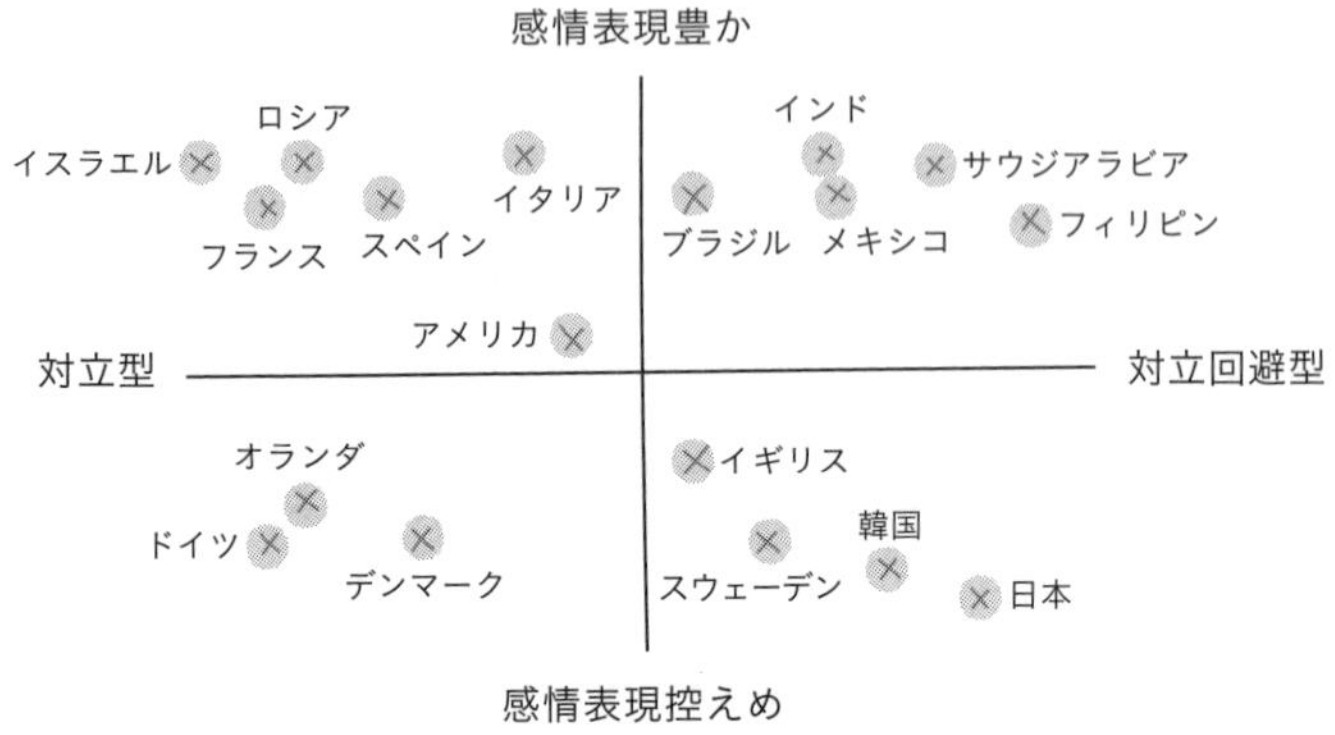
感情表現豊か
ロシア
イスラエル
イタリア
フランス
スペイン
インド
サウジアラビア
ブラジル
メキシコ
フィリピン
アメリカ
対立型
対立回避型
オランダ
ドイツ
デンマーク
イギリス
韓国
スウェーデン
日本
感情表現控えめ

エリン・メイヤー著
『異文化理解力——相手と自分の真意がわかる ビジネスパーソン必須の教養』
（英知出版）第7章より

## よりよいコミュニケーションをとるには？

**・調べて知識をもっておく**

文化の違いを知っておくと、悩みや衝突のかなりの部分が避けられます。対立を好まない文化の人と話し合うなら、「私は反対です」と正面から言うよりは、「あなたの言ってるポイントが完全には理解できてないみたい」「もう少し説明してもらえますか」と伝えてみます。違う国からきた同僚がいきなりあなたの間違いを指摘してきたら、文化的な背景の違いを知ると相手の意図をより的確に理解できるかもしれません。文章によるコミュニケーションでもこの法則は同じです。あなたがメールの最後に「サンクス！」と入れても、相手も同じように感謝を言葉にして表現するとは限りません（心のなかでは感謝しているとしても）。

**・複数の文化背景をもつ人が集まるチームなら、話し合い以外の方法も**

共同で仕事をする人同士の間に言葉の壁があると、

同じ内容のメールを
リズ（アメリカ人）とリズ母（ドイツ人）が書くと…

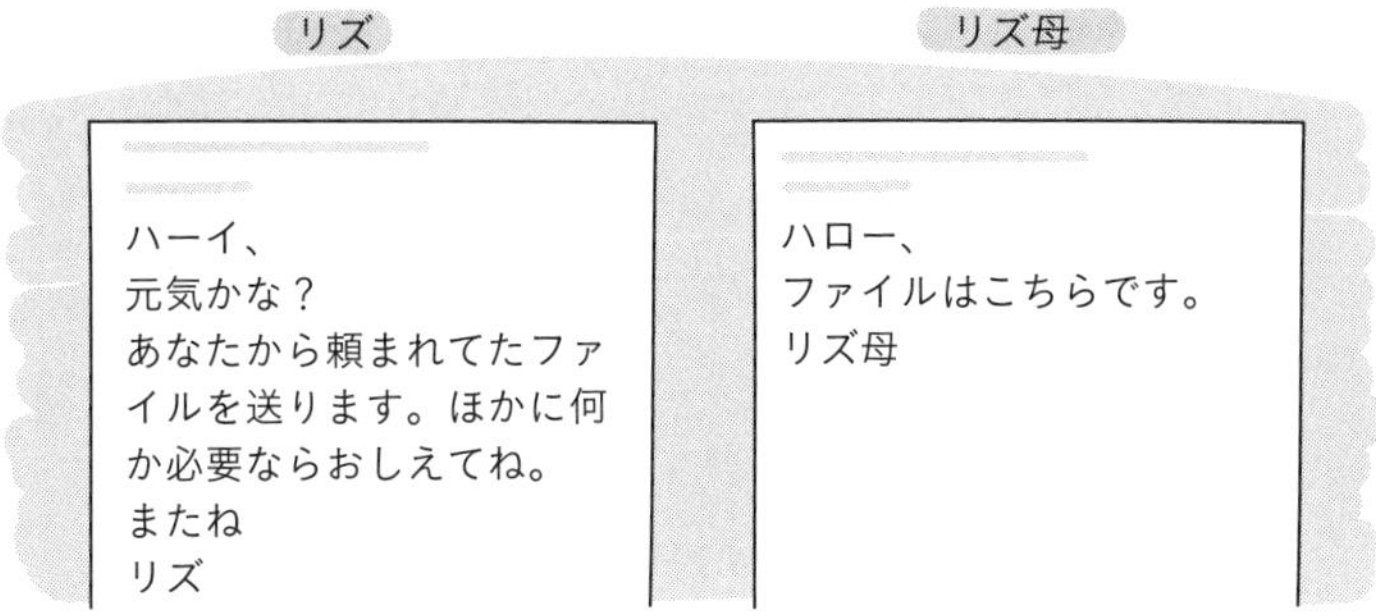
リズ
ハーイ、
元気かな？
あなたから頼まれてたファイルを送ります。ほかに何か必要ならおしえてね。
またね
リズ
リズ母
ハロー、
ファイルはこちらです。
リズ母

連帯感を抱くのが難しくなる場合もあるでしょう。音楽を交えたり身体を使ったりするアクティビティは、チームの種類を問わずメンバー同士が共感をはぐくむのに有効ですが、マルチカルチャーな集団にとってはとくに有効な非言語コミュニケーションといえます。

## 外向型と内向型の違い

「しゃべらなくてもいいなら行くよ」ドラマ「となりのサインフェルド」で、ジェリーから一緒にコーヒーでもと誘われたエレインがそう答える場面があります。一人で静かに過ごす時間がないとだめ、という人はいるものです。複数名で話すより一対一の会話が好き、行動に移す前にじっくり考えたい、職場の飲み会のあとはわりと疲れてしまう――このあたりがあてはまる人はおそらく内向型でしょう。どれにも心当たりがない人は外向型です。

内向型と外向型は求めるものが違います。外向的な人のほうが人とのやりとりにすばやく反応します。内向型は心理学でいう覚醒レベルが概して高く、例えば人が大勢いて

「やるなら思い切りやれ、でなければ帰れ」っていうけど……
帰っていいなら思い切りやる必要ある？

にぎやかな空間にしばらくいると限界がきてしまいます。内向型が静かな場所のほうが仕事の成果が上がるのに対し、外向型はにぎやかな環境でパフォーマンスが高まるのも、ここに理由がありそうです。

その人が内向的か外向的かは、すぐ明確にわかるわけではありません。知り合ったばかりで相手との距離を縮めていく段階であればなおさらそうです。内向型の人は、職場では内向的な部分をみせないようにして周囲になじもうとするものです。ただし、双方の違いについて率直に話し合っていないと、外向型と内向型はお互いに相手へのいらいらを募らせてしまいます。内向型は外部からの刺激に敏感で（レモンを口にしたとき、内向型は外向型よりも唾液の量が多いそうです）、エネルギーを充電するためには静かな一人の時間が必要です。内向型の人がランチの誘いを断ったり会議続きのあとで自分の世界に閉じこもったりするのは、外向型からすると理解しがたいのです。

## よりよいコミュニケーションをとるには？

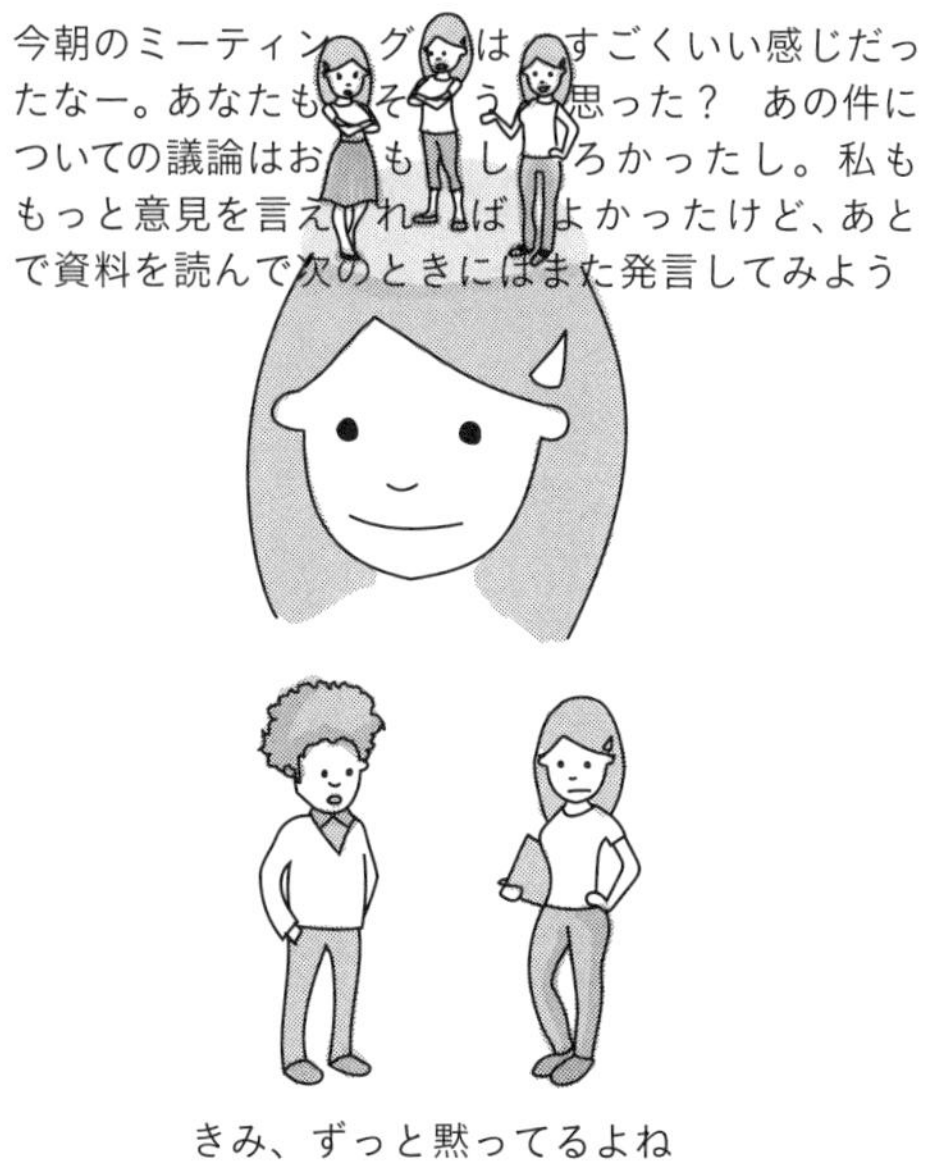
今朝のミーティングはすごくいい感じだったなー。あなたもそう思った？　あの件についての議論はおもしろかったし。私ももっと意見を言えればよかったけど、あとで資料を読んで次のときにはまた発言してみよう
きみ、ずっと黙ってるよね

## 内向型の人へのアドバイス

・一人になれる環境が必要なときはそう伝えましょう。まずは「あなたと話したり一緒に仕事したりするのはとても好きなんだ」と切り出してから、一人で静かにやるほうが集中できると説明します。ただし、多少の譲歩が必要な場合もある心づもりで。仕事をするうえで、人と関わる場面はやはりありますから。

・外向型の人には異様に長いメールを送らない。外向型は概して、直接顔を合わせての話し合いや意見交換を好みます。長いメールは最初の数行にざっと目を通すだけ、の可能性も。

・ミーティングなどには準備をして臨むと、発言することに対する心理的な抵抗が小さくなります。会議が始まったら、最初の一〇分間のうちに何か発言して議論の輪に入ってみましょう。初めの一歩を踏み出しておくと、その後も抵抗なく発言できます。的を射たよい質問も、意見や数字に劣らず話し合いに貢献するのだと心にとめて。

### 外向型の人へのアドバイス

・ミーティングの前に議題を共有しておくと、内向型の人も事前に考えをまとめておけるため、対等に話し合いが進められます。例えば議論の糸口になるような問いやテーマをミーティング前に参加者にメールで送っておき、当日は一人ひとりが順番に考えを述べて共有するところから始めます。

・誰かが話していて間《ま》ができても、すかさず割り込んで発言したりせず、相手を尊重して最後まで話す機会をあげてください。

・先に二人組かごく少人数のグループに分かれてアイデアを出し合い、それを全体で持ち寄って話し合う形をとってみます。

・内向型としては何よりありがたいのが、自分の殻を破って出てくるのを待ってもらえること。そして声をかけたり誘ったりをやめずに続けてもらえるとうれしいです。

## フィードバック

自分のした仕事について、悪い評価を聞くのは落ち込むものです。失敗からも学ぼうという意欲のある人でも、批判的なフィードバックを受けると気持ちが沈み、モチベーションが下がることが報告されています。私たちのある友人は、仕事のパフォーマンスに対して圧倒的に高評価をもらっても、ほんのいくつか挙げられた「改善の余地」を非常に気にしてしまうと言います。「さらに質の高い仕事をするにはどうしたらいい

批判という名の犯罪現場

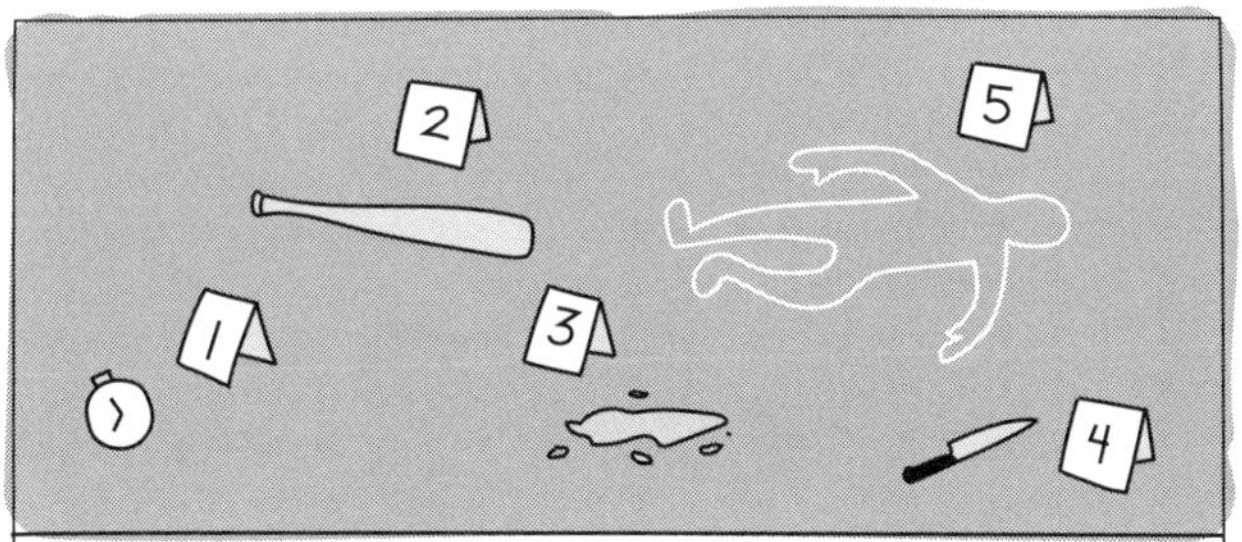


1. タイミングの悪い批評
2. あまりに直接的で乱暴な物言い
3. 遠慮のない言葉を浴びせる
4. 痛烈、辛辣な発言
5. 以上を受けて打ちのめされた人

か聞けたのはよかった。けど、自己嫌悪がうずまいて、果たして自分にはまともな仕事をする力があるのだろうか、と疑問に思う思考回路から抜けられなくなってしまったの」。研究によると、人は自己評価よりも低いフィードバックを返してくる同僚を避ける傾向にあるそうです。といっても、よりよい仕事をしたければ（そしていいポジションに抜擢されたければ）、どこがだめなのかを知らなくては始まりません。では、相手に苦痛を感じさせずにそうした効果のあるフィードバックをするには、どうすればいいのでしょうか。

　すばらしいフィードバックには、言われた側が反射的に弁解したくなるような反応をすっ飛ばして、さらなる行動への意欲をかきたてる力があります。「あれだけ精いっぱいやったんだからこれ以上改善なんてできないよ」ではなく「自分は今も発展途中だから、どうしたらもっと進化できるかわかってよかった」と思わせるのです。ここでは、相手が気持ちよく受け止められる（少なくとも打ちのめされた気持ちにならない）フィードバッ

悪い子のところには来ないっていうけど、
「悪い」って具体的じゃないし行動に移しようがないよ

クのコツを三つに分けてみていきます。第一は「具体的な点について伝える」、第二に「隔たりをどう埋めるかの観点で伝える」、第三に「伝えかたが大事と心得る」です。

まず、フィードバックは具体的な点を取り上げて伝えること。ぼんやりした批判は役に立てようがないですし、受ける人も「自分の仕事はだめだった、自分はだめな人間だ」と落ち込む負のループに陥りがちです。次の二つのコメントを見てください。

・あなたのメールはもっといい書きかたができたと思う。
・あなたのメールの二文目は、一文目と同じことを言っているから削除していいと思う。

最初のコメントはあいまいですし、自信を失わせる感じがあります。もう一つのほうは具体的で、人間性を責められていると感じる要素はなく、改善できる点を明確に伝えています。

相手の気持ちを傷つけるのがいやだからと具体的なフィードバックを避けるのには注意が必要です。もらった相手が行動に移せるような有意義なフィードバックは、自分が知っている相手に対してのほうが送りやすいものです。つまり、よく知らない同僚に対しては、相手がよりよい仕事をするために必要な情報を伝えられていない可能性があります。男性中心の職場では、男性は総じて具体的かつ建設的な助言をもらえる一方、女性は一般化した所見に近いフィードバックを受ける傾向があります。例えば男性なら「カスタマーエンゲージメントについての会議のとき、成果を明確に伝えなかったね。次回からは要点をまとめたスライドを用意するといいんじゃないかな」と言ってもらえるところ、女性は「いいプレゼンだったけど、ときどきコメントに本質をとらえていないところがあったかな」と言われるイメージです。

よいフィードバックをするための第二のポイントは、ただ批判するのでなく別のやりかたを例示し、かつそれがその人にとってどんなメリットがあるのかを説明することです。ペンシルベニア大学ウォートン校教授のケイド・マッシーは、フィードバックを「隔《へだ》たりを埋める」と位置づけるよう提案します。相手に到達してほしい地点をまず明らかにして、どうすればそこへたどりつけるかを具体的にアドバイスし、最後に（ここがもっとも重要なのですが）この隔たりを埋める力があなたにはあると思っているから、と伝えるのです。

「気がついたんだけど、あなたは話し合いのときにほかの人の口を封じてしまってる」ネットフリックスの人事責任者だったパティ・マッコードは以前、ある社員にこう言ったそうです。「もし管理職をめざしてるなら、みんながあなたのために働きたいと思うようにしなきゃ。そのためにはいくつか気をつけるといい点

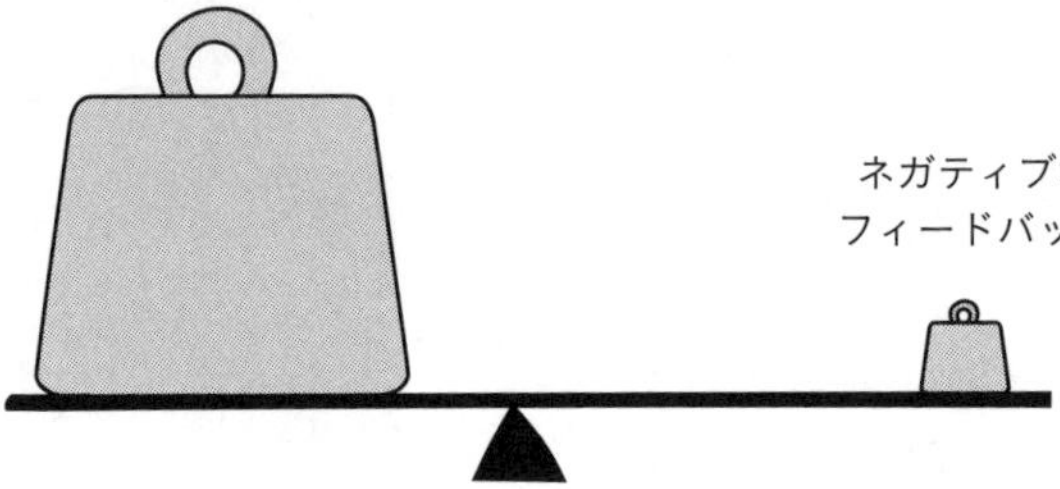


があるの。アイデアを即座にこき下ろして切り捨てない。相手の話に割り込まない。発言していない人がいたら『あなたの意見はどう?』と振って話し合いの輪に入れる」。もう一点、私たちから付け加えておきましょう。ネガティブなフィードバックも、最初に「このあといくつかコメントするけど、それはあなたにとても期待しているからで、かつあなたはそれに応えてくれる力があると確信しているから」のように言ってから伝えると、相手がぐんと受け入れやすくなることが報告されています。

**モリーより**

私が以前勤めていたデザインコンサルティング会社ＩＤＥＯでは、フィードバックの際にＣＯＩＮＳ（Context、Observation、Impact、Next、Stay）と呼ぶモデルに沿って、つねに具体的なフィードバックを心がけていました。まずは感情レベルから始め、これから話す内容の背景を示します。次に相手の行動を観察して気づいた事実を伝えて共有し、その行動がチームや組織にもたらす影響を説明、そして今後同じような状況にどう対応すればいいかを提案する流れです。具体例を挙げてみましょう。


背景（コンテクスト）：あなたは今年、もう少し上のポジションにつきたいと希望していたし、私もそうしてほしいと思っている。

観察（オブザベーション）：あなたは最近、大事なミーティングに遅れてくることが何度かあった。

影響（インパクト）：遅刻が続くと、ほかの同僚はあなたが自分たちを軽視していると感じてしまう。

次のアクション（ネクスト）：次からは時間どおりにミーティングにくるようにできるか。

継続（ステイ）：納得してもらえたかの確認と、引き続き一緒に取り組んでいこうという意思を伝える。

フィードバックの打撃をやわらげるコツ

具体的に

隔たりをどう埋めるかを
伝える

どんな形で受けたいか
確認する

ケーキの上に
書いてみる？

最後に、相手の感情を傷つけないために一番いいのは、いつどんな形でフィードバックを受けたいかを相手に確認することです。あなた自身がされたいように相手に接するのではなく、相手の希望に合わせましょう。『グレートボス——シリコンバレー式ずけずけ言う力』を書いたキム・スコットは「親身な思いやりから出た助言かどうかを決めるのは、発したあなたの口ではなく、受け取った相手の耳である」と表現しています。私たち二人についていえば、リズはその場でフィードバックをもらい、すぐに反映させるのが好きです。対してモリーは、具体的なフィードバックを先にメールでもらい、一人でじっくり解釈してから対面で話すほうを好みます。これは否定的なフィードバックに限りません。ポジティブなフィードバックをどう受けたいかも人によって違います。「チームのみんなの

前でほめられるのは、一対一でいるときにほめられるより一〇倍意味がある」と言った友人がいました。一方モリー（と内向型の人の多く）は、人前で称賛されるのをどうも居心地悪く感じてしまいます。相手の傾向をつかんでいないと、相手の気持ちを乱暴に踏みつけているのに気づかず、自分は善意で生産的に対処していると思いこんでしまいます。

## フィードバックのもらいかた

職場の同僚があなたのミスに気づいたとしたら、まず思い浮かぶのは「何か言ってあげたほうがいいかな?」という自問のはず。ミスをしたあなたとしては「ぜひお願いします」と言いたいところです。「あなたに率直に厳しい指摘をする行為を相手にとってすばらしい体験にしよう」と、フェイスブックのバイスプレジデント、マーク・ラブキンも提言しています。

### 上手に批評を受け取るために

**・進歩したいなら批判的なフィードバックは必要だと心得る**

ほめ言葉は即座に気分よくなれます。そのため、私たちは得てして、プラスの自己イメージを強化してくれるお手軽な成功体験のためなら、学習し向上する機会をみずから手放してしまうものです。成長志向のグロースマインドセットでいれば、批評は向上するためのチャンスととらえられ、組織で重要な地位を任されることにもつながります。

**・その道に詳しい人の意見をきく**

誰かを頼りにしたいとき、相手に知識があるかどうかよりも、信頼できる人かどうか、頼みやすいかどうかを優先しがちです。しかし実際に改善につながるのは、その分野に詳しい人からのフィードバックに限られるとする報告があります。

**・意見やコメントがある前提で訊いてみる**

「私のプレゼンについて何かフィードバックはありますか」とたずねれば、相手はよっぽどのことがなければ「とくに言うほどの点はないかな」という思考に流れがちです。「私のプレゼンで改善できる点はどこでしょうか」と訊いてみると、具体的なアドバイスが返ってきます。

**・相手は力になりたくて意見をくれているのだと心にとめる**

「顔に何かついてるよ、と言ってくれるのは友人だから。友人でなければ言いづらいことを伝えようとは思わない。わざわざ気まずい思いをしたくないからね」ジーニアスのＣＥＯ、トム・リーマンの言葉です。

**・うれしい気持ちにさせてくれた言葉をお守りにする**

うれしいコメントをもらったら書きとめておく。同僚から仕事ぶりに感謝するメールをもらったらとっておく。批判されたことのほうが評価されたことより記憶に残るものです。自分が評価してもらえた事実を身近に思い出せれば、これからも必ず訪れる、落ち込む瞬間を乗り越える力になります。

**・フィードバックは完全に客観的にはなり得ないと理解する**

相手がよかれと思ってくれた助言も、必ずしも正確な全体像をとらえていないかもしれません。例えば女性は男性の二倍、「攻撃的《アグレッシブ》」と評される傾向があります。もらったフィードバックを考察するときは「相手はどれくらい私の仕事について知っているか」「このフィードバックは自分が思う強み、弱みとどう結びつくか」を考慮するとよいでしょう。

フィードバックいろいろ

オレオ型

否定的なコメントの前後を
肯定的なコメントで
はさむ

マカロン型

ごく少しの否定的なコメントを
美しい表現の肯定的コメントで
包む

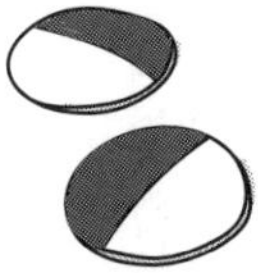

ブラック＆ホワイトクッキー型

シンプルかつストレートな
直球フィードバック

オートミールレーズンクッキー型

肯定的コメントのなかに
小さな批評をちりばめる

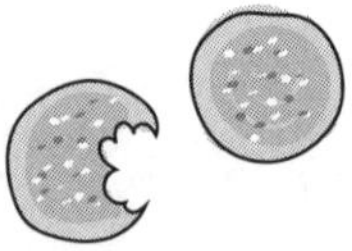

シュガークッキー型

甘すぎる、
結局はものたりない

焼いてない生の生地

一切フィルターなし、
頭に浮かんだままを言う

## デジタルコミュニケーションのすれ違い

人は概して、何かを伝えようとするとき、自分の意図を相手が簡単に理解してくれるだろうと思いすぎる傾向にあります。心理学者エリザベス・ニュートンはこれを証明する実験をしました。参加者は曲のリズムをたたく「タッパー」とそれを聞く「リスナー」に分かれます。タッパーは誰でも知っているような曲を選び、そのリズムを手でテーブルをたたいて「演奏」します。リスナーはそれを聞いて何の曲か当てるのです。タッパーは事前に、リスナーは二曲に一曲は当てられるだろうと予測しました。しかし結果はまったくの予想外れ。一〇〇以上の曲を試したうち、聞いた人が当てたのはわずか三曲でした。

自分が何かについて知っているとき、それを知らないというのがどういうことなのかを想像するのはとても難しいものです。クイーンの「伝説のチャンピオン」のリズムをたたいているとき、おそらくあなたは頭のなかで歌っているでしょうから、メロディは自然に再生されています。でもあなたが「ターン、タタター ン、ターン」とたたくのを聞いている人からすると、その音だけでは何の曲かまではそうそうわからないのです。こうした隔たりはメールなどのコミュニケーションでも生じます。「コミュニケーションにおける最大の問題は、意思の疎通ができたと錯覚することだ」とは、劇作家ジョージ・バーナード・ショーの名言です。メールやショートメッセージで思いがけず人間関係を破綻させてしまわないためには、何に気をつけるといいのでしょうか。仕事関係のやりとりで覚えておきたい注意点をみていきましょう。

**・絵文字を使うのもあり（ただし相手との関係を考えて）**

絵文字は文にニュアンスや声の調子、感情を添えてくれます。リズがモリーに「遅れないでよ！」と書いたあとに😊がついていれば、モリーは「あ、からかっているんだな」と伝わります。とはいえあまり多用すると、相手とそこまで親しくない場合はとくに、ビジネスのやりとりにふさわしい品格に欠けてしまいます。相手が😊をどう受け止めるかがわかるようになってから使うのが無難でしょう。

**・誤字脱字はそれ自体が書き手の心を表すと心得る**

誤字脱字は、書いた人があわてて送ったか、気持ちが高ぶっていたかの表れだと言っていいでしょう（もしくは上司から部下へのメールで誤字など気にしていない、など）。研究者のア

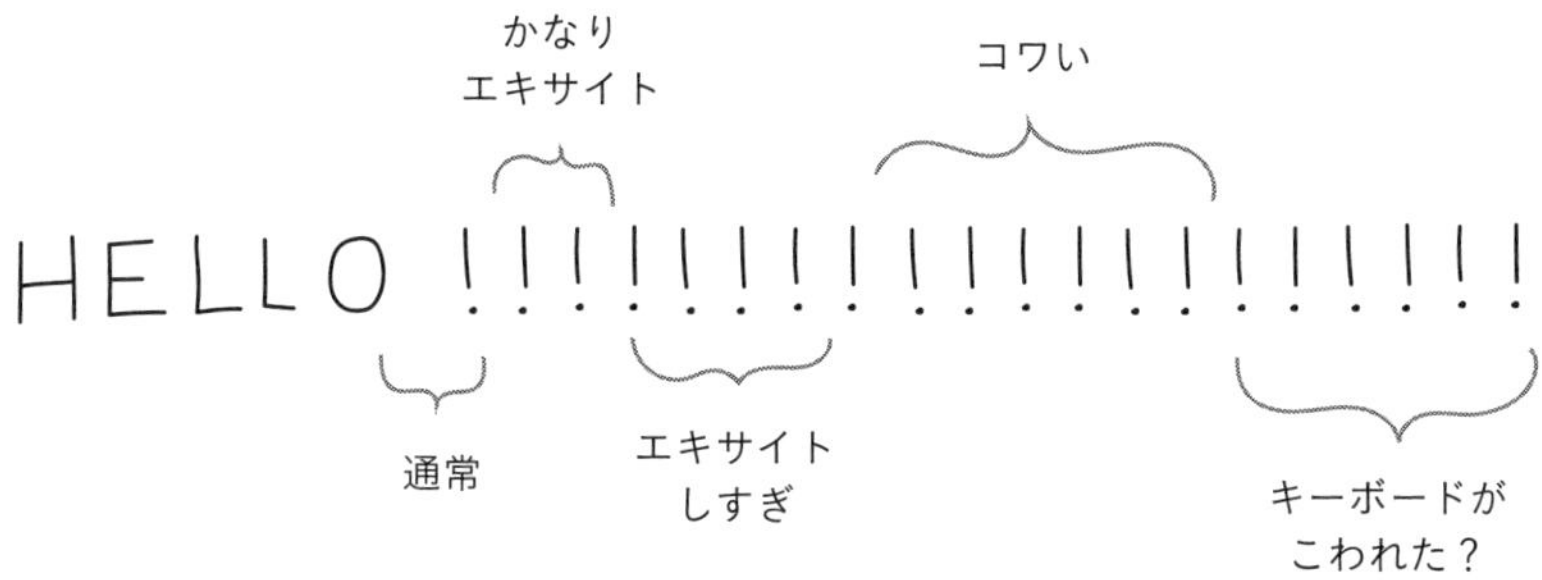


ンドリュー・ブロツキーは、誤字は「感情を増幅する」と表現しています。モリーからあちこちに誤字のある怒りのメールが送られてきたら、受け取ったリズは「モリーはとにかくめちゃくちゃ怒ってこれを送りつけてきたんだな」と想像し、相当激怒している、と解釈するわけです。

### ・気持ちが正しく伝わるか、意図したとおりに読んでもらえるかを送る前に確認

オグルヴィ・グループでグローバルの人事責任者を務めるブライアン・フェザーストンホーは、社員を前に「感情がからむ問題をメールでうまく収束させた経験はありますか」と問いかけるそうです。ほとんどの人がノーと答えます。一方、同じ人に「メールで問題に火をつけてしまった経験は？」とたずねると、「みんな手を挙げる」のだそうです。メールの送信ボタンを勢いよく押す前に、必ずもう一度読み直して、

伝えたいことがはっきりしているか、文章は意図したとおりのトーンになっているかを確認するようにしましょう。具体的に「この前出してくれた案、いいと思う。どうやってドラフトに落としこめるか話そう」と考えているのに、「会って話そう」とだけメールで伝えてしまうと、言われた側はむだに不安になってしまいます。

**・相手をよく知らないうちは、より緊密なコミュニケーション手段を選ぶ**

まだよく知らない相手や年長の相手とやりとりする際には、大半の人があいまいさは避けたほうがいいと認識しているのではないでしょうか。リズがモリーにメールで「このドラフト、いいすべり出しだけど、いくつかのセクションはもっとよくなると思う」と言えば、モリーは文面どおりに受け取るはずです。でも同じ内容のメールを上司や新しくきたばかりの同僚からもらったら、不安を覚えたでしょう。チームで新しい仕事に取り組むとき、とりわけ誰か一人でも離れた場所にいる場合は、ビデオ会議を使うと信頼関係を築きやすくなります。一般的に、お互いの表情がわかると言外《げんがい》のニュアンスを読み取りやすく、ちょっとした雑談もはずみ、心の通う人間関係をはぐくむのによいとされています。相手のことがわかってきてからはよりメールを使うほうにシフトしてもよいでしょう。

**・最初からビデオ会議を標準にする**

タスク管理アプリを扱うトレロ社では、チームに一人でもオフィス外でリモート勤務のメンバーがいれば、ビデオ会議にするそうです。みんなが自分もチームの一員なんだと感じられますし、情報の抜け上司からのメール、グーグル翻訳にかけると？

| | |
|---|---|
| ちょっと思ったんだけど… | 今からとんでもないこと 頼むから聞いて |
| この件はどこまで いってるんだっけ？ | あなたまだこれ 終わってないの？ |
| もしかしたら 僕が何か見落としてるのかも | え、マジかこいつ |
| わかってる | 怒ってる |
| □□するつもり だろうとは思うけど | □□すべき |
| あと残りは こっちでやるから | きみはもう結構 |

落ち防げます。

**モリーより**

この本のプロジェクトが始動したとき、リズと私と担当編集者、リーの最初のミーティングはさんざんでした。私とリーはニューヨーク在住なので、リーが勤務する出版社で直接顔を合わせて、西海岸のバークレーにいるリズが電話で参加することにしました。私は早めに着いたので、リーから家族の話を聞いたりしていました。そこへリズが電話してきて、私たちがすでに話をしている途中で会話に加わる形になったんです。その後、打ち合わせの最中に回線のトラブルが起きて、リズの話がニューヨークの私たちにはぜんぜん聞こえなくなってしまいました。リズがいったん切って接続しなおそうとしてもだめで、私の携帯電話にかけてもつながりません。そのうち、私とリーは奮闘しているリズをよそに、本のアウトラインをどうするかという話で盛り上がっていました。リズは相当頭にきてました（当然だと思いますが）。その後話し合って、それからはグーグルハングアウトを使うことにしました。

**リズより**

そうそう、あのときはひどかった！　でもそのあとリズもリーもわかってくれて、顔を見て話せるビデオ会議を基本にしたんです。それからは疎外された感じはありませんよ。

誰も見てないと思って思い切りやるんだ

メールはこの先いつか証拠として扱われるかも
と思って書くんだ

### ・気持ちが高揚したまま返信しない

メールをもらって激怒したり、不安を募らせたり、有頂天になったりした場合、返信はひと晩おいてからするのをおすすめします。もっといいのは、気持ちが落ち着いてから直接顔を合わせて話すこと。メールで返信するときは、いったん下書きしてから第三者の視点で読み直します。送信する前にまず自分あてに送ってみると、受け手がどう読み取るかをイメージしやすいかもしれません（もう一つ、小さなことですが、送るだけになるまであて先は空欄にしておくほうがいいです。ある友人は報酬の交渉メールの内容を練っている途中で送信してしまい、仕事のオファーを逃してしまいました……）。

・よい返事をもらいたい依頼はメールでしない

直接会って頼むのとメールで依頼するのとでは、対面のほうが三〇倍以上、成功する確率が高いとある研究は報告しています。メールによる依頼は信頼性に欠け、緊急ではないと一般的にみなされているというのです。もしメールで交渉に入る場合は、事前に対面かビデオチャットか電話で相手と肩ひじ張らずに話してみるとよいようです。MBAの学生を対象にしたある実験では、学生の半分に交渉相手の名前とメールアドレスだけを伝え、もう半分には相手の写真を見せたうえで、交渉に入る前に趣味やキャリアプラン、出身地などについて雑談するよう指示しました。前者で交渉がまとまったのは七割だったのに対し、後者はほぼ全員が交渉成立にこぎつけたそうです。

・とくに急ぎでなければ就業時間外にメールしない

以前、ツイッターのパロディアカウント@AcademicsSayでこんなつぶやきがありました。「オフィスを出たのにときどきメールをチェックしている。来たメールがとくに急ぎでなくても、たぶん返信する。自分はどうかしている」。たとえ送ったあなたが「返信は明日以降で結構です」「読むのは週明けでかまいません」と書いても、受け取った相手にとっては、明日や週明けまで頭のどこかでメールの件を考えてしまうものです。場合によっては、すぐに返信しなくてはとプレッシャーを感じてしまうことも。緊急でなければ下書きフォルダに入れておくか、あとで送るよう調整しておきましょう。

## まとめ

1. 難しい対話をするときは、憶測や仮定を交えず、あくまでおだやかに気持ちを伝える
2. 相手のコミュニケーションスタイルの傾向を把握し、言葉の背景にある意図をより深く理解する
3. 批判は具体的かつ行動に移せるよう意識して伝える。いつどんな形のフィードバックを希望するか、相手の意向をきく
4. メールは意図した気持ちが正しく伝わるか確認してから送信する

第7章

# みんなの居場所がある企業文化をはぐくむ

職場の情緒的文化はあなたがつくる
小さなアクションが大きな違いを生む理由

社内の「気持ちマップ」

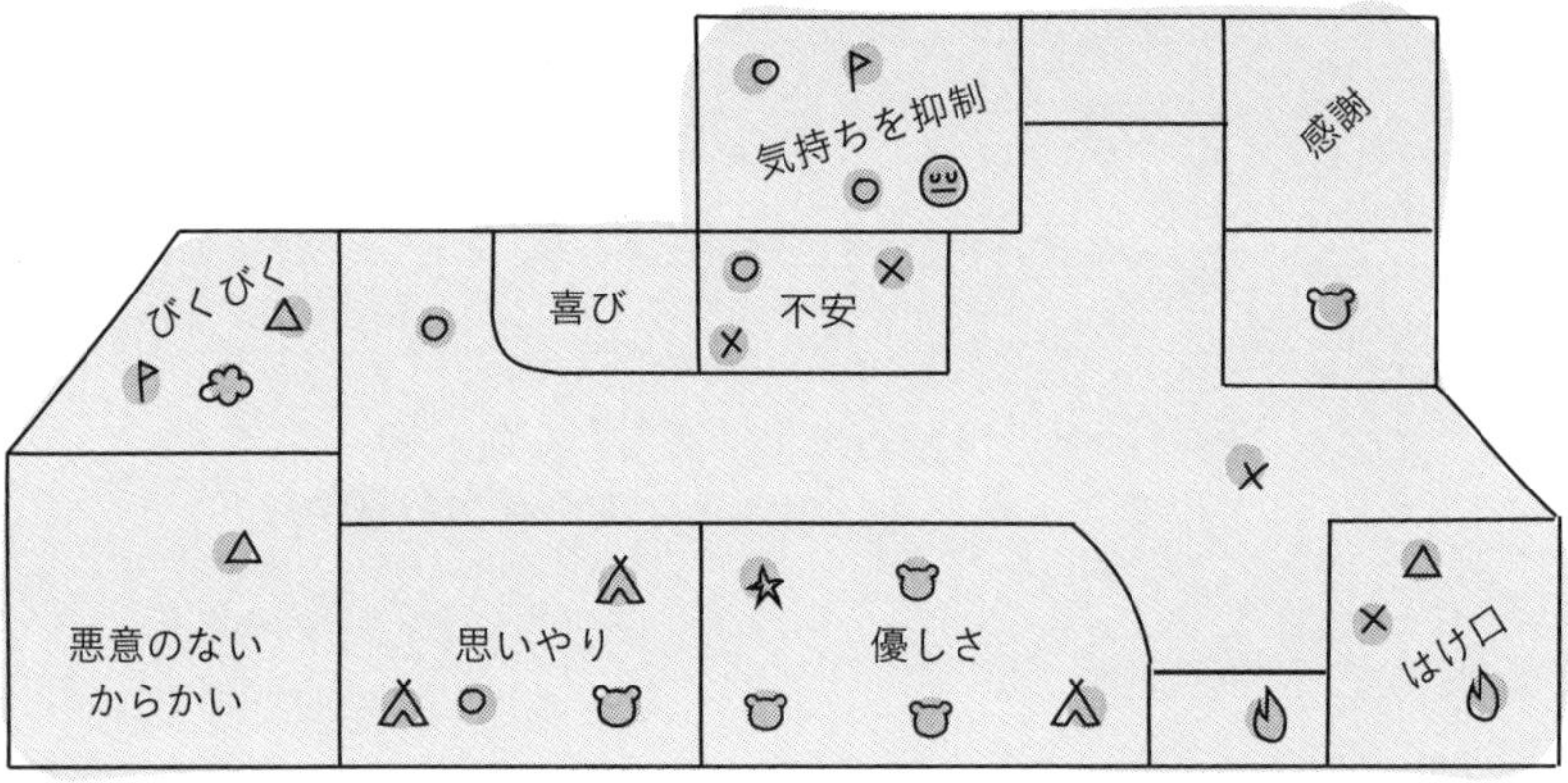


- つねに愚痴＆不満の人
- 何でもしゃべっちゃう人
- いつも冷静な人
- 気むずかしい人
- 何を言い出すかわからない要注意人物
- 困ったときに聞いてくれる人
- いつもごきげんな人
- ネットワークづくりがうまい人
- くまのぬいぐるみタイプ
- ストイックな人

「一回うなずけば『よい』、二回うなずけば『とてもよい』。笑顔を見せたのは二〇〇一年、トム・フォードだけだ。ダメだと首を横に振る。あとは、唇をすぼめることもある。……見るに堪えない、の意味だ」映画「プラダを着た悪魔」で、ファッションディレクターのナイジェルが上司のミランダ・プリーストリーについて語る場面です。業界では知らない者のいない鬼編集長として崇拝され恐れられているミランダは、できない部下の仕事ぶりに痛烈なコメントをさらっと口にし、感情を排し仕事用のよろいに身を固めた姿には一分の隙もありません。ミランダの下で働くスタッフは、ボスのそうした振る舞いにみずからも倣《なら》います。新人アシスタントとしてやってきたアンディも、しばらくすると不安やフラストレーションを表に出さなくなり、朝、出社してきて同僚に笑顔であいさつするのもやめてしまいます。本来の自分を抑え、職場の暗黙のルールに従って、感情をみせていいときと悪いときを見きわめ、なじもうとしたのです。

この章では、6番目のルール「職場の情緒的文化はあなたがつくる」を一緒に考えていきましょう。職場の情緒的文化はどのようにつくられ広がるのか。それは仕事のさまざまな側面（生産性や、月曜日も生きる意欲がちゃんとあるかなど）にどう影響するか。そして自分には居場所があるという意識をもてるかが、情緒的に健全な環境づくりの鍵である点も検証していきます。あなたが、組織の規則を変えられる立場の管理職であれ、ミランダみたいな気むずかしい上司の圧制《あっせい》の下にいる一社員であれ、職場の情緒的文化を動かす力は誰にでもあります。

## 情動感染

誰かが笑っているのを見ていたら気がつくと自分も笑みを浮かべていた、という経験はないでしょうか？　私たちは他者の感情に影響を受ける（感情が伝染する）ことがあります。「情動感染」と呼ばれる現象です。エレベーターに乗り合わせた同僚と言葉を交わしたり、遠い異国にいる友人からのメールを読んだりすると、相手が会話やメールで表現した感情を自分も反射的に内面化してしまうのです。そう、メールの文章からも感情は伝染します。つづりかたや句読点の打ちかた、文の長さ、絵文字やＧＩＦなどに気持ちが表れているのです。

感情は二者間だけにとどまらず広く感染することもあります。ベイラー大学の研究者は、感じの悪い同僚が職場にいると、一緒に働く人がいやな気分になるだけでなく、その配偶者、さらには配偶者の職場にまで悪影響が波及すると報告しています。例えばモリーが意地の悪い同僚にいらだった気持ちで帰宅し、夫にいらいらをぶつけたとします。夫はモリーの不機嫌が伝染して、翌日同じようにいらだった気持ちで職場へ向かいます。モリーの同僚がとった感じの悪い態度は、こうしてモリーの家族の職場にまで影響するわけです。

…こうして気持ちが伝染したおかげで、
小さかったグリンチのハートは3倍に大きくなりました

不満やもやもやした気持ちを拡散し、周囲まで不機嫌にしてしまわないためには、自分の気持ちを把握するのが簡単な方法です。リーダーシップに関するアドバイザーのアニス・カバノーは、会議を始める前にメンバーに今の気分を〇から一〇の段階で評価してもらうといいます。五以下をつけた人、つまり気分が下がっている人には、上げるためにすぐにできる行動はないかたずねます。誰かが「気になっているメールが一件あってストレスを感じている」と言えば、少し席を外してメールを片付けてから戻ってくるように伝えます。心配ごとがあって落ち着かない人がいて周囲に動揺を拡散するより、最初の一〇分くらい会議を抜けるほうが害が少ないと考えるからです。

『人生は「幸せ計画」でうまくいく！』のグレッチェン・ルービンも同じく、自分がストレスを感じる状況を正確につかみ、気持ちがネガティブモードになってきたのを感じたら落ち着いて緊張や重圧を解いてみるとよい、と言います。「私の場合、一番影響を受けるのは締切が迫っているときですね。心配になってきて、まわりをみんな巻きこみそうになります。でも、締切なんてそこまで大ごとじゃないから落ち着いて、と自分に言い聞かせるようにします。自分が焦らず明るく朗らかでいれば、まわりのみんなも朗らかでいられるとわかったんです。みんなが動じてじたばたするより、そのほうが生産性も上がります」

## 職場の文化はどのようにはぐくまれるか

どの会社にもそれぞれの情緒的文化があります。企業文化を手っ取り早く知りたければ、「この会社だからこそ起きたエピソードを教えてください」とたずねてみるといい、とペンシルベニア大学ウォートン校教授のアダム・グラントは提案します。リズはジーニアスをやめたとき、最後に思いをこめたメッセージを会社のサイトに投稿しました。「ジーニアスを通じて出会えた、最高にすばらしくて楽しいみなさん、みなさんへの感謝の気持ちはこの先もずっと尽きません」と始まる投稿には、泣き顔のGIFやミームがユーザーから寄せられたのですが、なかに一人「で、あなた誰だったっけ?」と返した人がいました。モリーがいたニューヨークのIDEOでは、木曜のランチタイムに「メイクビリーブ(ごっこ遊び)タイム」という時間がありました。アロマを取り入れたフィンガーペインティングや、俳句を詠む句会、手元を見ないで被写体の輪郭を描くセッションなど、いろいろな創作活動をみんなで純粋に楽しむのです。

ほかにも、その職場でどんな感情なら出してもいいとされているのかを示唆するちょっとしたサインがあ

ある会社の情緒的文化
違いはどこ？

ります。あなたのオフィスでは、廊下ですれちがう同僚と笑顔やあいさつを交わすでしょうか？　会議室にティッシュの箱が置いてあるでしょうか（あれば泣いてもいいという意味、かも）？　不満と喜び、どちらをより表に出しやすい雰囲気だと同僚は感じているでしょう？　メールにネコのジョークGIFで返すのはOKかどうか？　相手が誰かによって答えは違ってくるかもしれません。つまり、同じ組織のなかでも異なる文化が存在するわけです（社内の別の部署の部屋へ行って「なんとなく空気が違って変な感じ」と思った経験、ありますよね）。例えば病院で働く看護師さんなら、休憩室で自分たちだけになったときは愚痴をこぼし合ってガス抜きするかもしれない。けれど患者さんの前では、思いやりに満ちた態度しかみせないでしょう。いずれにしても、組織全体を貫く文化とうまく付き合うにしても、人や部署によって違う文化を一日にいくつも相手にするとしても、自分がいる組織の文化を把握し理解してみるのが帰属意識（これについては次の項でふれます）を高める鍵です。

情緒的文化は情緒的規範を基盤にして築かれるもの。情緒的規範とは、どんな感情を抱き、表に出していいのかについて、その組織で共有されている不文律のことです。例えば一般的に次のような情緒的規範があります。

・金融機関のトレーディングフロアでは過激なののしり言葉を発してもとくに誰も気にとめない
・医師が患者に厳しい診断内容を伝えるときは、悲しい感情は抑え、患者の前ではつとめて平静に、プロとしての態度に徹する
・どの職場でも基本的に、働く人は自分の席ではやる気のあるようすをみせ、涙するような場合は化粧

室など人目につかない場所へ行く
・どんな職場でも、会議中にため息をついて机の上に派手に突っ伏したりすれば非難のまなざしが向けられる

情緒的な規範は、私たちが人とのやりとりのなかで意識せずに感じ取っている小さなサインの積み重ねでつくられ、強化されていきます。考えてみてください。あなたは会議中に同僚Aさんの言動にいらだち、その話をBさんにしました。Bさんが「わかる」とうなずきながら聞いてくれれば、あなたは話を続けるはずです。もしBさんが腕組みをして（ごくかすかにでも）顔を曇らせれば、おそらく話題を変えるのではないでしょうか。

情緒的文化、情緒的規範は私たちが楽しく働けるか、仕事でストレスを感じるか、いい仕事を期日どおりにこなせるかにおおいに関わってきます。ですが、この二つについて普段から話し合っている組織はごくわずかです。情緒的文化はそもそも扱いづらい概念です。単純に「よい」「悪い」に二分できるわけではありません。また「こうすべき」と決めつけすぎるのも危険です。どんな感情表現も、行き過ぎれば弊害を招きかねません。相手への思いやりに重きをおきすぎれば、遠慮して必要な議論もできなくなるかもしれません。

注目すべき分析結果がいくつかあります。まず、相手に対する感謝や思いやりを奨励しない組織は離職率が高い。冷酷で、やられたらやり返す執着心が強いタイプのマネジャーは、優しいタイプより上げる利益が少ない。横柄で部下に制裁を加えるタイプの上司をもつ人は、大事な情報を忘れがちで、誤った判断をする傾向にある。逆に職場の仲間から支えられよい刺激を受けている人は、働いていて幸福感があり、生産性が

情緒的な環境を人質にとる人の手法

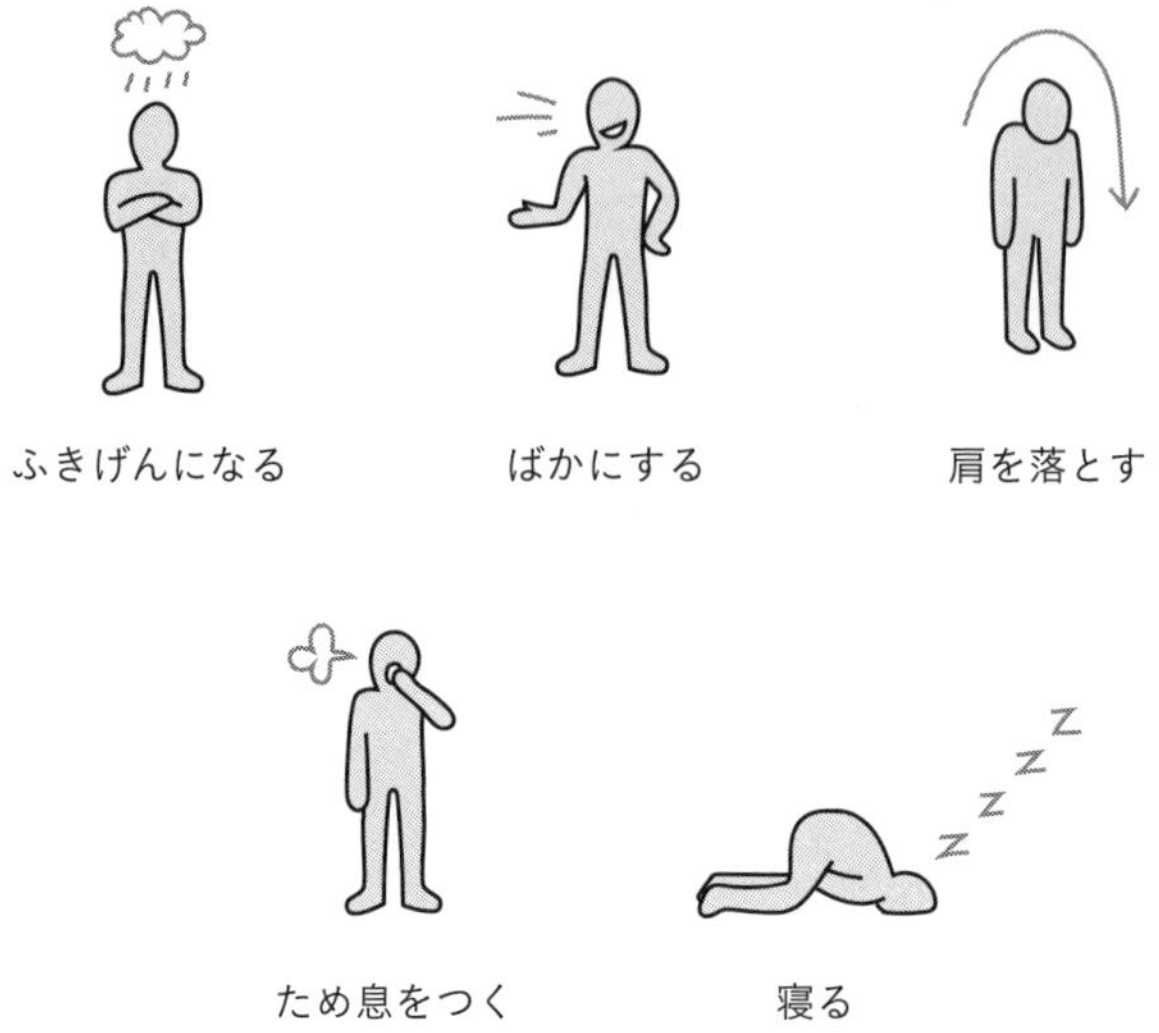
ふきげんになる
ばかにする
肩を落とす
ため息をつく
寝る

高く、長続きする。さらには身体の健康度も増し、仕事のストレスにも折れない。上司がミスを怒りでなく忍耐で受け止めれば部下はより信頼をおく、などがわかっています。

組織にとっても働く個人にとっても、ある程度は感情を表に出していいんだと思える文化をつくるのがめざすべきところでしょう。何も大がかりな組織変更はいりません。規範は柔軟に変化するものです。思いやりや心の広さには「カスケード効果」があり、人から人へ連鎖して伝わります。つまり、一人の行動が組織全体に変化を起こせるのです。リッツ・カールトンでスタッフに指導している「一〇／五ルール」を実践するのはおすすめです。誰かと一〇フィート（約三メートル）以内の距離に近づいたら、目を合わせて笑みを交わす。五フィート（約一・五メートル）以内に近づいたらあいさつを交わす、というものです。シンプルな決めごとですが、病院施設などでも取り入れられていて、顧客と働く人、どちらの満足度も高めてくれます（あるホテルには「今日の笑顔ひとつがお客様のクレームを遠ざける」というモットーがあるとか）。

もう一つ、こんな例もあります。イギリスの政府機関、政府デジタルサービス（ＧＤＳ）でライター職を務めたジャイルズ・ターンブルは２３８ページのようなポスターを作り、職場に貼っておきました。ＧＤＳで働く人が「していいこと」を記したリストです。ＧＤＳがどんな情緒的規範を大切にしているかを明確にしたことで、新しくきた人も職場の文化をすみやかに、かつスムーズに吸収できた、とジャイルズは言います。ポスターは評判を呼び、その後、スポティファイやセールスフォース、さらにはゴールドマンサックスでも取り入れられました。

感情表現を規格化し、データとして生かす方法もあります。ユビキティ・リタイアメント・アンド・セービングス社では、一日の仕事を終えて帰宅するときに社員が今の気持ちを表すボタンを押して帰るそうです。ボタンには顔のマークがついていて、うれしい表情から悲しい表情まで五段階あります。会社は社員の幸福度やモチベーションを上げるためにこのデータを活用しています。

でも運悪く、「プラダを着た悪魔」のミランダのように相手の気持ちなど一切気にかけない上司にあたった場合はどうすればいいでしょうか。受け入れてもらえる言葉を選び、組織としてのゴールにひもづける形にして、感情に関する話し合いを展開させると効果的です。『話す技術・聞く技術』ではこう提案します。「傷ついている、軽く見られている気がする、という言いかたでは受け入れてもらえないなら、こんなふうに言い換えてみる手もある。『四半期ごとに毎回、この件を短時間で片づける方法はないかと考えています。

It's OK to…

「わからない」と言ってもいい
もっと明確な説明を求めてもいい
体調がよくなければ家で休んでいい
理解できていないと言っていい
略語の意味をきいてもいい
理由をきいてもいい
うっかり忘れてもいい
自分から自己紹介していい
チームに頼っていい
助けを求めていい
全部をわかっていなくてもいい
静かにしていたい日があっていい
にぎやかにしゃべって、ふざけて、笑って過ごしたい日があっていい
ヘッドフォンをしててもいい
忙しいときは断っていい
ミスをしてもいい
歌っていい
ため息をついていい
時間外にメールをチェックしなくていい
時間内でもつねにメールをチェックしなくてもいい
Slackで済ませてもいい
相手のところへ行って直接きいてもいい
集中するために別の場所へ行ってもいい
ほかの人の仕事にフィードバックをしてもいい
あまり自信がないことでも挑戦していい
コーヒーを買いに行く人がいたら自分の分も頼んでいい
お茶好きでいていい
おやつをたべてもいい
机が乱れててもいい
きれいな机もいい
自分が好きなやりかたで仕事をしていい
上に調整を頼んでもいい
うまくいかない日があってもいい
休みを取っていい

英国政府デジタルサービス　「職場でしてもいいこと」リスト
（デザイン　ソニア・ターコット）

私としてはこの件の会議ではいつも最後にフラストレーションを感じるのですが、みなさんもそうではないでしょうか。なぜそうなのか、よりよい方法はないのか、話し合ってみませんか？』」

ただし、職場の情緒的文化につねに心が疲れてしまうようなら、違うチームや違う組織へ移ることを検討してみるほうがいいでしょう。ウォートン校教授のシーガル・バーセイドは次のように提案します。「情緒的文化はもっと重視されるべきです。理論上は重要な、仕事のほかの面についてはみんな指摘しあいます。でも情緒的文化は働く人にも仕事にも大きく影響します。沈んだ気持ちにばかりなるようなら、そこからは離れたほうがいいかもしれません」

## 職場で健全な感情表現を促すには

### ・仕事以外の状況も思いやる

若くして亡くなった医師のポール・カラニシは、脳神経外科というつねにストレスにさらされる職場にいながら、同僚にこう言われたことがあったそうです。「チーフは離婚手続きを進めているところで、そのぶんものすごく仕事に打ちこんでる。だから彼と雑談したりはしないほうがいい」まわりの人がどんな状況にあるかを知っておくと、相手の気持ちになって優しい対応ができそうです。

### ・食事やコーヒーブレイクを共にする

「一緒に食べるという行為は、はるか昔から人と人を結びつけるにあたって重要な役割を担ってきました」と、コーネル大学教授のケビン・ニッフィンは言います。食べる行為を共有すると、お互いへの好

感情を抑える雰囲気の職場における感情表現

怒ってる
すごくうれしい
内心もう無理
うがー、爆発！

感が増し、仕事そのものもより好きになれる傾向があります。バンク・オブ・アメリカでは、MITの研究者による提案をもとに、コールセンターのスタッフが休憩時間をばらばらにとるのでなく、何人かのチームで同じ時間にとれる体制に変えてみました。仕事をする仲間同士がおしゃべりできる時間ができたところ、満足度と仕事への熱意が高まり、生産性が推定で年間一五〇〇万ドル上昇したそうです。また、スターバックスでは、大事なミーティングの初めに出席者がコーヒーをテイスティングする時間を設けたところ、対等な仲間としての意識が生まれ、チームの話し合いを進めたり最終決定を下したりしやすくなる効果が出たそうです（みんなのカップに各自の名前が書いてあったかは不明ですが）。

**・大切にしている精神は実践されたら評価する**

ファッションブランドのトリー・バーチでは、会社が掲げる企業精神を実践してすぐれた成果をあげた社員に、好きな場所への一週間の旅行を贈って表彰しているそうです。個人レベルでも、人から受けた厚意を厚意としてきちんと受け止め、感謝の気持ちを表すようにすれば（オフィスであなたの好きなおやつをくれた人にありがとうと伝えるレベルでも）、親切な行為を積極的に強化していくことにつながります。

**・不平不満を並べる人に引っ張られない**

同僚とのきずなを深めるならこれ！
おすすめの品4選

チェーン店のコーヒー
こだわりのアルチザンローストのほうがどう上質か語りあうきっかけに

電子レンジで温めた魚
魚臭さが抜けずまずい
→共通の敵ができる

発泡ミネラルウォーター
乳製品不使用、グルテンフリー、ヴィーガン対応

ブードゥー人形型クッキー
恐怖心がみんなをひとつに！

　愚痴や不平の絶えない同僚が身近にいる場合は、「どうしてたらそうならずにすんだの？」「今できることは何？」のように問いかけて、相手がなんらかの行動を起こす方向へ促してみます。こうした問いかけは会話を前向きな方向へ転換すると同時に、不満を話す意欲をそぐことにも。それでもだめなら、理由をつくって会話を切り上げてしまいましょう（「片づけなきゃいけないメールがたくさんあるから、またね」など）。

## 帰属意識

　もしあなたが、表面的に組織となじまない部分も含めて、素のままの自分で組織の一員でいられたら、どうでしょう？　そのためには、本当の意味で自分の居場所がここにある

と思えなくてはいけません。そもそも、居場所がある、帰属するとはどういう状態でしょうか。ダイバーシティはテーブルに席があること、インクルージョンは声を発信できること、帰属しているとはその声を聞いてもらえることです。「私たちはそこでただ生きのびることを望んでいるのではなく、いきいきと成長したいのです」サービスナウ社の最高人事責任者、パット・ウェイダースはそう表現しました。学習障害のあったパットは、子どものころからよく自分ははみ出し者だと感じてきたそうです。でも、自分はここに居場所があると確かに感じられたときは「誰かのために山にだって駆け上がる勢いですよ」と言います。「私が自由に力を発揮できるのは、素のままの自分でいられるときなんです。女性である

この新人研修、もうちょっと思いやりがあってもいいかも

ことを誇りに思える、自分は読み書き障害があるんだと堂々と言える、人と違うのはかっこいい、そういうときです」。組織に対する帰属意識をみることのできる診断テストの簡易版を巻末につけてあるので、ぜひやってみてください。

新しい職場で働きはじめるなど、変化を迎えるときは不安が生じやすいものですが、帰属意識を高める絶好の機会にもできます。例えば採用の連絡をもらったときの高揚した気持ちを思い出してみましょう。やがて初出社の日が近づくにつれ、わくわくした気持ちが徐々に消え、代わりに自信のなさが頭をもたげてきたりしないでしょうか。この初日の不安を解消するため、サンフランシスコにあるＩＤＥＯのオフィスではその名も「エンタビュー」（「エンター」と「インタビュー」をかけている）という取り組みがあります。新しく入社する人の採用面接をした社員が、その人が来てくれるのをなぜ楽しみにしているのか、その人のどんなすばらしいスキルがチームに貢献してくれるのを期待しているかを社内で共有します。そしてその内容を「ようこそ○○さん！　あなたと仕事ができるのを楽しみにしています。なぜなら……」のようにカードに書いて渡し、新しい人を迎えるのです。

**モリーより**

ＩＤＥＯで働けると決まったときはわくわくしました。ＩＤＥＯにはすごくユニークな文化があります。それはすばらしいことなのですが、裏を返せば、新しくきた人は会社独自の価値観や規範がつかめてくるまで自分をアウトサイダーだと感じるかもしれません。私は自分がなじめるかどうか不安でした。人と打ち解けるまで何カ月かかかるタイプなのです。

初日、オフィスへ行くと、私の机に付箋がたくさん貼ってありました。同僚になるみんなが一人ひとり、私と仕事をするのを楽しみにしている理由を書いてくれていたのです。私が仕事の合間につまむのが好きなおやつも置いてありました。前の週に入社前のアンケートに答えたとき、確かに好きなおやつを書く項目もありましたが、単に私のことを知ってもらう一環なのだろうと思っただけでした。新しい同僚のみんなが私を歓迎する気持ちを伝えようとしてくれているのがわかって、ほっと心がほぐれたのを覚えています。新入社員が写真付きのおもしろい自己紹介を書いてみんなにメールで送る慣習もありました。私はコメディを観るのが好きなことや（夫はコメディアンなのです）、リアリティ番組「リアル・ハウスワイブズ・オブ・ニューヨーク」に出たソーニャ・モーガンと一緒に春休みを過ごしたことなどを書きました。その日の夕方には、私の自己紹介にはみんなからのたくさんのコメントがついていました。

何カ月か経つと、ＩＤＥＯの企業文化がより深く理解できてきて、私は笑顔が増え、自分から発言したり行動を起こしたりするようになりました（英国の人気番組「ブリティッシュ　ベイクオフ」にならって、焼き菓子づくりの腕を競うコンテストを社内で企画して開いたりも）。自分もこの会社の一員なんだと肌で感じられるようになってからは、なじめているかどうかつねに自問したりはしなくなりました。自分のふざけた部分も見せられるようになるのと同時に、手厳しい疑問もちゃんと投げかけられるようになったのです。一〇〇パーセントありのままの自分を職場で出せるようになってしばらくしたころ、最初のプロジェクトを任せたいと声がかかりました。

## マイクロアクションと帰属意識

マイクロアクションとは、社会的シグナルになるちょっとした言動のことです。ビジネス戦略やデザインコンサルティングを手がけるＳＹパートナーズ社による造語で、同社の仕事にも取り入れられている概念です。「マイクロアグレッション」という言葉のほうがもう少し知られているかもしれません。こちらは、直接的あるいは意図的にではなく、相手を差別したり排除したりする小さな行為を指します。マイクロアクションはこれに対置される行動で、有意義な帰属意識の醸成につながるポジティブな言動です。

例を挙げてみましょう。カリシュマはＳＹパートナーズに勤める優秀なシニアデザイナーです。二〇一五年初頭、カリシュマは会社の創業者で会長のキース・ヤマシタと同じプロジェクトに取り組んでいました。二、三回ほどミーティングをしたあるとき、カリシュマはキースのところへ行ってこう切り出しました。「私の名前の発音をお伝えします。そうしたらほかの人に名前で呼びかけるみたいに、私のことも呼んでもらえると思うので」キース自身、彼女に質問したり、彼女が発言するときはちゃんと注目して聞いたりすることで、カリシュマをチームの一員として受け入れている（インクルージョンを実践している）つもりでした。「でも、カリシュマという名前をどう発音するのかわからなくて、名前を口にするのをためらっていたんです」とキースは回想します。「ほかのみんなには名前を添えて声をかけて、彼女だけ名前を呼ばずにいたら、当然、私が彼女を尊重しているとは受け止めてもらえませんよね」。以来、初対面の人には必ず最初に名前の読みかたをたずねるようにしているそうです（これがマイクロアクションにあたります）。

自分もグループの一員だと相手に感じてもらうために、できるマイクロアクションの例はいろいろあります。

・会話のなかで相手の名前を添える（そのためには名前の読みを確認して覚えておくこと！）
・例えば月に一回、まだそこまでよく知らない同僚をランチやコーヒーブレイクに誘ってみる。一緒に時間を過ごして、どんな人なのか、何をしている人なのか知る機会にする
・新しい人が入ってきたら、ほかの社員と打ち解けられるよう力になる。誰かに紹介するときには、ただ「二人で話してみて！」と投げるのでなく、二人とも興味のありそうな（できれば仕事とは関係のない）話題にふれ、会話のきっかけを提供するとよい
・誰かが途中から会話に加わるときは、ついていけるようにしばらく気をつける
・わざわざ時間や労力をかけて助けてくれた相手には感謝を伝える

・誰かが話しかけてきたら、手を止めて聞く。何かしながらではなくきちんと相手に向き合う
・途中で話をさえぎられた人がいたら、いったん割って入り、最後まで話すよう促す

帰属意識を感じるのと、「自分がまわりのみんなと似ていると感じる」のは違います（人は周囲になじみたいと思うあまり本来の自分を押しこめてしまいがちです）。帰属意識は、安心してありのままの自分でいられ、ほかの人と違う自分を尊重してもらえているときに感じられるものです。話し合いをしていて自分の案が採用されなかったとしても、それは純粋に案の内容の問題であって、自分自身が本質的に受け入れてもらえていないからではないと確信できるのなら、チームに自分の居場所があると感じられていることになります。帰属意識がもてなかったり疎外感をおぼえたりするのは、離職にもっともつながりやすい要素といえます。メールの文面を分析したある研究によると、働きはじめてから半年以内に主語が「I」（私は）から「We」（私たちは）へ移行しない人は離職する傾向が高いと報告しています。

職場に居場所があると感じられるのは、「気楽に仕事ができる」とイコールではありません。仕事をしていれば必ずある、いいとき、悪いときがそこまで大きなストレスにはならない、という意味です。ピンタレストでは、管理職がいい悪いを問わず仕事上の自分の体験を積極的に部下に話すことを奨励しています。それによって、ある程度の感情の浮き沈みは仕事にはつきものであり、苦しい時期を経験しても居場所があるのだと部下に知ってもらうのが狙いです。次の項では、こうした会話をさらに掘り下げて考察してみます。これは帰属介入と呼ばれるもので、一時間もあれば実践できます。

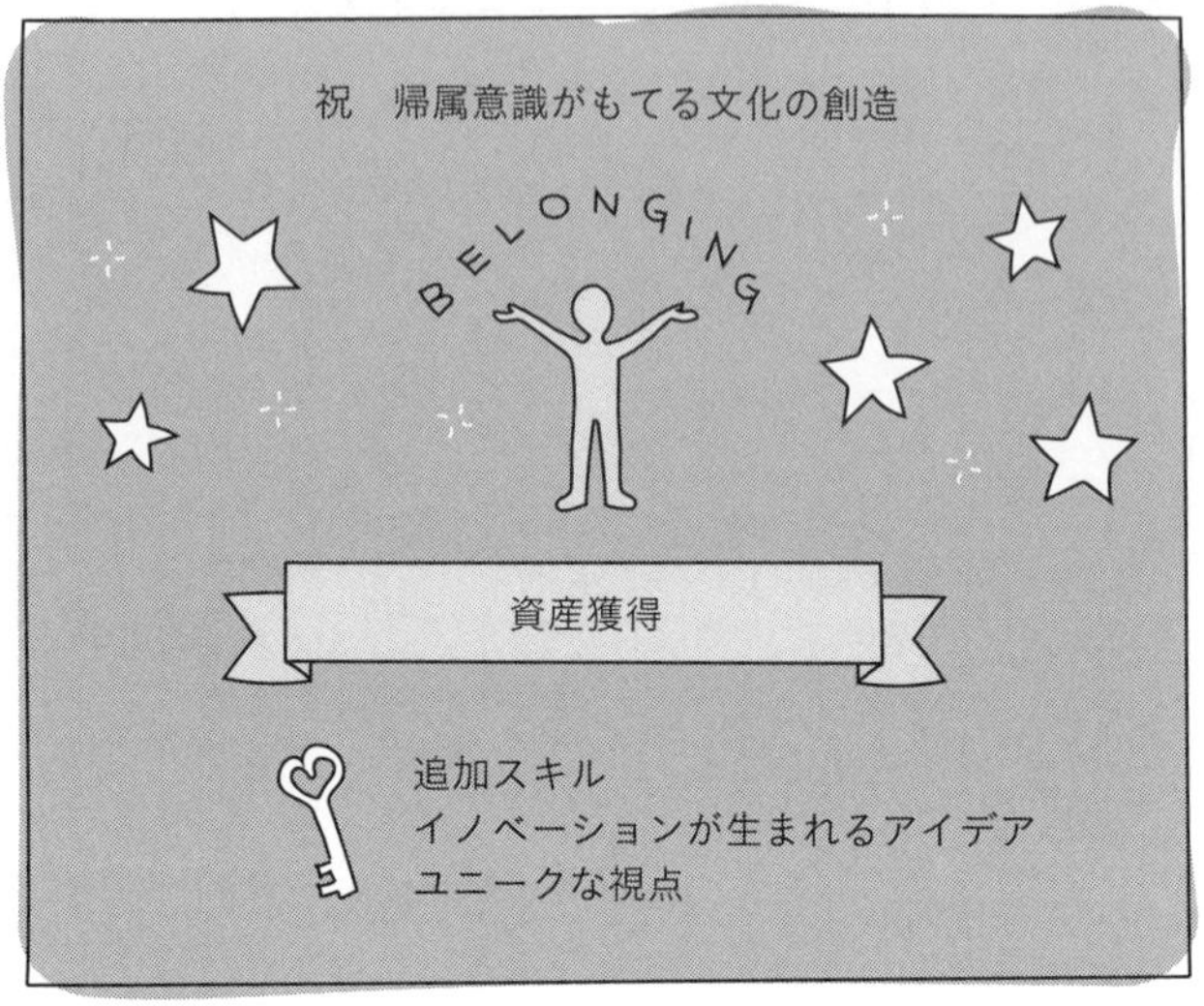
祝　帰属意識がもてる文化の創造
BELONGING
資産獲得
追加スキル
イノベーションが生まれるアイデア
ユニークな視点

## 帰属意識をもてる文化をどうはぐくむか

**・相手には善意があることを前提に**

すでに気心が知れていて信頼している同僚の言動がひっかかったら、なぜその言動に自分が疎外感をおぼえたのか説明し、どうすればそうならずにすんだかを伝えます。「意図は大事です。相手があやまちから学ぶ余地をあげてください」とは、サービスナウ社の最高人事責任者パット・ウェイダースの言葉です。

**・帰属意識は導入部分から始まる**

眼鏡ブランドのワービー・パーカーでは、新しく入る人に初出社の前に連絡し、オリエンテーションの内容を説明したうえで何でも訊《き》きたいことを質問してもらっています。グーグルでは、初日に管理職から温かい歓迎を受けた新入社員は、そうでない人よりもその後九カ月の生産性が高かったと報告されています。

**・企業文化の理解を助けるメンター「カルチャーバディ」をつける**

ソーシャルメディアマネジメントを手がけるバッファー社では、新しく入った社員に会社のカルチャーを理解している現役社員を一人つける取り組みを行なっています。一週目の終わりに二人で話し合う場を設け、バディ社員は質問に答え、フィードバックをし（メールの文面のトーンはどんな感じか、など）、最初は自分がなじめていないように感じるのは普通だよと伝えて不安を和らげる役目をします。

**・帰属意識を損なうミーティングを避ける**

ミーティングでは毎回一人、進行を客観的に観察するオブザーバー役を決めます。任務は、メンバー間の相互関係を記録すること。一番よく話しているのは誰か、発言の機会がない人は誰か、ほかの人の発言をさえぎって割り込むのは誰かなどをチェックします。気がついた点をミーティングの最後に共有し、メンバー間の力関係を健全にするための改善点を提案します。

## リモートワーカーと帰属意識

組織に所属しながら在宅勤務をする人やフリーランスで働く人が増えていますが、その場合、帰属意識や企業文化はどんな意味をもつのでしょうか。iOS開発者のローラ・サビーノは、世界各地の企業から依頼を受け、シアトルの自宅で仕事をしています。ローラは自身の働きかたで最大のネックについて率直に話してくれました。一緒に仕事をする相手はいても、仕事外の場で接してお互いを知る機会がほとんどないため、孤独を感じたり、いないものとして扱われているような気がするときがあるのだそうです。そのなかで、「ある会社は週に一度、全員が参加できる三〇分の『ビデオティータイム』を設

在宅ワーカー、リズの欲求5段階

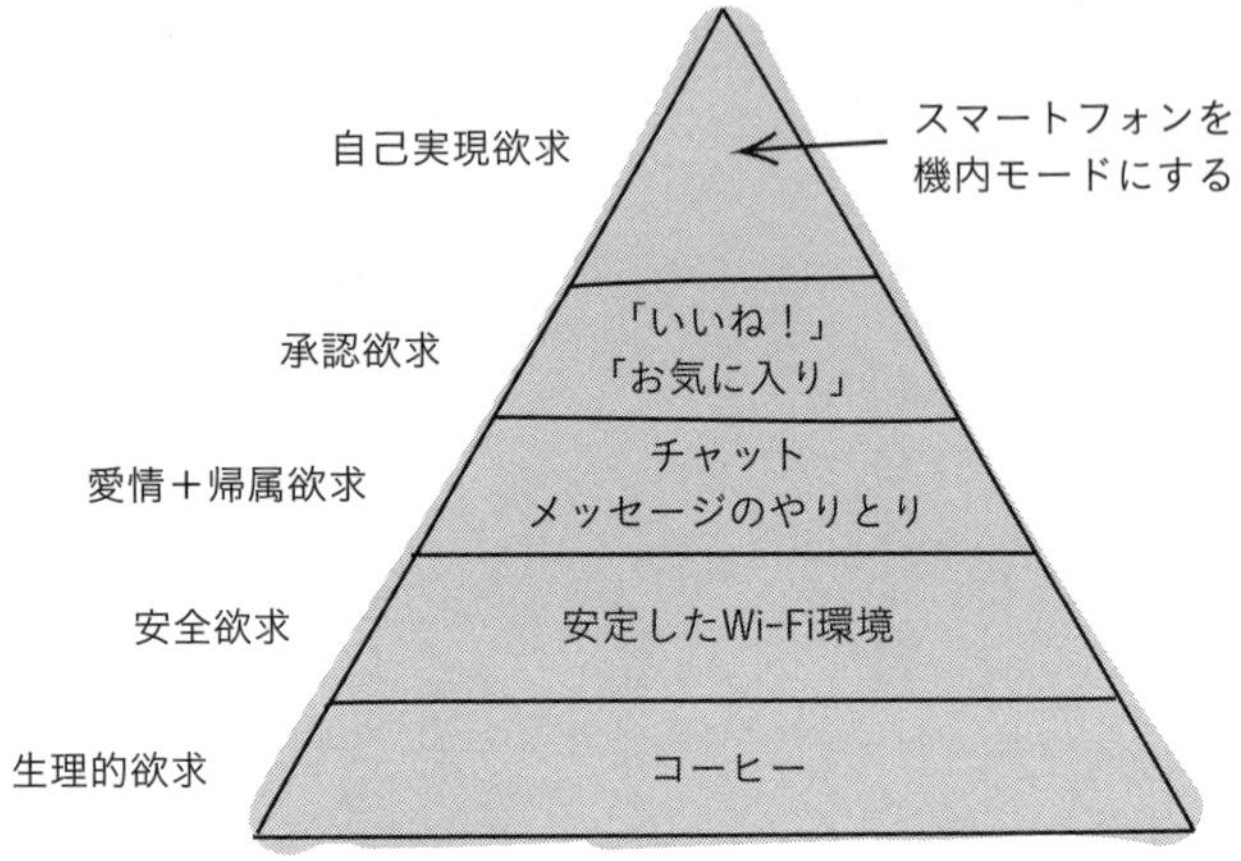
自己実現欲求
スマートフォンを
機内モードにする
承認欲求
「いいね！」
「お気に入り」
愛情＋帰属欲求
チャット
メッセージのやりとり
安全欲求
安定したWi-Fi環境
生理的欲求
コーヒー

けていました。お互いが交流できる場で、すごく距離が縮まりましたね」と笑顔で振り返ったのが印象的です。

同僚とやりとりできる場があると、リモートワーカーが互いにつながりあうことができます。先述のバッファー社では、世界各地で仕事をする七五人の社員が、インスタグラムのストーリー機能で日々のちょっとしたひとこまを共有しています。人事部ディレクターのコートニー・サイターは次のように話してくれました。「仕事仲間がどんな一日を過ごしているのか、どんな場所で仕事をしているかがわかるんです。クッキーを焼いたり、犬の散歩をしたりしてるようすを見ることができます。電話会議ではこうした面を見る機会はありませんが、このおかげでお互いをより理解しあえるようになっています」

去るものは日々に疎《うと》しといいますが、オフィスにいないリモートワーカーもしかりで、評価して

ビデオ会議でわかること

ネコがいる
絵を描く？
本棚はカフカが多い
漫画「カルビンとホッブス」のファン
ベッドは整ってる
チェロ弾き
意外にもピンヒール
彼氏は水玉のボクサーパンツを穿いてる

もらえる機会がめったにないという問題につながります。顔を合わせて一緒に仕事をしていれば、会議のあとや廊下ですれ違ったとき、あるいは仕事後に飲みながら、お互いをねぎらったり成果をたたえあったりするでしょう。在宅で仕事をしていると、このようなちょっとしたフィードバックをもらう機会が限られてしまいます。「リモートで働く人の多くが、仕事を受け、締切に合わせて納めてしまえば、管理職から反応がくるのは修正が必要になった場合などに限られます」と、IT関連企業Eグループのクリステン・チルコは言います。リモートワークをするメンバーがいい仕事をしたとき、ほかの人にもわかるように感謝や評価を伝えるのはとても意味があるのです。

## リモートワーカーにチームの一員であると感じてもらうために：リズからの提案

**リズより**

私はフリーランスなので、Wi-Fiがあればどこでも仕事ができます。すでに退職した父親は元病理医で、毎日四〇分電車に乗って研究室へ通っていました。私はスウェット姿でダイニングテーブルの上でノートパソコンを開いて仕事をすることがあるのですが、いつも「これが私の仕事のスタイルなんだよ」と父に説明するはめになります。以前、両親の家へ行ったときに朝からベッドの上で仕事をしていると、父親が顔を出して心配そうに「会社にはいつ行くんだ？」と訊いてきましたから。

リモートで働く人にもチームの一員であると感じてもらうために一番いいのは、オフィスで顔を合わせて働く場合とできるだけ近い状態にすることです。

### ・任せたら信頼する

仕事をしている姿が直接見えないため、少しでもやり取りに間ができると、時間が空いて手持ちぶさたにしているのかなと思いがちです。オフィスの外で仕事をする最大の利点は、じゃまされずに集中できるまとまった時間をいつでも自分でつくりだせるところ。リモートワークに求める条件は明確に設定すべきですが、あとは五分おきに連絡がないからといって気にするのはやめましょう。

**・相手がいる場所の時間帯に気をつける**

地域や国による時間帯の差にかかわらず、自分は疎外されていると感じずにすむよう、何かを決める場合は対象になるメンバー全員の回答があるまで待ちます。朝六時や夜の一〇時にミーティングに参加してもらう人がいる場合、顔の映るビデオは切って音声だけにするのをおすすめします。メイクをしたりシャツに着替えたりせずにすむと、参加するほうはぐっと楽ですから。

**・形あるものを送ってコミュニケーション**

ある取引先から私の誕生日にケーキが送られてきて、とても心おどったことがあります。支払いの小切手にイラスト付きのサンキューカードをつけて送ってくれた人もいます。デジタル化が進む今、会社のオリジナルグッズであれ、本やお菓子、手書きのメッセージであれ、何か形あるものが届くとうれしくなるものです。

**・ほかの人とおしゃべりできる場をセッティング**

オフィスにいなくても、いわゆるバーチャルランチ、バーチャルティータイムの時間を設けるのも一考です。バッファー社では「ペアコール」と呼んでいて、週に一度、参加する社員はランダムに一対一のペアになります。決まったテーマがあるわけではなく、家族や趣味、好きな番組など、自由に話をしてお互いを知る機会にします。

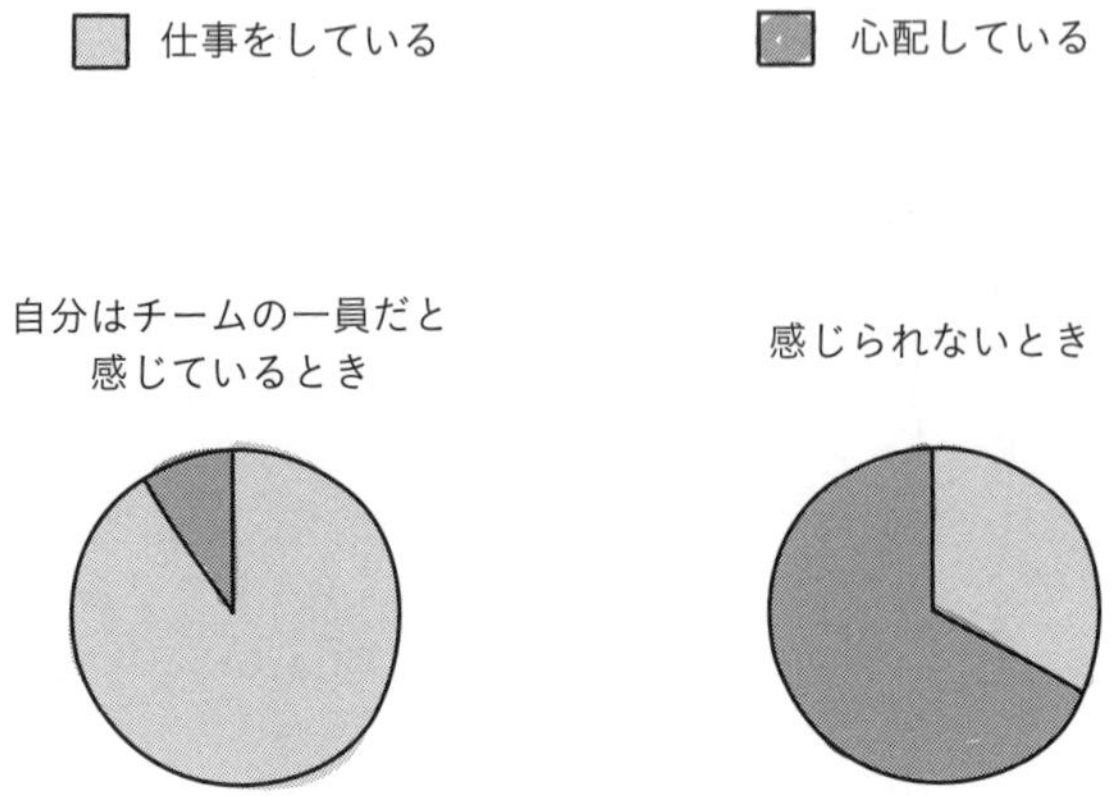
仕事をしている
心配している
自分はチームの一員だと
感じているとき
感じられないとき

## 帰属意識を適切に機能させるために

「白人の同級生や教授がどんなにリベラルで偏見のない心で私に接しようとしても、自分が大学にきているお客さんのような気持ちになるのです。本当の意味でここに属してはいないかのような」。プリンストン大学在学当時を振り返って、ミシェル・オバマはそう綴っています。「彼らから見て私は何よりもまず黒人であり、学生であることは二の次であるかのように」

自信がなくて自己不信に陥ってしまう時期は誰にでもありますが、数の上で不当に少なく、十分に評価されていない集団に属する人の場合、職場で疎外感を覚える傾向はぐっと高くなります。疎外されている集団に属する人は、「自分はここに帰属しているか」と自問するのに加え、「自分の属する集団が帰属しているか」も考えなければなりません。社会的少数派にあたる人の多くが、仕事の現場で主流派のスタンダードにしっかり適合し、かつ自分が属する集団のステレオタイプを破る人物でいなければいけないプレッシャーを感じています。「黒人男性はよく、感情的にならないように気をつけて、周囲から『怒りをあらわにする黒人男性』というステレオタイプどおりにみられないようつねに意識している、と言います」と社会学者のアディア・ハーヴィー・ウィングフィールドは指摘します。また、黒人女性、ラテンアメリカ系女性がアクセントに気をつけたりスラングを避けて話すよう細心の注意を払っている例はよく報告されるところです。

職場で四六時中、注意深く作りあげた自分でいなければいけない負担は計り知れません。社会的マイノリティではない人は、ここに潜む孤独感を軽くとらえているのではないか、と指摘する研究があります。職場やプライベートで出会う偏見について声をあげられないと感じているマイノリティは、非マイノリティの二倍以上孤独を感じやすく、一年以内に離職するという報告もあります。また別の研究は、経済的、社会的に不利な環境で育った黒人成人が努力して成功を収めたケースでは、平均寿命が低い傾向が出たと報告しています。これは、対等に受け入れてもらいづらい仕事環境になじむため、多大なストレスという犠牲を払っていることも背景にあると考えられます。

こうした力関係をみると、精神的な重荷を背負いながら、黙って耐えて働いている人が大勢いる現実を思い知らされます。二〇一六年夏にテキサス州で起きた警官銃撃事件（これに先立ち相次いで起きた警官による黒人射殺事件に抗議するデモの最中に、複数の警官が狙撃され死亡した事件）のあと、テック業界で働くリー・マクゴワン・ヘアは一連の件への怒りを表に出しづらかったといいます。「職場で気持ちを抑えて平気な顔をしているのがつらくて、一人で化粧室にこもったりしました。まわりはみんな何ごともなかったみたいに振る舞っていたので。そこには、黒人コミュニティに寄せる共感の思いはありませんでした」

ダイバーシティ研修と名のつく研修もありますが、この「ダイバーシティ」が（「考えかたの多様性」のように）幅広い意味で定義されている場合、全面的に万能とはいえません。こうした研修が、メインストリームではない集団に属する人にとっては別の心の負担になることも多いのです。社会学者のアディア・ハーヴィー・ウィングフィールドが話を聞いた専門職をもつ黒人からは、感情を表に出せるかどうかという点では、平等はほぼあるいはいっさいない、との声が上がったそうです。「白人社員が人種にまつわる偏見について遠慮なく話せても、同じ職場の黒人社員は、自身の気持ちを口に出すことにためらいがありました。こうしたダイバーシティ研修もまた、社会的マイノリティが感情を抑える場になってしまったわけです」。感情表現におけるこうした不平等は、この種の研修を一度やっただけで職場の文化の不健全な点を一掃しようとするときに生じます。「組織はただ信頼を要求するだけではだめです。信頼はみずから獲得しなければ」パトレオン社のシニアエンジニアリングマネジャー、エリカ・ベイカーの言です。

## 感情労働という名の〝労働〟

「威圧的に聞こえないよう慎重に言葉を選んで発言する」ことは、よくあるでしょうか？「とくに得るものもない上司の話をにこやかにうなずきながら聞いてあげた」経験は？いちいち覚えてないくらいたくさんありますよね。いずれも感情労働に分類される行為です。職業上求められる感情表現をするために労力を払うのが感情労働で、通常、明確には可視化されない労働です。感情労働には多くの場合、表層演技、すなわち実際に感じているのとは別の感情を演じる行為を伴います。セス・ゴーディンの言葉を借りれば「本当は大声で叫びたいときに耳を傾ける労働」です。感情労働は消耗します。頻繁にやっていると、ストレスを抱えやがて燃え尽きる傾向が高いとされています。

仕事であれば誰しも多少の感情労働はしているものですが、女性や社会的マイノリティにあたる人は、威圧的に見えないように、あるいは共感している姿勢を示すようにしなければとの圧力を感じがちです。大学を例にとると、学生たちが女性教授のオフィスアワーをいわば「告白タイム」と位置づけ、精神的な支えを求めて相談に訪れる傾向があるそうです。ライターのジェス・ジマーマンは感情労働について書いた文章のなかで、女性は「男のエゴを満足させる」「男性を相手に感心しているふりをしてみせる」といった行為に料金（それぞれ一〇〇ドル、一五〇ドル）を請求すればいいと提案しています。IT業界でコピーライターとして働くナディアという女性は、職場で発言する際、どんな言葉を選ぶかに膨大な精神的エネルギーを費やしたと告白しています。「私はチームの中でも年下だし、女性で、かつ黒人です。……ほかの人が発言するのを聞いていると、うわ、こんなこと私の口から言ったらみんな引くだろうな、と思ったりするんです」

では、働く人みんなが本当の意味で帰属意識をもつためにはどうすればいいのでしょうか。第一に、あらゆるレベルで多様性のある職場を本気で構築することです。あらゆるグループに属する人が顔をそろえ、組織の上層部がそれを支援すれば、一人ひとりが本来の自分を脇に置いて仕事をする必要が減ります。二〇一八年春、ユタ州にあるソフトウェア企業ドーモ社は「ＤＯＭＯ♥ＬＧＢＴＱ＋（と、そのほかのすべての人も）」と書いた大きな広告板を本社近くに掲げました。同社がこのキャンペーンを立ち上げたのは、ＬＧＢＴＱ＋の人たちが当地の保守的なコミュニティから排斥されていると知ったのがきっかけでした。「職場

ダイバーシティ&インクルージョン
パネルディスカッション

はあらゆる人に対して友好的で、あらゆる人を受け入れる場所にしなければなりません」とCEOのジョシュ・ジェームズは意図を伝えています。

第二に、帰属について介入を行うのも有効です。スタンフォード大学准教授のグレッグ・ウォルトンは、上級生に入学当初を振り返ってつらかったり悩んだりした気持ちを書いてもらい、アフリカ系の新入生のグループに読ませました。ある上級生はこう書いています。「入学した当時、取り残されているように感じていたのは自分だけだと思っていました。でもみんなも同じように感じ、それを乗り越えているんだとわかったのです。自分も乗り越えられました」すると三年後には、この取り組みに参加した黒人学生と白人学生との間にあったGPA（成績評価の平均値）の差が半分にまで縮まったそうです。優秀な学生向けの工学プログラムで同様の取り組みをしたケースでも、男女間のGPAの差が解消されています。

そして最後に、社会的マイノリティにあたる人が感じたことを積極的に口にできる規範を構築していくことも重要

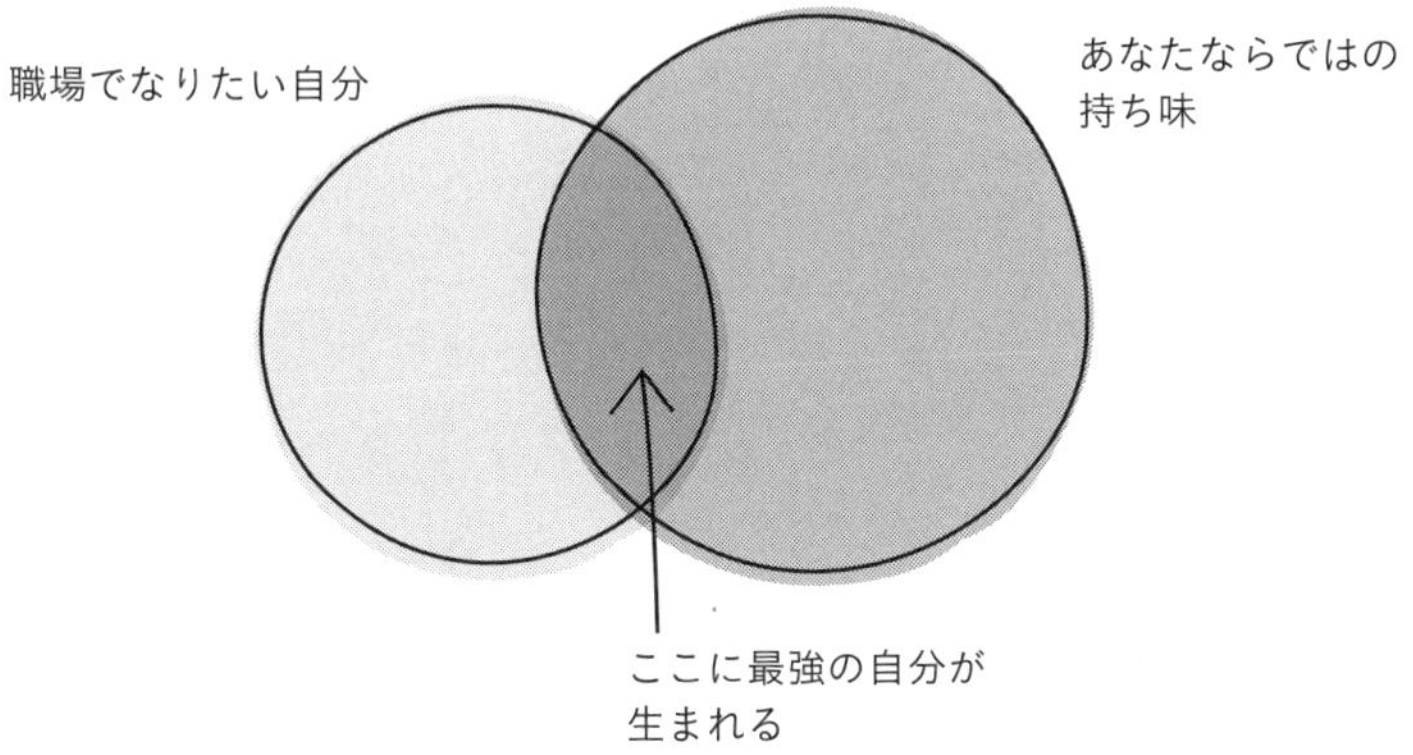
職場でなりたい自分
あなたならではの
持ち味
ここに最強の自分が
生まれる

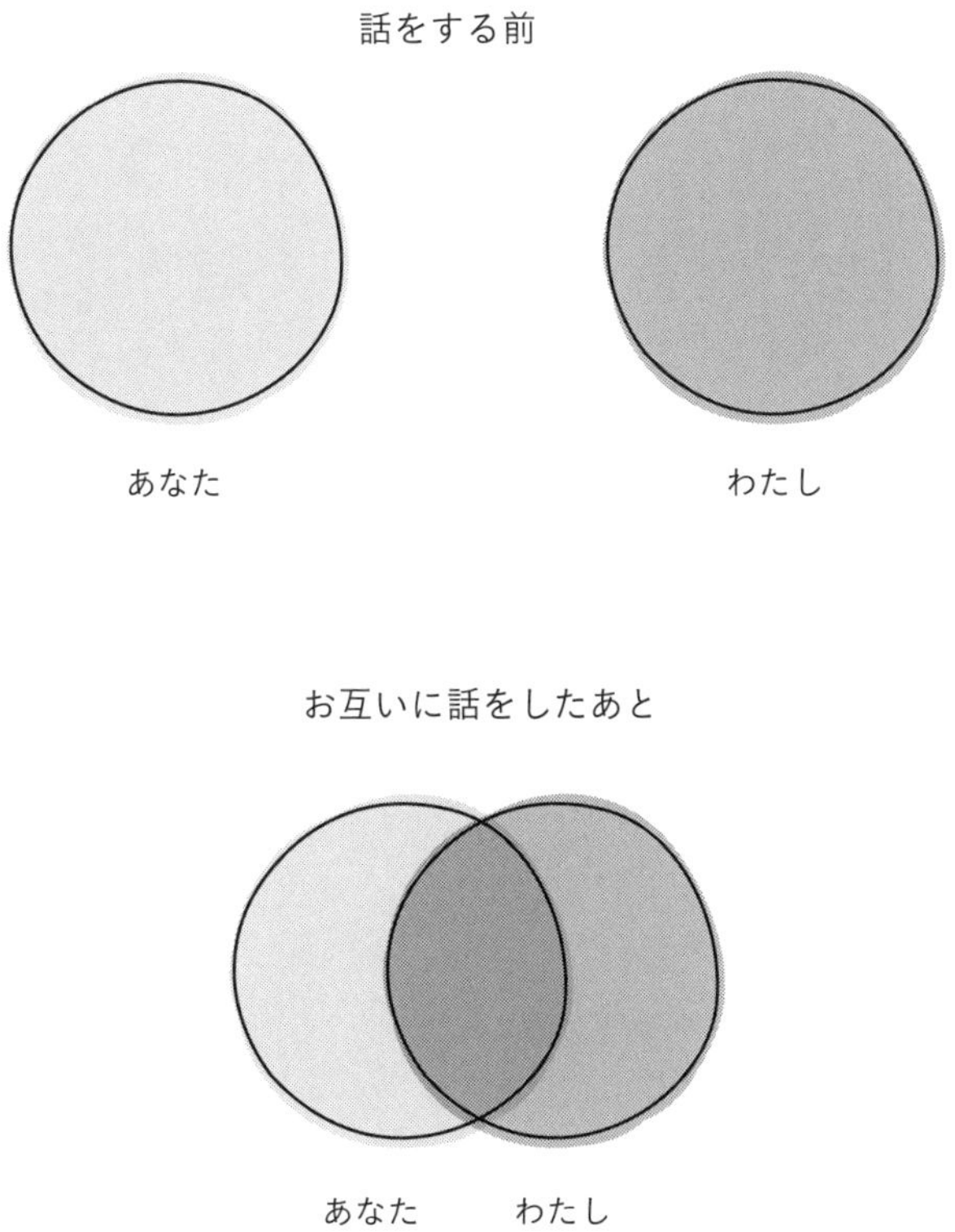
話をする前
あなた
わたし
お互いに話をしたあと
あなた
わたし

です。二〇一六年の警官銃撃事件後、プライスウォーターハウスクーパース（ＰｗＣ）では、社員を少人数のグループに分けて、人種問題について率直に話し合う場を設けました。そこで一人のアフリカ系アメリカ人幹部が、自分にとってビジネススーツはマントのようなものだと話したそうです。スーツを着ていれば善良な人だと思ってもらえる。でもスーツを脱ぐと、とたんに「脅威ある人間」の側だと見られてしまう、というのです。ＰｗＣのティム・ライアン会長、マイノリティ・イニシアチブと才能開発部門を率いるエレーナ・リチャーズはこうした社内の対話から学んだ点を話し合い、社員はこれからも自分の体験や気持ちを互いに共有し合ってほしいと呼びかけました。「この種の難しいテーマを話し合うのは各コミュニティのリーダーや政治家、活動家の仕事だと考えられがちです。しかし、当社で働くみなさんは人生の少なからぬ時間をこの社内ですごすわけですし、何よりも、みんながありのままの一〇〇パーセントの自分で仕事に取り組めることを願っています」ライアンはそう述べています。

## 誰もが帰属意識をもてるために一人ひとりができること

### ・どの集団もそれぞれの壁に向き合っていることを理解する

まずジェンダー問題から始めようとするアプローチは、すべての人が居場所があると感じられる企業文化をはぐくむための取り組みとしては適切ではありません。職場における女性というアプローチは、たとえばアメリカの場合往々にして白人女性を中心にした視点になり、ほかの少数派女性が置かれた現状を無視しがちな点に注意が必要です。

### ・「自分には関係ない」はけっしてない

「主流派でない集団が、自分たちの集団だけのために変化を起こそうと声をあげて成功した例はない」CNNでコンテンツ戦略を手がけるキャメロン・ハフはそう指摘します。プライベートでは進歩的な人でも、職場では「まあ仕方がない」と黙認したり受け流したりするのはよくあるケースです。直接自分に向けられてはいなくても、よく思わない人はいるだろうなと思うような偏見を含む発言に気づいたら、その場で声をあげるか後でそっと本人に伝えましょう。偏見や差別意識を含む発言をした人は、その言葉が向けられた集団以外の人から指摘されたときのほうが、悪かったなと反省し謝罪する気持ちになるものです。

### ・「今ここにいない人」の声を意識する

サービスナウ社のパット・ウェイダースは会議で必ず、どんな人の声を議論に加えればよかったか、どうすれば実現できるかを問いかけるといいます。「その場にいない人のことにも思いを寄せるのが大切です」

### ・すぐに解決しようとする前に掘り下げてみる

相手の話に耳を傾け、立場を思いやることができなければ、その人の視点を理解することはできません。投資会社アリエル・インベストメンツの社長、メロディ・ホブソンは次のように提案します。「自分の考えは（固執せず）ごく軽くもっておくくらいにすれば、あとで変えられるし、ほかの人の言葉に心も動きます。相手に問いかけてみると（中略）角が取れて穏やかになるのです」。問題を前にすると、たまたま感情的な摩擦が起きただけだからと考え、てっとり早く解消してしまいたい気持ちが先立つかもしれません。でも実際には、個人間の問題ではなく構造的な問題であることが多いのです。

**・自分の立場でできることをする**

ホブソンはそれぞれの人が自分のもっている力を生かして行動すればいいと呼びかけます。管理職なら率先して対話を促し、活発な問いかけを奨励するチームの規範づくりをする。チームのメンバーであれば、自分と異なる人の考えを聞いてみましょう。

**ジェンダーとリーダーシップに関しては、以下の情報もぜひ参照してください**

・メロディ・ホブソンのTEDトーク「人種問題にどう向き合うか」
・社会学者アディア・ハーヴィー・ウィングフィールドならびに心理学者キラ・ハドソン・バンクスの論文、著作
・スタンフォード大学准教授グレッグ・ウォルトン「The Social-Belonging Intervention: A Guide For Use and Customization」
・パラダイム社（ダイバーシティとインクルージョンに関するコンサルティングを手がける）の各種報告書
・NPO団体 CODE2040 http://www.code2040.org/
・NPO団体 Kapor Center https://www.kaporcenter.org/
・NPO団体 Catalyst https://www.catalyst.org/

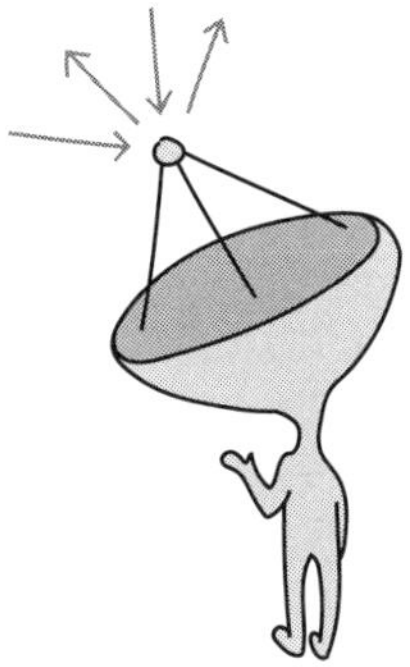

## まとめ

1. 相手を思いやり、優しくあること。感情は伝染するものであり、あなたの言動が組織全体の情緒的文化に前向きな変化を与えることもできる
2. ちょっとした「マイクロアクション」を通じて、帰属意識をもてるカルチャーを職場ではぐくんでいく。あいさつの声かけをする、人をうまく会話に巻きこむ、新しく入った同僚がなじめるよう気づかうなど
3. 仕事内容ではなく自分がどんな人間かを知ってもらう話を職場の仲間と共有し、ほかの人にも話してもらう
4. 職場でほかの人が感じている精神的な重荷を無視せず、配慮する

世界はきびしいけど、僕がついてるよ

第8章

# 「リーダーシップをとる＝感情を出してはいけない」ではない

状況に合わせて弱さをみせていい
上手に感情を共有することの大切さ

リーダーはつらいよ

話をしたいって人がきてるの
また次の難題が持ちこまれそうだね

ラズロ・ボックはその日、殺風景な会議室のカウチに座り、集まった社員が順にプロジェクトの進捗報告をするのを聞いていました。最後の一人が発表を終え、ラズロの番がくると、こう切り出しました。「先週、兄弟を突然亡くしました」

ラズロは機械学習を使って働きかた改善をめざす企業、Ｈｕｍｕを立ち上げ、ＣＥＯを務めています。その前は一〇年にわたりグーグルの人事を引っ張ってきました。会社を立ち上げて間もない二〇一七年八月のある朝、ラズロは家族から悲しい知らせを受けました。会社にはプライベートで急用ができたからと伝え、すべてを投げ出してすぐに家族のいるフロリダへ向かったといいます。

一週間後、カリフォルニアへ戻ってきたラズロは、兄弟の死について社員に話しておこうと決めました。「この先しばらくの間、仕事を抜ける場合があるかもしれない。その理由を伝えておくべきだと思ったのです」ラズロはそう振り返ります。「そうしないと、仕事をおろそかにしているように見えて申し訳なくなるだろうと感じました。みんな立派な仕事をやめて、私と仕事をするためにこの会社へきてくれたわけです。

それから三カ月が経って、そんな一人ひとりと交わした暗黙の約束を自分が破っているような気がしました」

ラズロが私的な事情を告白すると、社員はそれぞれの形で力づけてくれました。一緒に仕事をするメンバーの反応はさまざまで、その件にあえてふれない人もいれば、ラズロや家族のようすを気にかけてたびたび声をかける人もいました。誰もが自分を支えてくれていると感じた、とラズロは言います。「おかげで職場にも来やすくなりました。会社に来て仕事に打ちこんで、ときには感情を押しこめて、でもなぜそうなのかみんなはわかって受け止めてくれている、そのすべてが救いでした」。ラズロが弱さを見せたのをきっかけに、社員の間にも互いに自分のことを共有しあい、助けあう環境も生まれたといいます。しばらく経ったころ、ラズロはある社員が同僚に何かを打ち明けようか迷っているところを目にしました。「このことであなたに負担をかけたくないから」という女性に、同僚は「あなたが話してくれることを負担だとは感じない」と答えたそうです。

## 状況を選んで弱さをみせる

ラズロのエピソードは、地位と実力のある人が弱さをみせるのは不名誉ではないことを自身の発言を通して示し、CEOであっても鎧を脱ぐことの意義に気づいた例ですが、こうしたケースはほかにもあります。アップルのCEOティム・クックは社員と昼食を共にする機会を大事にしています。TEDトーク「なぜ優れたリーダーの元では安心を感じられるのか」で注目を集めたサイモン・シネックは、指揮統制により管理

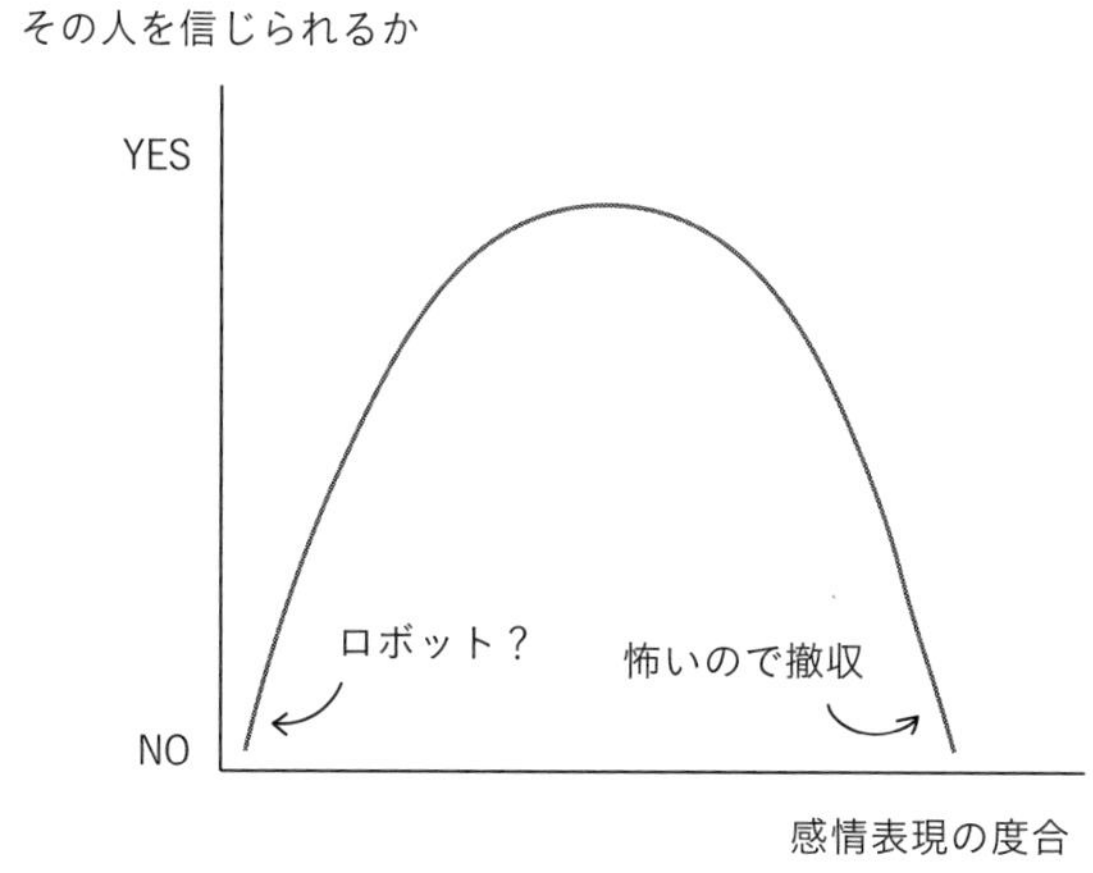
その人を信じられるか
YES
NO
ロボット？
怖いので撤収
感情表現の度合

するやりかた、つまり権力で支配して結果を出す手法は消えつつあると指摘しました。リーダーとメンバーの関係性に焦点をおく「リレーショナル・リーダーシップ」の手法は、感情面でも経営面でも有効です。私たちの脳は、人の気持ちを理解できるタイプの上司に肯定的な反応を示すことが研究で報告されています。リーダーに対して個人的に共感やつながりを感じられてこそ、人は努力しよう、よい結果を出そう、仲間に協力しようと思うのです。

弱さに意味があるのは、ことリーダーに関しては私たちが偽りを非常にうまく見抜いてしまうためです。仕事の現場では実際に、人をまとめる立場にある人が感情をみせることに対し、リーダーとしての誠実さを疑う傾向があります。ところが逆にリーダーが感情を一切見せなければ、メンバーとの信頼関係は完全に崩れてしまうものです。レイオフが行なわれたり、会社の業績悪化がみられたりする状況でそうした態度を取れば、とくに顕著です。人間には互いの気分を感じとる不思議な力があります。スタンフォード大学のジェームズ・グロスの研究では、誰かが内心で腹を立てていると、その気持ちを表に出さなくて

口に出さなくても伝わるって？
言っとくけど、僕は怒ってなんかいないよ

も、近くにいる人の血圧が上昇すると報告しています。「この人は怒っているぞ」と意識していなくても、怒りの気配を感じ取っているのです。

チームを率いる立場の人ならではの悩みは、どんな状況なら率直になっていいのかを一般の人よりも慎重に判断しなければいけない点です。あまりあけすけに何でも伝えてしまうと（いわゆるＴＭＩ＝too much information、「そんなことまで言わなくていい」を職場でやってしまうと）、部下としてはリーダーへの敬意が薄れたり、資質に疑問を感じたりするおそれもあります。人の上に立つ者が弱みをさらすようなプライベートな話をすると、リーダーとしての権威が損なわれるとする研究もあります（立場が同等な同僚であれば、同様の話を聞いてもマイナス評価にはなりません）。

では、信頼を築くことにつながる感情の共有と、信頼関係を損なってしまう「過剰な共有」の線引きはどこにあるのでしょうか。私たちから提案するルールその7は「状況に合わせて弱さをみせていい」です。自分とまわりの人、双方の心の安定と心理的な安全性の確保を前提にしながら、どう自分を開示していくかを考えていきます。めざすのは「もうどんなときにどこまで言うべきかで悩まない！」です。

「私はチームを率いる立場じゃないし、関係ないな」と読み飛ばそうとした方はちょっと待って。リーダーシップはスキルの一種であって、役割ではありません。あなたもまわりの人に何らかの形で影響を与えていませんか？　何かを決めようとしている人から意見を求められることはないでしょうか？　「職務のうえで担っている役割と関係なく、誰でもリーダーシップを発揮できる場面はあります。商業施設でトルネードの警報が鳴ったとき、各店舗のスタッフがお客さんの安全を確保するために落ち着いて誘導する場面などもそうです」と、フェイスブックのデザイン担当ＶＰを務めるジュリー・ズオは述べています。あるいは「顧客からの重大な苦情をうまく解決した一人の担当者が、その経験をほかのチームに伝えて共有する」のもそうです。職務上の地位や役職にかかわらず、ほぼ誰にでも、人を指揮する、人を引っ張る立場になるケースはあるのです。

## ほかの人の感情をマネジメントする

「チームに貢献するメンバーの一員」から「チームのリーダー」へ立場が変わる際、うまくこなすにはマインドセットの大きな切り替えが必要になります。自分の感情を管理するのに加え、チームのメンバーがそれぞれの感情をうまく管理、表現できるようサポートする必要も出てきます。

メンバーの一員であれば、仲間が涙ぐんで駆け寄ってきた場合、話を聞いてなぐさめたり励ましたりして自分の仕事に戻ればいいわけです。しかしリーダーなら、その人にとって次にどうするのが個人的にも仕事のうえでも最善なのかを考えなければなりません。相手の気持ちに寄り添いながら、客観的な状況判断も求められるのです。

**「こう感じるべき（感じるべきではない）」と相手に押しつけない**

「そんなに怒らないで」「個人攻撃ではないから悪く受け止めないで」「あなたならきっと大丈夫だよ」のようなコメントは避けるようにします（また、「私たち」を主語にしないこと。「私たちとしてはもっと早く話してくれればよかったのにと思うんだけど」など）。チームの誰かが感情的になったら、その感情がどこからきているのかを理解しようとしてみてください。「どうすれば今のあなたの助けになる？」「思いやりをもってどう感情に対処すればいいか、自分でもわかってるんじゃない？」などと声をかけるのもいいでしょう。『グレートボス――シリコンバレー式ずけずけ言う力』の著者キム・スコットの言葉を借りれば「プライベートではみなさんつねにそうしているはずです。でもどういうわけか、仕事になるとそうした基本を忘れてしまうのです」リーダーとしては、ネガティブな気持ちでいる部下に罪悪感を覚えさせてしまうような態度を取るのはよくありません。

**うやむやにすませない**

相手の気持ちがわかるリーダーとしての態度と、相手に流されやすいこととは別です。部下に問題があるのに気づいたらすぐ、どうするか判断し、話し合って、相手に求める水準を設定します。単刀直入に「あなたの仕事ぶりに満足していないのだけど、どうかした？」と問うのもありです。何カ月も、場合によっては何年も質の低い仕事をしている人がいるのに何も対処していなければ、リーダーとしては失格です。

**聞く**

基本ですが、あらためて挙げておきます。ウォートン校教授のアダム・グラントがよく訊かれる質問は、「自分が責任者ではない件についての提案や意見を相手に聞いてもらうにはどうしたらいいか」だそうです。「こうたずねるのはリーダーではありません。リーダーについていくフォロワーが抱く根本的な疑問なのです」リーダーが耳を傾ければ、問題の根本は何なのか、どんな強い感情がそこにあるのかをつかむ助けになります。ハーバード・ビジネススクールのビル・ジョージ教授はこんな話を私たちにしてくれました。「当校で教えることの九〇か九五パーセントは（感情と対立する概念としての）知識です。われわれ教授陣は、ケーススタディで学生に感情面でのモチベーションをたずねて掘り下げるのをためらうんです。この人はなぜこれをやっているんだろう、なぜこういうことが起きたんだろう、と。正直なところ私たちが（ビジネススクールで学ぶ）二年間で学生を間違った道へ導いてしまう可能性があると思っています」

**一人ひとりに合わせる**

研究者のマーカス・バッキンガムは、八万人近くを調査してきた結果、「標準的な管理職はチェッカーに興じ、有能な管理職はチェスを指す」という見解にたどりついたそうです。チェッカーはどの駒でも同じですが、チェスで勝つには各駒の強みと弱みを理解していなければなりません。あなたの下にいる部下は、みんなが同じ仕事を好きなわけではないし、ある状況を同じように受け止めるわけでもありません。一人ひとりを異なる個人として扱うことが大切なのです。

## 道を示す

最高のリーダーは状況を判断する際、弱みもみせますが、そののちに前へ進むための明確な道を示すのも忘れません。元ベンチャーキャピタリストのジェリー・コロナは、コーチング会社リブート社を共同で立ち上げ、現在は起業家を対象にしたコーチとして信頼を集めています。ジェリーが話してくれた喩えを紹介しましょう。「あなたがスタートアップを立ち上げたCEOだとしましょう。今、資金が底を突きかけていますが、次の資金調達まであと一歩のところまできています。あなたはおそらく不安でいっぱいです。そこで、一二人の社員が待つミーティングの場で、自分はいま不安でいっぱいだ、と言ったとしたらどうでしょう?

これでは何も始まりません。戦略としては、『不安はあります。でも、みなさんを信じているし、自分たちのプロダクトとミッションを信じています』と伝えるほうが望ましいのです。どちらのアプローチも、ありのままの自分を伝えている点では同じです。しかし「自分たちのプロダクトを信じている」と伝えれば、前進するための明確な道を示していることになります。現在の心境にかかわらず、壁を乗り越えるために前に進むんだという宣言なのです。「リーダーシップに求められるのは、ただ率直でいることだけではありません。自身の不安にうまく対処し、落ち着かせ、周囲に波及させないようにする力も必要です」

　行動する使命よりも感情を優先させる危険性を身をもって体験した人の例があります。一九九九年、シンシア・ダナハーがヒューーレット・パッカード社の医療系部門ゼネラル・マネジャー職に就いたとき、五三〇〇人の社員を前にこのようにあいさつしました。「この職務を責任をもって果たしたいと思っていますが、

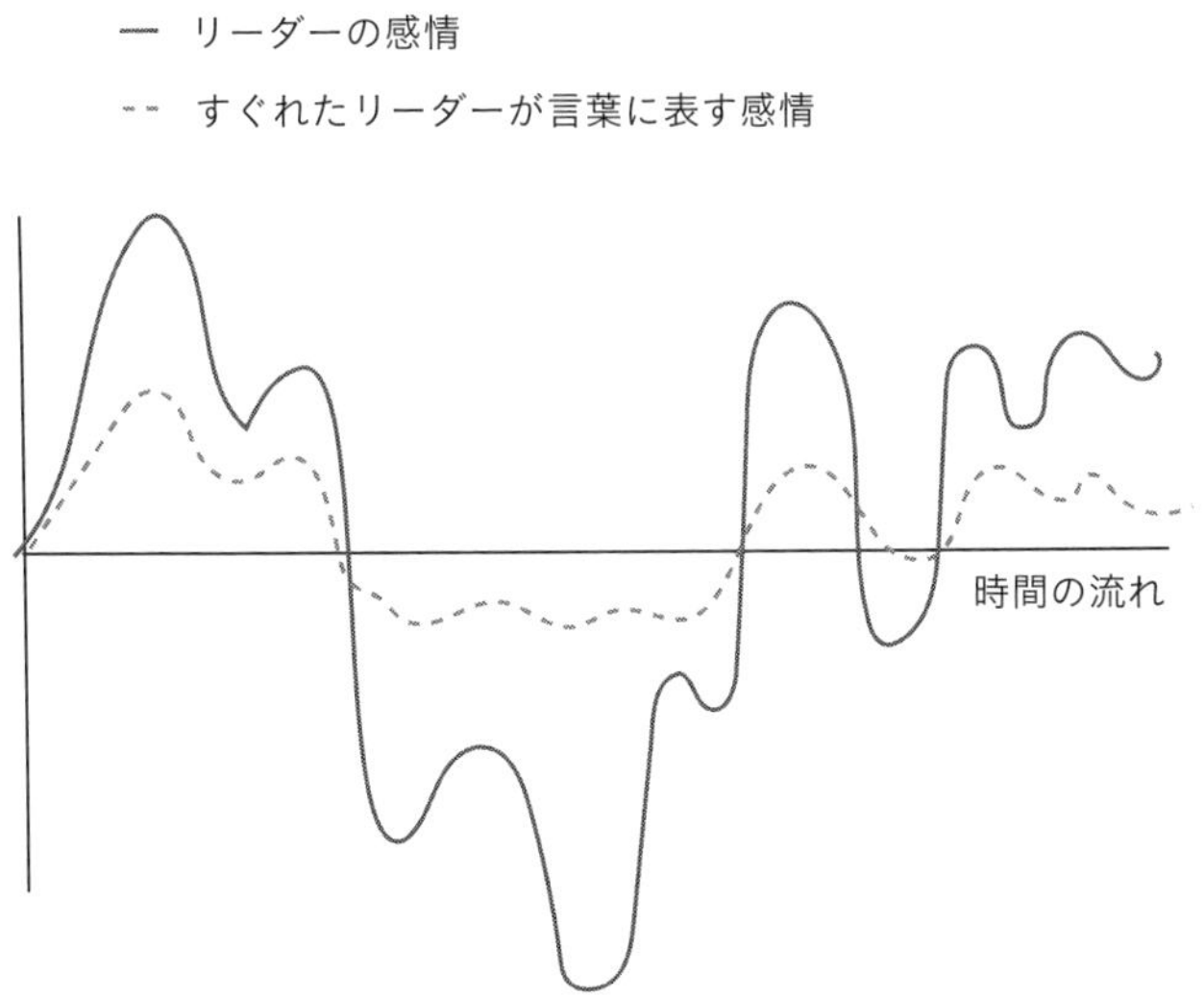
リーダーの感情
すぐれたリーダーが言葉に表す感情
時間の流れ

怖さもあり、みなさんの協力が必要です」。当時、ダナハーが自身の気持ちを率直に吐露したのは理解できます。ただ、彼女自身はのちにこれを苦い経験と受け止めたようです。《ウォール・ストリート・ジャーナル》の取材に対し、就任のあいさつでは事業の成長戦略と目標について構想を示すべきだった、と答えています。「先頭に立つリーダーも普通の人と同じように弱さや人間らしさがあってほしい、と一般には言われています。ですが本当のところは、上に立つ人には下の人にはできない、ものごとを前に進め決めていく力を備えていてほしいと考えているのです」（もちろんこの場合、彼女が批判を受けてしまったのは、女性のトップであった事実がおおいに関係していますが、この点は次の項でふれます）

「よきリーダーであるには、まわりの人がどれほどの負荷なら耐えられるかを理解しておくことが重要です」と指摘するのは、冒頭のラズロ・ボックです。「抱えられる以上の重荷をメンバーに課してもいけないし、つねに部下から支えてもらおうと頼るわけにもいきません。す

これくらいたいしたことないよ。
前の仕事では上司の精神的な重荷も背負ってたからね

ぐれたリーダーは、いわゆる雑音から守る傘の役割をうまく果たしています。無理難題や間違った批判などが降りかかってきたとき、メンバーが精神的なダメージを受けないよう適切にチームを守るのです」

「弱さをみせる＋道を示す」の方程式を実践する方法としては、「現実的かつ楽観的であるためには何ができるか」と自分に問いかけてみるのも有効です。ザ・エネルギー・プロジェクト社のCEOトニー・シュワルツは、現実的な楽観主義とは、自信を失わず、チームの力を信じながら目の前にある壁に向き合い、取り組む姿勢であり、できる限りチームの士気を高め力づける語りかけをすることだと説いています。

立場と状況に合わせて弱さをさらしながら、前進するための道筋を示す。これを実践するためのヒントを次に紹介します。よきリーダーであるためにはほかにもやるべき仕事はありますが（戦略的な目標を定める、明確なコミュニケーションをとる、必要な技術面のスキルを習得するなど）、ここでは感情のマネジメントに関わる点を中心に検証します。

あなたの部下はこんな「気持ちのジェットコースター」に乗っている

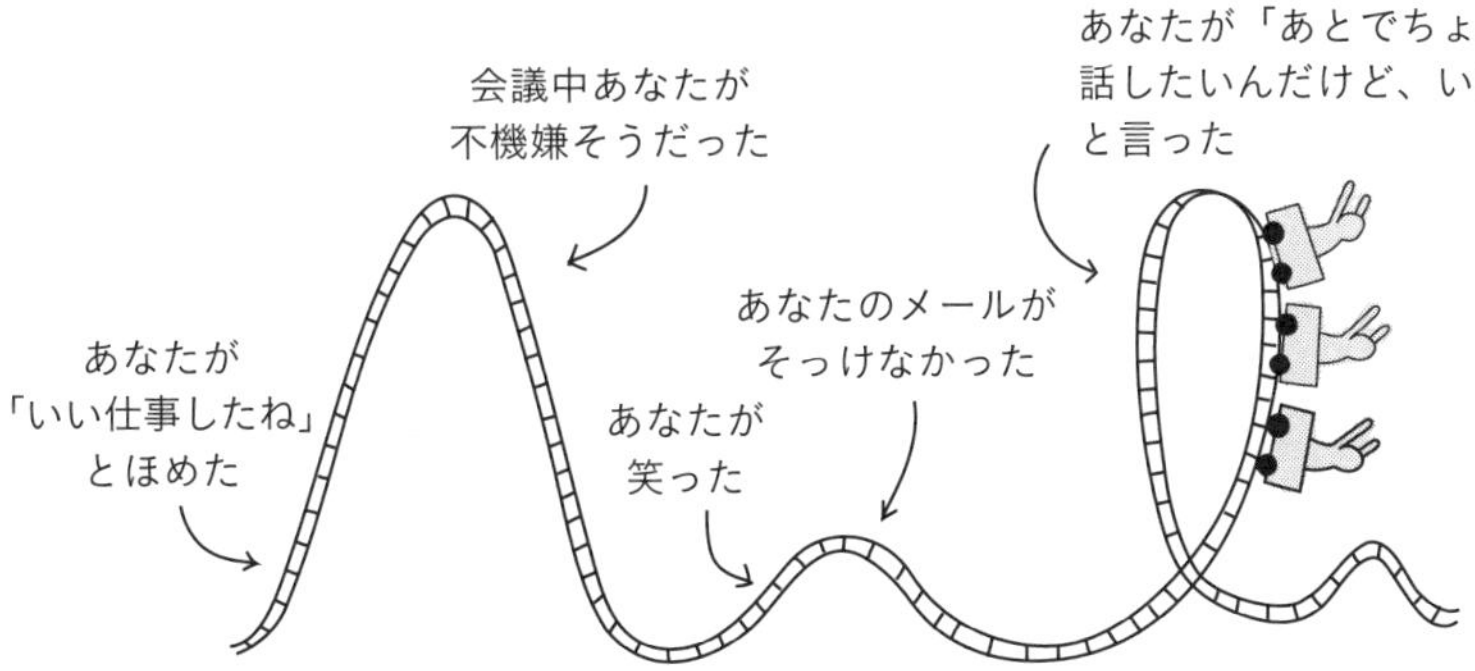
あなたが
「いい仕事したね」
とほめた
会議中あなたが
不機嫌そうだった
あなたが
笑った
あなたのメールが
そっけなかった
あなたが「あとでちょっと
話したいんだけど、いい？」
と言った

## 適切に弱さをみせながら前進するための道を示すには

**・自分を知ること**

理想的なリーダーは、感情的になってくるといったん自分で「一時停止ボタン」を押せます。立ち止まって「自分は今どう感じているのか。なぜそう感じるのか。そう感じるのは何が満たされていないからなのか」と自問するのです。普通のリーダーなら「まあ、このプロジェクトがうまくいかなくて困ってるからだな」くらいで片付けてしまいますが、賢明なリーダーであれば「いらいらしてる根本原因は、期限が迫ってきて間に合うか不安になってるからだな」というところまで分析します。それを理解したうえでチームに戻って構造を見直し、予定どおりプロジェクトが完成するよう調整するのです。

**・自分の感情を律する**

キム・スコットは著書『グレートボス――シリコンバレー式ずけずけ言う力』のなかで、ある日、部下から「朝あなたがオフィスに入ってきたときの空気で、私の一日がどんな日になるかわかるんです」と言われたと回想しています。リーダーにとって、自分の感情を管理するのは部下を管理するのと同じく重要です。あなたにとっては何気なく言っただけのひとことや、たまたまちょっといらだっていた気分が、身近な人の一日を重苦しくしてしまうこともあるのです。細かいことに反射的に反応してかっとなるリーダーはメンバーの反感を買いますし、士気を下げ、仕事をやめたい理由の上位にもなります。ある実験によると、怒りの感情を表に出すリーダーの下では、がんばって貢献しようとする意欲が下がり、怒りの理由がわからない場合にはその傾向がより強く出ています。一方、管理職のグループを対象に、緊張した状況での言葉の選びかたやボディーランゲージのとりかたをどう意識すべきか指導したところ、部下のストレスレベルが三割以上も下がったそうです。

### ・自分の感情に対処する

「人の上に立つ人間には調子の悪い日もついてない日もない、と思われるかもしれませんが、そんなわけはないんですよ」とキム・スコットは言います。「一番いいのはそれを認めることです。部下にこんなふうに言ってみましょう。『今日は何をやってもうまくいかない日みたいなので、みんなに八つ当たりしないように努めます。それでも今日の私があまり機能していないように見えるとしたら、申し訳ないけれど、もうそういうことなんです。でもそれはみなさんのせいではありません。自分にとってうまくいかない日だからといって、みなさんを巻き込むことは一番したくないですから』」

### ・「自分専用の時間」をつくる

チームマネジメントとは、鍋やフライパンをいくつも火にかけた状態で、どれも焦がさず完璧に料理を仕上げるみたいなものです。パスタをゆでつつ（ゆですぎずアルデンテで！）、リゾットを煮て、各種野菜をソテーしながら、ソースの塩かげんを絶妙にきめる――これを同時進行でこなすのがリーダーのお仕事。さらには、それぞれの段取りを計算して、すべての料理が同時にできあがるように時間配分も考えなくてはいけないわけですから、実に骨の折れる、壮大な仕事なのです。そこでおすすめするのが、誰にもじゃまされない自分だけの時間を設けること。レーガン政権で国務長官を務めたジョージ・シュルツは在任中、週に一時間を執務室で一人静かに過ごす時間として確保していました。秘書が取り次いでいいのは自分の妻と大統領だけと決め、職務や戦略について大局的にじっくり考える時間にしていたそうです。

**・孤独を感じたら信頼できる人のサポートに頼ろう**

立場を考えて適切に自分の弱さをコントロールするのは楽ではありません。ある調査では、組織を率いるCEOの半数以上が自身の立場に孤独を感じることがあると回答しています。プライベートも仕事も、安心して率直に話せる仲間の支えを頼りましょう。教育NPOのティーチ・フォー・アメリカで教師の育成を担当したリズ・コーニグの言葉を借りれば「空っぽのカップからは何も注げない」のですから。

**・部下が別の道を進んでも悪く受け取らない**

あなたの元を去った社員が、いつか別の会社で大事な仲介役になってくれたり、場合によってはまた一緒に働くことになったりする可能性だってあります。すぐれた管理職は新しく入った社員にこの点をきちんと伝えると、人類学者のイラナ・ガーションは指摘します。ガーションが話を聞いたある女性管理職は、チームに新メンバーが入ると最初の週にランチに誘い、こんなふうに話すそうです。「あなたが私のために働くんじゃなくて、私があなたのために働くの。あなたが自分の仕事を立派にこなせるようにするのが、管理職としての私の仕事です。……将来、あなたがこの仕事をやめるときがきたと決めたら、そのときはあなたが新天地を見つけて一歩踏み出す力になりたいと思っています」。マッキンゼーやアーンスト・アンド・ヤングなど、元社員からなるコミュニティを大事にし、新規事業の開発や人材紹介に役立てている企業も出てきています。

## 管理できない管理職を上にもってしまったら

ささいなことで機嫌が悪くなったり、よく考えずに反射的な反応をしたりして働きづらい職場をつくってしまう上司にあたったら？　部下であるこちらがかっとなるわけにもいかないので、そんな上司をうまく扱うのがベストでしょう。

**・穏やかに指摘する**

上司が意見を受け入れるタイプだと思えるなら、上司の機嫌によって自分が受けている影響を伝えてみましょう。気づいた具体的な言動をあくまで穏やかに説明し、自分がどうすればこの状況を改善できるかたずねる形をとってみます。例えばあなたが相談に行くと、いつもきつい口調のそっけない反応が返ってくるとします。これを「私が質問したいことがあって行くと、いつも何かいらだっているのかなと感じてしまいます。どんなふうに話しかけるとやりやすいですか？」のように

みなさんにはまず、細かいところまで過剰に管理する
「マイクロマネジャー」を上司につけます

問いかけてみるのです。管理職はたいてい、部下に対する自分の言動がどう受け止められているかまではわかっていません。普段は日々の仕事で手いっぱいなため、好ましくない対応をしたのではと振り返って考えたり、あらためて謝ったりする余裕がないのです。私たちの友人でソーシャルワーカーのジュリア・バイヤーズはこんなふうに指摘していました。「朝、家を出るときにパートナーと言い合いになったら、あとで相手から『悪かった、愛してるよ』とメッセージがきたりします。でも職場となると、上司からひとこともフォローが送られてきたりはしないものです」

### ・ネガティブな空気にのみこまれない

ポジティブ心理学を研究するショーン・エイカーとミシェル・ギランは、神経をすり減らした上司がネガティブな空気を発している場合、中和する行動で対応するよう勧めています。「いらだった相手がストレスを顔や態度に表しているとき、同じようにストレスを示す不満の表情で返すよりも、笑顔や、共感のうなずきで応えてみましょう」上司と打ち合わせをするときは、明るい調子で口火を切ります。あなたが「今日こうして話す場がもててうれしいです」などと最初に言えば（もちろん皮肉ではなく心からの言葉でなくてはだめですが）、相手も好意的な態度のあなたを前に「こっちはいらだってるんだ」とは返しづらいはずです。

**・観察しタイミングを計る**

上司を観察し、気分の上下などのパターンを探ってみます。うるさいクライアントとの打ち合わせを控えた毎週木曜日はストレスを感じているようだ、二杯目のコーヒーを飲むまでは近寄りづらい空気がある、など、気づくことがあるかもしれません。相手が不安に陥るときや余裕のないときがわかれば、打ち合わせなどはそこを外して設定します。モリーのある上司は、朝早い時間帯だと態度がぶっきらぼうなため、ミーティングを朝一〇時前には入れないようにしていました。

**・自己肯定感を守る**

上司の機嫌が悪い理由が明らかにあなたの言動にあるのでないかぎり、自分のせいかもしれないと考えるのはやめましょう。とはいえ、そうした災難が降りかかってきたら、部下としては自分に原因があるのではないかと考えがちです。自分をしっかり守ってください。自分に自信をもてている、あるいは職場に親しい同僚がいると、上司のネガティブな感情をうまくかわす助けになります。いわば感情の防弾チョッキになってくれるのです。自己肯定感も大切です。上司の影響で気分が下がったとしても、自己肯定感をもっていれば、自分はちゃんと仕事ができるはずだと考え、気持ちを立て直すことができます。第6章で紹介した「うれしかったコメントフォルダ」（肯定的なフィードバックを集めたフォルダ）も、必要なときに気持ちを上げたりやる気を取り戻すのに有効です。

**・どうしてもうまくいかなければ別の道を**

上に立つ人が原因でどうしても憂鬱な気持ちから抜け出せない、チームを変わる選択肢もない。もしそうなら、新しい仕事を探すべきときかもしれません。「人は職を去るのではない、上司を去るのだ」という言葉もありますね。

## リーダーシップの形いろいろ

ハーバード・ビジネススクールのビル・ジョージ教授は一〇〇〇本を超えるリーダーシップ研究を分析しましたが、すぐれたリーダーを決定づけるもっとも重要な要素なるものは存在しないことがわかったといいます。よきリーダーになれるかどうかは、個人に備わる性格的な特性とはあまり関係がなく、感情的知性が鍵を握っているためです。

「感情的知性は誰でも伸ばすことができます」とビル・ジョージは言っています。「鍵は自己認識です。世界において自分がどんな存在かの本質を理解していく必要があります」。この項では、ジェンダーや性格などリーダーのタイプ別に、よく起きる課題を分析し、対処のしかたを考えます。あらためておことわりしておくと、分類には個人を型にはめ込む意図はありません。ジェンダー、人種、年齢、文化、内向型か外向型か（さらには民族的背景、宗教、性的指向、社会的階級も含め）などの要素が複雑にからみあって、アイデンティティやものの見かたが形成されます。ここでは、実際に起きる事例を背景と一緒に考えていきます。

ジュリア、意見をありがとう。
さらに説得力がほしいから、
ジョンからもう一度今の意見を言ってもらっていいかな

## ジェンダー

女性のリーダーは概して、感情的だと思われてはいけない、あるいは感情がなさすぎるとみられてはいけない、というプレッシャーを感じる傾向にあります。仕事経験をつんだシニアレベルの女性たちからは、会議の場でもう少し「落ち着いた」態度をとるよう上から指摘された経験があるという話を何度か聞いてきました。半面、女性が組織内で上の地位につくと、同僚からは親しみやすさがなくなった、話しかけづらくなった、競争心が強くなったと受け止められるようになると報告されています。

女性のリーダーが感情表現の点でちょうどいいバランスをとるには、どうすればいいのでしょうか。まず、管理職としての任務を遂行する際は、決断を下したり率直な発言をしたりするのに遠慮しないことです。要求は自信をもってはっきりと伝えましょう。「明日までに一ページの書類を用意してもらうことはできる?」とたずねるのではなく、「クライアントが明日じゅうに書類を必要としているんだけど、それまでにやってもらえる?」と依頼するのです。チームのメンバーとしてはこうした明快さはやりやすいですし、抜か

「自信がある」

「攻撃的」

りのないように上がきちんと管理してくれていることに信頼を抱くはずです。

一方、女性のリーダーが感情を表に出すことを遠慮するのもよくありません。モリーの上司だったある女性は、メンバーがいい仕事をすれば率直に喜びを伝え、チームのモチベーションが高まりました。感情はチームの結束とやる気を高めるのに絶大な力を発揮するツールにできるのです。「抱いている感情や、やってみようという熱い思いを抑えつけてはいけません」二〇一六年の大統領選でヒラリー・クリントン陣営の要職を務めたジェニファー・パルミエリは著書『Dear Madam President』でこう説いています。「男性はこれまで何世紀もかけて職業の世界を構築してきました。自分たちにとって都合のいい場所にするための慣例や決まりを編み出し、男性がもつ特性や技能に合った世界を作り上げてきたのです。よその土地を訪れた人がするように、女性も男性が作ったこの世界でどう振る舞えばよいのか模索してきました。この世界では快く自分を差し出して協力し、重圧の下でも動じず、熱意をもって働き、感情をあらわにせず抑えることを求められているのだと直感的に感じ取ってきたのです」。そして今、私たちがいる世界はすでに変化しています。必要とされているのは、自身の気持ち、そしてチームの気持ちに寄り添えるリーダーです。「私たちそれぞれがもつ特性や技能にも等しく合わせた、新しい働きかたを取り入れていこうではありませんか」パルミエリはそう呼びかけています。

共感を大事にする姿勢は男性にとってもメリットがあります。『EQ　こころの知能指数』を著したダニエル・ゴールマンの研究によれば、課題を目の前にしたとき、男性の脳は感情を考慮の対象から外して問題解決にあたろうとする傾向がみられるそうです。周囲の人の不安や悩みを考慮せずにことを進められれば、危機を乗り越える点だけを考えれば有利でしょう。しかし精神的に苦しい状況にある人としては、どうしたらいいかわからない、支えがない、と感じてしまいます。感情的知性が高い人は性別にかかわらずすぐれたリーダーになるとの報告もあります。

残念ながら、現状では「職場で男性と女性を平等に扱うべき」と言う必要性はまだまだあります。男性には仕事の話ばかりして、女性には家族の話ばかりする風潮を考え直してみる。たとえ女性が男性のように昇進や昇給をみずから求めなくても、実績をあげた女性はきちんと評価する。肩書きや敬称は男女問わず同じように使う。医師でも企業の管理職でもそうですが、男性は役職名をつけて名字で呼び、女性はファーストネームで呼ぶといった扱いはめずらしくありません。いずれも女性と男性を対等に扱うための身近な例です。

**ジェンダーとリーダーシップに関しては、以下の情報もぜひ参照してください**

・ジェニファー・パルミエリ『Dear Madam President』
・タラ・モア『繊細な女性のための大胆な働き方――男社会でのびやかに成功する10のヒント』

・ジョアン・リップマン『女性がオフィスで輝くための12カ条：#ＭｅＴｏｏ時代の新しい働き方』
・ＮＰＯ団体Catalyst　https://www.catalyst.org/
・ＮＰＯ団体Lean In　https://leanin.org/　（Lean In Tokyo http://leanintokyo.org/）
・マッキンゼーの年次調査報告書「Women in the Workplace」にも有用な情報が多数

## 女性が互いに足を引っ張ってしまう事情

男性と女性の上司、どちらと仕事をするほうがやりやすいと思いますか？　複数の調査によると、女性の半数以上は男性の上司の下で仕事をするほうを選ぶと答えています。自身が管理職にある女性も、男性の上司と働くほうを好む傾向があります（男性も男性上司がいいと答える人が多いですが、その差は女性の回答よりも小さい）。女性に理由をたずねてみると、女性の上司は「感情的」「陰険な言動をする」「意地が悪い」のではないかという懸念から、女性の下で働くのは避けたいと考える人がいるようです。

ジャーナリストのオルガ・カザンが、働く女性たちから聞き取った話をまとめた《アトランティック》の記事があります。それによると、女性が職場で同僚や上司から不当に意地悪な、あるいは尊厳を傷つけるような扱いをされた経験は相手が男女どちらのケースもあるものの、「相手が本来は味方であるはずの同じ女性の場合、やはり違いがある――もっといえば余計にいやな気持ちになる」と話す女性が多かったといいます。カザンのメンターである先輩女性の一人は「これまで会った女性管理職は『ドラゴンレディータイプ』と『上に行くチャンスを譲ってしまうタイプ』に分類できる」と述べています。

この女性は、男性上司は率直なため、男性の下で働くほうを好むといいます。「女性が上司の場合、能力は評価対象の一要素で、私が友好的な関係になれるか、感じがいいか、楽しいかなども評価の要素になってしまいます」

女性がリーダーシップをとる機会が少ないせいで、女性同士がライバルとして競い合わなければいけない意識をもったり、意欲にあふれた積極的な若手女性を脅威と感じたりする場合もあるでしょう。自分のキャリアパスを前向きにとらえられていると、女性同士で足を引っ張り合う行為は減るとの報告があります。「あらゆる役割や役職を女性がこなすことが普通になるように、私たちは社会を変えていく必要があります」と心理学者のローリー・ラドマンは呼びかけています。

## 人種

各種研究によると、マネジメントに向くのは白人であるとみなす意識は根強く、これが組織内での人事を決める際にバイアスをもたらしています。ガラスの天井ならぬ「竹の天井」を聞いたことがあるでしょうか。エグゼクティブ・コーチのジェーン・ヒョンが提唱した言葉です。アジア系アメリカ人は大卒の学歴をもつ割合が高く、いわゆる名門ビジネススクール在籍者の約五人に一人を占める一方で、フォーチュン五〇〇企業（フォーチュン社が年一回選ぶ企業ランキング）のCEOとして名を連ねる人は著しく少ないのが現状です。人種のうえでのマイノリティは、外見、発言、立ち居振る舞いなどを、ビジネスの現場でまだまだ支配的な立場にある白人男性と同じようにしなければまともに扱ってもらえないと感じることが少なくありません。

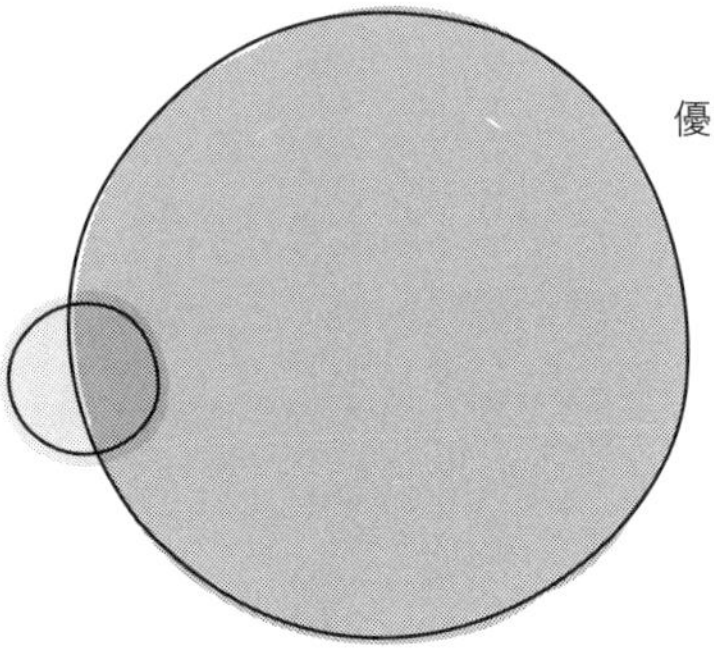
優秀なリーダーに
なれる人
ハリウッドの
配役担当ディレクターが
考える、主役を張れる役者

「仕事をもつ黒人の多くは、人を率いる立場でいるのは感情面での力量を試されると感じています」と社会学者のアディア・ハーヴィー・ウィングフィールドは指摘します。その組織で初めて非白人の管理職になった場合はとくに、白人の同僚に対してオープンになりすぎないように意識して、信用を損ねないよう注意を払うかもしれません。

ジェンダーと人種が重なると、マイノリティ女性はマイノリティ女性ならではの不利な立場におかれます。例えば管理職の黒人女性はミスをすると過剰にたたかれる傾向があります。ラテン系女性のリーダーは感情をあらわにしすぎるとみられがちです。あるラテン系のエグゼクティブ女性は「よく言われるのは『落ち着いて。もっと冷静にならないと。声に気をつけて、手ぶりに気をつけて』です」と明かしています。

あなたがマイノリティのリーダーなら、支えとなるメンターがいて、肯定的な自意識を維持できるようサポートを得、率直なフィードバックをしてもらえれば理想的です。同じような壁を経験し、精神面で支えになれる先輩と話ができれば、自分にリーダーが務まるのだろうかという不安も多少は緩和されるはずです。とはいえ、そもそもマイノリティがチームを率いた先例が少ないのですから、共感してくれるメンターを探すのは容易ではないでしょう。立場や境遇が似たメンターを大企業で探す場合、一番見つけづらいのはマイノリティ女性です。そこで考えるべき、変えるべきなのが次の点です。

リーダーシップをとれる立場にあるみなさん。率先して多様性を取り入れることに力を入れてください。二〇〇五年から二〇一一年にかけて、米国ではフォーチュン五〇〇企業でアフリカ系八人、ラテン系一二人、アジア系一三人のCEOが就任しました。しかし以後、辞任や退任で空いたポストに白人のCEOが就くなどし、その数は再び減っています。一つの見かたとしては、多様性を推し進める機運が失速していることが挙げられます。多様性がある程度実現したように表面上は見えるので、企業側としては、あらゆる側面を対等にしなければというプレッシャーが薄れている現実があります。上に立つリーダーとしては、組織内のダイバーシティを高めるために何ができるか、引き続き検討していく姿勢が不可欠です。

**人種とリーダーシップに関しては、以下の情報も参考になります。ぜひ参照してください**

・アディア・ハーヴィー・スプリングフィールド（社会学）、ティナ・オピー（組織行動論）、キャンディス・モーガン（ピンタレスト社インクルージョン&ダイバーシティ部門トップ）各氏の研究や報告

・Project Include　https://projectinclude.org/

・パラダイム社（ダイバーシティとインクルージョンに関するコンサルティング）のブログ「Inclusion Insights」https://www.paradigmiq.com/category/blog/

**年齢**

歴史を振り返ると、部下より上司が年下なのはめずらしいケースでした。そのため、若いリーダーは戸惑

彼、ミレニアル世代と一緒に
仕事してるらしいよ

いを覚える場合があります。ウォートン校教授のピーター・カペリが言うように、若手リーダーは「自分より年上の人を管理するなんてできない」と不安になるのです。

昔からの役割分担の形にとらわれないことは、年齢にかかわらずあらゆる働く人にとって有意義です。年上の部下をもつリーダーのみなさんは、オープンでありながら自信をもって、分別ある大人であるところをしっかり示しましょう。自分にいかにリーダーとしての適性があるかをことさら強調する必要はありません。対話をおざなりにする、相手からのフィードバックに耳を貸さない、といった姿勢は尊大に映り、メンバーとの間の溝を深めるだけです。

「年長の部下に対しても、自分がわかること、わからないことを正直に認め、チームを支える立場として何ができるかを一緒に考えることです」フェイスブックのVP、ジュリー・ズオはそう勧めています。フェイスブックでプロダクトデザインのマネジャー職に就いたのは、大学を出てわずか三年足らずのことでした。

一方、年下の部下をもつリーダーのみなさんは、若手社員はあなたに最新の情報を伝授してくれる存在と心得ましょう。フィットネスジムを運営するソウルサイクル社のCEOで四一歳のメラニー・ウィーランは、年下のメンターと月に一度会い、「最近の若い子が何をしてるのかをつかむ」ため、何を読んでおくべきか、どんなアプリを使うといいかなどを教えてもらっているそうです。これは最近の現象というわけではありません。一九九〇年代にも、GEのCEOだったジャック・ウェルチが、同社で要職に就いている五〇〇人にそれぞれ若手社員をつけ、若い世代から学ぶ機会を設けていました。

## 内向型vs外向型

リーダーに適しているのは過剰なくらい堂々としていて、注目を浴びるのが好きなタイプ、と思いがちですが、物静かな人だって世界を動かすことはできます。ビル・ゲイツやウォーレン・バフェット、ラリー・ペイジを含め、多大な影響力をもつ各界のリーダーにも「物静か」「話しかたや物腰がやわらかい」「控えめ」と評される人はいます。メンバーが意見を出すなどして積極的に動く職場では、内向型リーダーの下でも高い成果が出たとする研究報告があります。また、CEOの発話を言語学的な特徴で分析した調査では、控えめなリーダーのほうが高い収益に結びつく傾向がわかっています。

ただし、内向型のリーダーには壁もあります。リーダーの役割は外から見えやすく、各方面との調整や関係の構築に多くの時間を要します。そのため、内向型は一人で充電する時間をうまく設けないと疲弊してしまいます。しかしこの「一人を好む」志向（人脈づくりのイベントに消極的な姿勢も含め）が、社交性に欠

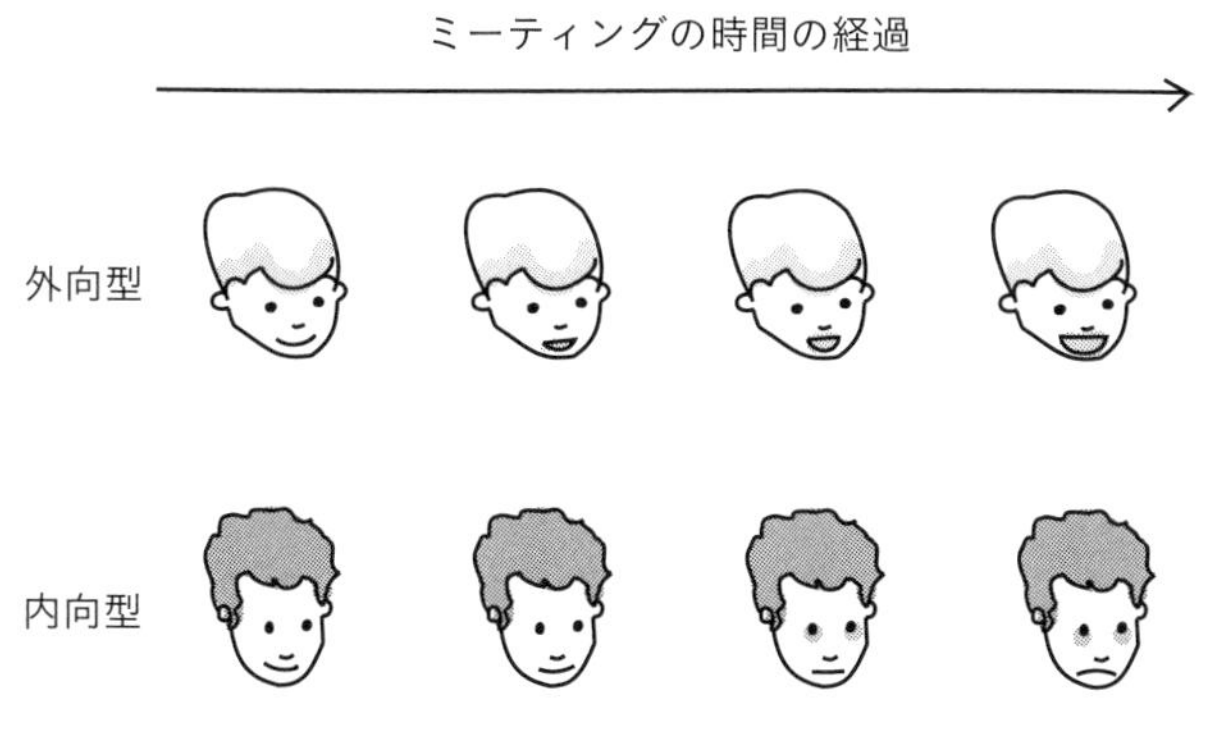


ける、場合によっては失礼とさえ受け取られてしまうのです。キャリア形成の支障になるおそれもあります。内向型の人をリーダーシップが必要な立場につけることについては、まだ偏見があるのが現状です。企業の幹部クラスにたずねた調査では、半数以上が内向性はすぐれたリーダーシップの妨げになると回答しています（ただし、これは二〇〇六年の調査。その後、二〇一二年にスーザン・ケインの著書『内向型人間のすごい力――静かな人が世界を変える』が刊行されて話題になるなどして、見かたも変わってきているかもしれません）。

内向型の人がリーダーとしてうまく機能する鍵は、自分の希望を率直に伝え、かつ一人でいたい気持ちを脇におくことです。一人になる時間を一切もってはいけないという意味ではありません。内向型の人が評価されてリーダーになったのは、そもそも一人でじっくり考える時間やそこから生まれる創造性があったからこそのはずですから。そうではなく、目的達成のためには戦略を考えて社交的になる必要がある、という意味です。人前で話す機会があれば思い切ってやってみましょう。「人の前に出るだけで、周囲があなたを見る目は変わり、リーダーとして受け入れるようになるものです」とスーザン・ケインは言っています。キャンベルスープのCEOだったダグラス・R・コナンは、自身のイニシャルを冠した「ＤＲＣオリエンテーション」なる時間を設けていました。仕事で関わる相手に対し、自分は内向型で、それが仕事の進めかたにどう表れているかを説明していたそうです。そのおかげで「一緒に仕事をしはじめたときに、互いに相手のことを表面的に探り合いながら進めていくプロセスが省けた」といいます。

周到に準備し、ほんの少しだけ外向的に振る舞うよう努めてみれば、内向型の人でも楽にリーダーシップを発揮できるようになるはずです。内向型の上司が外向型の部下とやりとりする際、一人静かに安心できるオフィスにこもり、たいていのことをメールですませていると、外向型の部下が必要とする対面でのコミュニケーションがとれません。仕事の相談や質問がしたくても、部下の側はつねに自分が出向いていって内向型上司の仕事をじゃましなくてはいけないことに不満を抱くかもしれません。内向型の人が外向型のメンバーを引っ張るのであれば、定期的にスタンディングミーティングなどの場を設け、率直に話し合う時間をつくるのが大切です。

対する外向型リーダーのみなさんには、「社内をうろうろしながらチームを管理する」傾向を自覚してみてください。外向型の人なら、チームの島をふらりと通りかかり、その場で実のある質疑応答をするのは得意かもしれません。ですが、内向型は上司からの問いに答える前に少し時間をもらえるほうが間違いなくうれしいのです。ちょっとしたおしゃべりでも消耗してしまう内向型は多いはずです。外向型の人は雑音がある環境のほうが生産性が上がる一方、内向型は静かな場所だと仕事が進むとする研究結果もあります。すぐには答えづらい件について訊く場合、とくに内向型の人には翌日まで考える時間をあげるといいでしょう。話をするタイミングも意識してみてください。午前中いっぱいミーティングに出たあとだと、内向型の人は

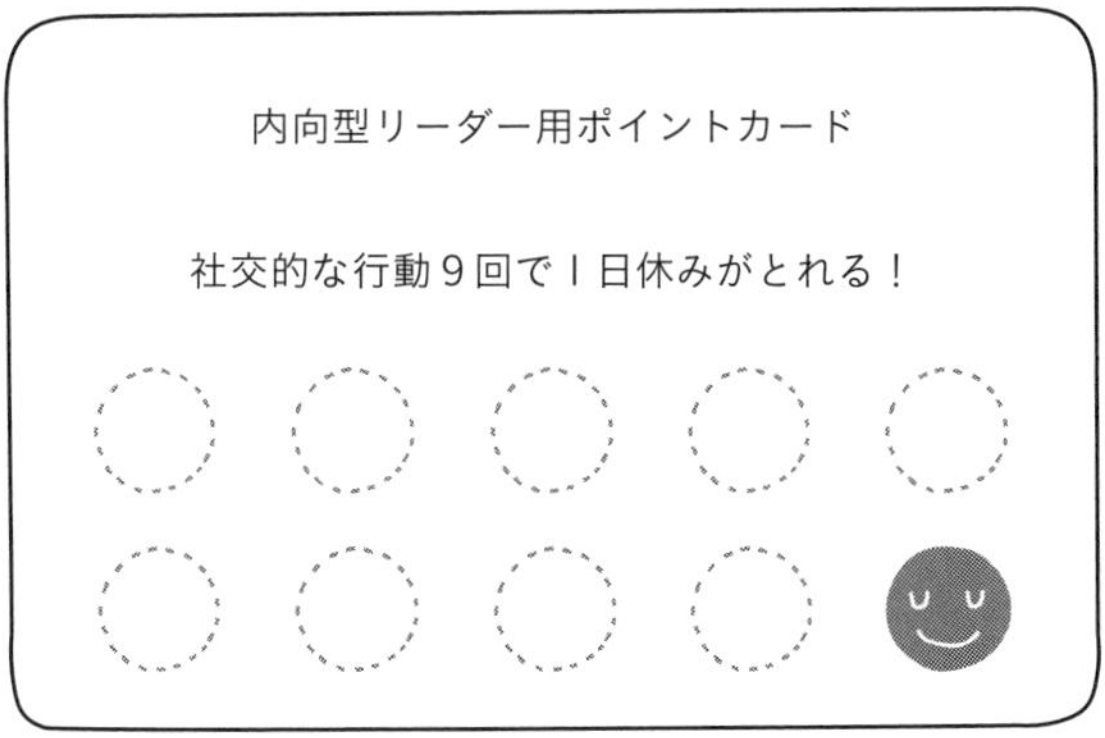
内向型リーダー用ポイントカード
社交的な行動９回で１日休みがとれる！

おそらく人から離れる時間が必要です。そしてもう一つ、迷ったときは二人だけになれる１ｏｎ１ミーティングやウォーキングミーティングで話すのがおすすめです。

まわりの人の力を最大限に引き出すのが真に有能なリーダーです。それには、内向型と外向型それぞれに合わせた配慮が必要になります。ウォートン大学のアダム・グラントの見解を聞いてみましょう。「個性とは、生まれもった部分もあれば後から身についた部分もある、その人のもつ性質の傾向です。しかしながら、私たちは時と場合に応じてその傾向を一時停止することができるし、それを無理なくできるようになればいいと思うのです。……最高のリーダーは、内向性と外向性の両方を備えた両向型として動いているのではないでしょうか」

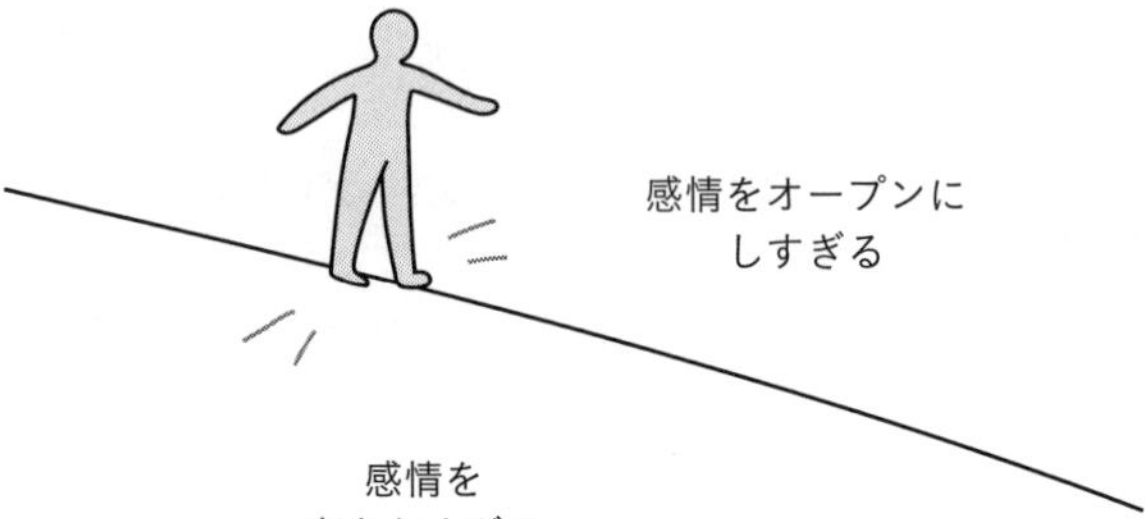


## まとめ

1. 難しい状況に対処するときは弱さをみせていいが、前に進むための道筋も示す
2. チームのメンバーをよく知ろうとすること。「こう感じるべき」と押しつけない、相手の話によく耳を傾ける、一人ひとりに合わせて対応する
3. まず自分を大事にし、部下に悪影響をおよぼす感情を出さないよう、立場を理解してくれる仲間のサポートをもらう
4. 自分を含め、人をまとめる立場にあるリーダーがぶつかる壁を理解し、それを乗り越えるための行動を起こす

# おわりに

仕事に感情を持ちこむと絶対にうまくいかない。多くの人がそう言われてきたのではないでしょうか。この本は、そんな伝説を覆したいという思いで書きました。混乱を招くことなく、仕事に感情を持ちこむことは可能です。ただし、タイミング、背景、伝えかた、いずれも重要です。上司がストレスやいらいらを抱えているのがわかるときは、ミーティングを入れないようにする。難しい対話をしているときは、落ち着いて気持ちを伝え、声を荒らげたり非難のまなざしを向けたりしない。うれしいコメントや楽しくなるメッセージをまとめてとっておいて、うまくいかないときの心のよりどころにする。いずれも日々のワークライフをより快適に送るための策であり、どれも感情の扱いかたにまつわる工夫です。感情にオープンに向き合えたときに、成功（金銭面の利益だけでは計れない、真の意味での成功）はやってきます。

明日、あなたが仕事をするとき、自分の感情にうまく耳を傾け、その意味するところを理解し、上手に感情を表現して、充実した気持ちで働ける――それが私たちの願いです。必要なときは、ここまで一緒にみてきた、「仕事における感情の扱いかた　七つの新ルール」を参考にしてみてください。仕事をしていてわく

「感情的になること」についての
一般的なイメージ

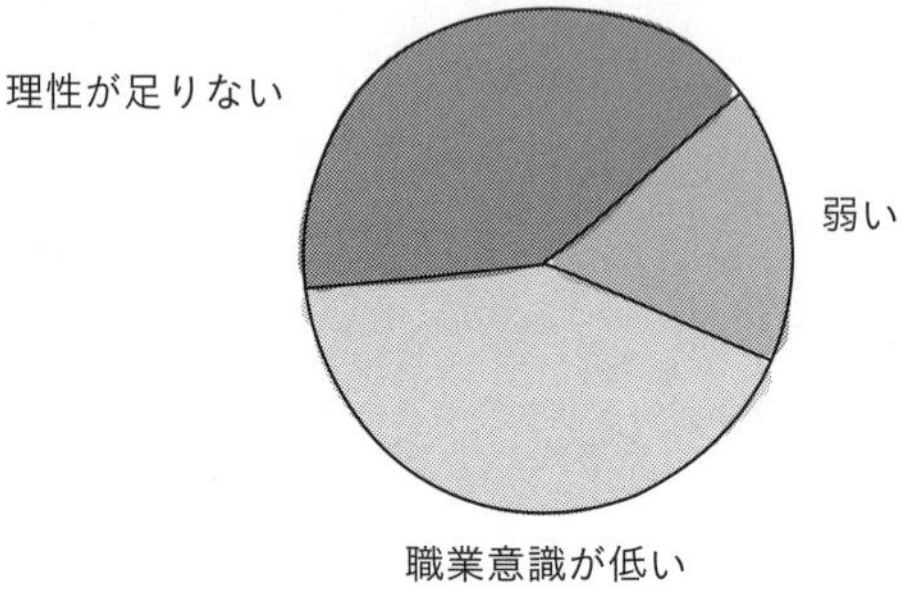
理性が足りない
弱い
職業意識が低い

本当のところは…

人間だから当然
感情はある

感情を受け入れ、それについて話し合うのは簡単ではないかもしれません。でも、それがうまくできれば、感情は決して排除すべき要素ではなく、キャリアを築いていくうえで自分を導く手がかりになるものだとわかっていただけると思います。不安や後悔の念と向き合えば、悩んでいた選択肢が絞られ、いい選択につながります。ねたみの感情は、自分が何を重視しているかを示す心の方位磁針ともいえます。仕事に行く気がしない月曜の朝も、目的意識や感謝の気持ちに背中を押されて、意志力を発揮できるようになるのです。

　自分の気持ちをよりよく理解

し、上手に付き合いたい人のために、このあと巻末に以下の三点を参考資料としてまとめておきます。

・「仕事における感情の扱いかた　七つの新ルール」各章のまとめ一覧

・感情を上手に扱うためのヒント（感情的知性、感情制御、感情の敏捷性にもふれます）と、心理学や脳科学の視点からみた感情のとらえかた

・感情傾向を知るための診断テスト（https://www.lizandmollie.com/assessment）

ここではテスト内容の一部を簡易版として紹介します

みなさんが自分のさまざまな感情をうまく感じ、受け止められますように！

Liz AND Mollie

リズ＆モリー

# 仕事における感情の扱いかた　七つの新ルール　まとめ

さて、なかなか長い本になりました。まとめを二バージョンつくってみます。

## ツイッター版まとめ

本書は、プロフェッショナルとしてふさわしい態度を維持しながら、仕事の現場でわいてくる感情を受け入れ、いつわりのない充実した自分でいるためのイラストつき手引きです。

## ちょっとだけ長いまとめ

本書は、職場で感情を抑えこまず、ねたみや不安も建設的に扱い、デジタルなやりとりや仕事仲間とのコミュニケーションスタイルにまつわる疑問を解明し、最終的にはベストな自分を仕事で発揮できるようにするための、楽しくてちょっとひねりを利かせたイラスト入りの手引きです。

# 各章のまとめ一覧

## 第2章　心身の健康

1. とにかくとれる休みをとる。長期休暇でも、一日オフでも、仕事の合間のちょっとした休憩でも
2. 生産的なことを一切しない時間、家族や友人と過ごす時間、メールや電話から完全に離れる時間をつくる
3. ネガティブな気持ちになるのはよくないという考えをやめる。ストレスはモチベーションやわくわくの裏返しととらえ直す
4. 頭に浮かんでくる考えは自分が抱いている考えにすぎず、普遍的な事実とは違うと認識し、あれこれ思い悩むのをやめる。目の前の今に集中し、自分でコントロールできることにだけ意識を向ける

## 第3章　モチベーション

1. 自分の裁量でできることを増やすため、仕事の進めかたを少し変えてみる
2. ジョブ・クラフティングを実践する。主体的に楽しんでできる要素を重視することで、仕事に意義を見いだす
3. 新しいスキルを身につける気持ちで仕事に取り組む。深く知るほど仕事はおもしろくなるもの
4. 職場でいい友人関係をはぐくみ、仕事が楽しくなる理由を一つ増やす

## 第4章　意思決定

1. 自分の気持ちに耳を傾けるのと気持ちに従って行動するのは別の話だと心得る
2. 意思決定と直接関連のある感情は考慮する。直接関係のない感情は脇へおく
3. 採用面接の選考プロセスでは感情をベースに決めないこと。面接の質問事項を系統立てて用意し、バイアスにとらわれずに結論を出す
4. 相手との交渉の場に出る前に、自分のなかで考えをまとめておく

## 第5章　チーム

1. オープンに話し合う。質問には相手を見下さずに応じる。リスクを取って行動したり、ミスを認めたりしていいんだと思える環境をつくる。これらを通じて、チーム内に心理的な安心感を確立する
2. 仕事に関する衝突をおそれて回避しようとしないこと。回避するのでなく、仕事を進める過程で起きる衝突が個人と個人の衝突にならないようにするしくみを設ける
3. 人間関係の衝突が起きたら、相手の言い分に耳を傾け、あくまでおだやかに自分の視点を相手と共有する
4. まわりに悪影響をおよぼす人がいる場合、外れてもらうか、それが無理ならチームに残したまま、

何よりもチームの心理的安全性を確保する

## 第6章　コミュニケーション

1. 難しい対話をするときは、憶測や仮定を交えず、あくまでおだやかに気持ちを伝える
2. 相手のコミュニケーションスタイルの傾向を把握し、言葉の背景にある意図をより深く理解する
3. 批判は具体的かつ行動に移せるよう意識して伝える。いつどんな形のフィードバックを希望するか、相手の意向をきく
4. メールは意図した気持ちが正しく伝わるか確認してから送信する

## 第7章　企業文化

1. 相手を思いやり、優しくあること。感情は伝染するものであり、あなたの言動が組織全体の情緒的文化に前向きな変化を与えることもできる
2. ちょっとした「マイクロアクション」を通じて、帰属意識をもてるカルチャーを職場ではぐくんでいく。あいさつの声かけをする、人をうまく会話に巻きこむ、新しく入った同僚がなじめるよう気づかうなど
3. 仕事内容ではなく自分がどんな人間かを知ってもらう話を職場の仲間と共有し、ほかの人にも話し

てもらう

4. 職場でほかの人が感じている精神的な重荷を無視せず、配慮する

## 第8章　リーダーシップ

1. 難しい状況に対処するときは弱さをみせていいが、前に進むための道筋も示す
2. チームのメンバーをよく知ろうとすること。「こう感じるべき」と押しつけない、相手の話によく耳を傾ける、一人ひとりに合わせて対応する
3. まず自分を大事にし、部下に悪影響をおよぼす感情を出さないよう、立場を理解してくれる仲間のサポートをもらう
4. 自分を含め、人をまとめる立場にあるリーダーがぶつかる壁を理解し、それを乗り越えるための行動を起こす

# 感情についてさらに知りたい方へ

感情についてもっと知りたいというみなさんのために、職場でもっとも必要になる感情面の三つのスキル、感情的知性（ＥＱ）、感情制御、感情の敏捷性についてまとめてみたいと思います。が、その前に……そもそも感情とは何なのでしょう？

## そもそも感情とは何か？

心理学者のベヴァリー・フェール、ジェームズ・ラッセルはかつてこう述べています。「感情とは何か、誰でも知っている。ただし定義を問われると答えに窮する」実に言い得て妙です。感情が一番わかりやすく表出するのは表情です。例えば「恐れ」を表現してくださいと言われたら、おそらく目を見開いて口をあける人が多いでしょう。でも、あなたが表現した「恐れ」は、世界のどこでどう育った人にも万国共通で同じ「恐れ」として受け止められるのかというと、どうでしょうか？

科学の世界は二つの学派にわかれています。一つは、人間には共通して備わっている感情があり、それをみな同じように表す、と考える立場。感情は進化の過程で人間に組み込まれた普遍的なものであり、生き残るために必要な行動を促す本能の産物、のようにとらえる見かたです。ディズニーとピクサー制作のアニメ映画「インサイド・ヘッド」の基盤にあるのはこの考えかたです。感情を擬人化した五つのキャラクター「ヨロコビ（Joy）」「イカリ（Anger）」「ムカムカ（Disgust）」「ビビリ（Fear）」「カナシミ（Sadness）」は、人間の脳内にある感情を表しています。感情は個別の存在で、それぞれが発動して私たちの行動をつかさどる、というわけです。

もう一つが、感情は世界のどこでも普遍的なわけではなく、文化を通じて習得、形成されることが科学的見地から説明できるとする考えかたです。心理学者で神経科学者のリサ・フェルドマン・バレットはこの立場をとる代表的な研究者で、次のように説明しています。「感情とは外界に対するあなたの反応ではなく、あなたの脳が感情を通して意味を構築しようとしているのです」

例えば、あなたの鼓動が速くなってきたとします。不安を覚えているのでしょうか、それともわくわくして気持ちが高まってきたのでしょうか。上司から「ここ最近のあなたの仕事ぶりについて話をしよう」とメールがきたばかりなら、心臓がどきどきしてきたのは「怖いから」と受け止めるかもしれません。もし思いを寄せていた人から好きだと告白された、という状況なら、「この胸の高鳴りはわくわくした高揚感」と解釈できそうです（リズにとってはこれも「怖い」にあてはまる状況だそうですが）。

バレットの著書に次のようなくだりがあります。「ウトカというエスキモーの一族は、『怒り』の概念をもたない。タヒチの人々は『悲しみ』の概念をもたない。とくに後者は西洋の人間にとってはとても受け入

主張１　感情は普遍的なもの

主張２　感情は文化によって形成される

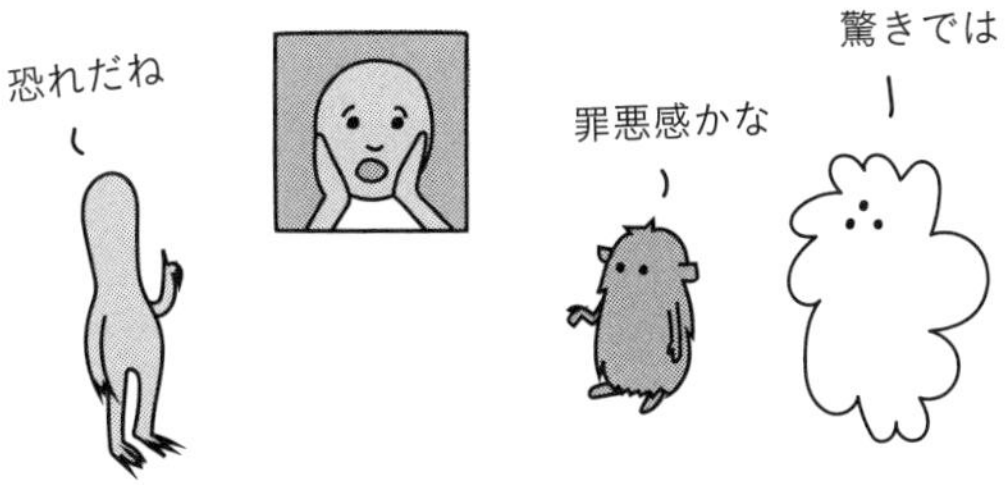

れがたい。悲しみのない人生などありえるのだろうか？　西洋人なら『悲しい』と表現するであろう状況を、タヒチの人々は気分がすぐれない、困った、疲れた、熱意を感じないなどと感じ、これらすべてがpe'ape'aという意味の広い一語で表されるという」。対して西洋人は、幼いときに「怒り」「悲しみ」という概念を教えられて育ちます。なぜこれが大事なのでしょうか。表情から相手の気持ちを判断する場合、その認識の主体はあなたであって、相手ではありません。人の表情を見て「うれしいんだな」と認識できるのは、人間がそのように社会化されたからであり、進化の結果ではない、というのがバレットの解釈です。

普段の表情が怒っていたり意地悪そうに見えたりしてしまう顔（おもに女性）を意味する「resting bitch face（ＲＢＦ）」が話題になりましたが、バレットの研究からは、そう称される顔に生まれつき「意地の悪そう」な要素があるわけではないことがわかります。二〇一五年の《ニューヨーク・タイムズ》の記事によると、ＲＢＦだと虐げられる風潮を逃れたくて、整形手術に救いを求める人までいるそうです。バレットは次のように説明します。「人は表情を見ると相手の感情が読み取れるような気になるものです。でも、私たちは過去の経験にもとづいて読み取っているのです。どの顔も構造上は中立です。誰かが意地悪そうな顔つきに見えたとしたら、その認識はあなたが作りあげたものなのです」つまり、誰かが「あの人の顔つきは感じが悪い」と陰口を言っていたら、「顔つきはみんな中立ですよ」と正してあげるべきなのです。

## 毎日の生活で感情をうまく扱うための三つのスキル

自分の感情を理解し、上手に表現するために役立つ重要なスキルを三つ紹介します。

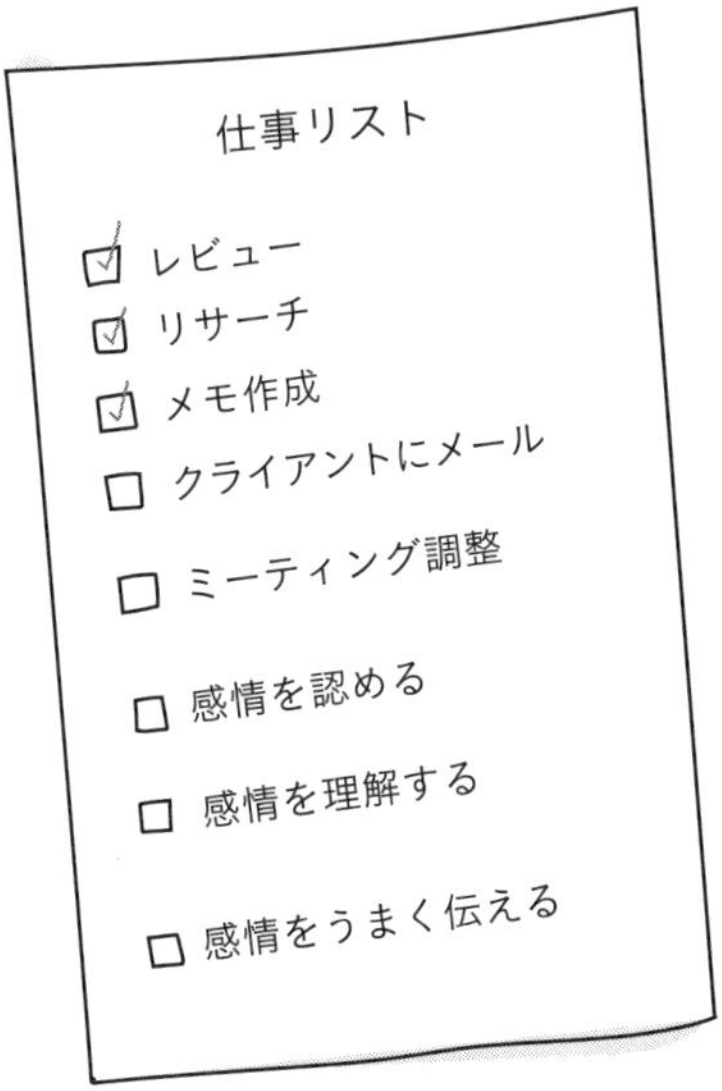
仕事リスト
レビュー
リサーチ
メモ作成
クライアントにメール
ミーティング調整
感情を認める
感情を理解する
感情をうまく伝える

## 1. 感情的知性（EQ）

感情的知性（EQ）とは、自分の感情を認識し、理解して、表現する力、そして相手の立場を思いやって人との関係をうまく保つ能力です。EQの高い人は職場で同僚と協力しあうことにたけ、衝突もうまくさばき、考え抜いたうえで適切な決定を出すことができます。心理学者のダニエル・ゴールマンの言葉を借りれば、EQに欠ければ「どれだけ収益の数字を気にしてもキャリアは守れない」のです。

EQは、抱いた感情すべてを接する人全員と共有することではありません。EQが高い人は、自分が効果的に力を発揮できるように感情を伝えたり、ふるいにかけたりができます。そのために必要なのが次の三ステップです。

### ・その1：認める

モリーは朝起きると不安を覚えました。この感情を抑え込んだり表に出したりせず、まずは「うん、そう感じていいんだよ」と認めてやり、不安な気持ちに向き合います。

**・その2：理解する**

ナーバスになっているのは原稿の締切が近づいているからだ、とモリーは認識します。担当の章を書いているリズからは、この数日、連絡がありません。

**・その3：伝える**

モリーはリズに軽い感じでメールを送ってみました。「おはよう！　リズは間違いなく仕上げてくると思ってるけど、知ってのとおり私は締切前に不安になるタイプなので……。リズが進めてくれてるのは尊重するつもりだけど、今日の午後にでも一緒にその章をレビューできるかな?」すると数分後にはリズから返信がきました。「もちろん、そうしよう！　モリーを不安にさせたいわけじゃないから」これでモリーの緊張はふっと解けていきました。

## 2. 感情制御

「恐れるもの」を挙げてもらうと、人前で話すことは死よりも上位にくる、とする調査結果があるのは有名な話です。職場で五〇人の同僚を前にプレゼンをしなくてはいけないとします。人前で話すことへの不安が、言葉に詰まる、妙に汗をかく、頭が真っ白になって固まってしまうといった反応を引き起こします。

感情を上手に制御できるスキルがあれば、仕事でも人生でも救われる場面は多いものです。どんな感情をどんな場面で経験するか、それに対してどう反応するかを自分で管理できるのです。感情は有益なシグナルではありますが、ときに痛みを伴ったり、ふさわしくないときにわいてきたり、強すぎてもてあましてしまったりもします。感情を制御する代表的な手法には、再評価（状況のとらえかたを変える）、抑制（意識の対象をずらし、意図的に感情を抑える）、反応制御（笑いを押しとどめる、深く息を吸うなどして落ち着かせる）があります。

大勢を前にプレゼンをする場合で考えてみましょう。事前によく練習しておけば自信がつき、本番で話すときに感じる不安は軽くなります（制御しなくてはいけない感情が軽減される）。プレゼンの出だしを暗記しておくと、不安なくスムーズに話しはじめられそうですね。

## 3. 感情の敏捷性

**リズより**

私とパートナーとの間では、ネガティブな気分にはまってしまっているときは相手にそう伝える決まりにしています。私が心穏やかでないときは、「今ちょっといらついてて落ち着かないんだけど、あなたのせいじゃないからね。たぶん締切が近いからか、湿度が高くてじめじめしているからかも」のように言っておくのです。そうすれば、相手は私がふきげんなのは自分のせいかなと考えていらいらや不満を募らせ、私もさらにいらいらする、という負のスパイラルに陥らずにすみます。

仕事をしていれば、つねにさまざまな感情にさらされます。前向きな感情もあれば、つらい気持ちもあります。心理学者スーザン・デイヴィッドは、ポジティブになろうと言い聞かせたりやるべきことをリストにしたりしてネガティブな感情を追い払おうとするより、否定的感情にとらわれないことを勧めています。マイナスの感情は無視すればいいという意味ではなく、うまく扱うことでマイナス感情に支配されないようにするのです。デイヴィッドが提唱するのは次の四つのステップです。

### (1) 否定的な感情を認識する

チームで大きなプロジェクトに取り組んでいるとします。期限が迫るなか、メンバーの一人が大きな変更をかけたいと提案しました。「なぜ今言い出すのだろう」とあなたは困惑しますが、すぐに相手にぶつけず、立ち止まって自分の気持ちを見つめてみます。

### (2) 感情をラベルづけする

「最高の気分」「うれしい」「満たされている」「わくわくする」など、気持ちの細かな違いを区別して認識、表現できる能力を「感情の粒度」といいます。感情の粒度が高いと感情の制御がうまくでき、ストレスを感じてもあまり攻撃的にならなくてすみます。この力があると「感情を描写する能力にたけていて、どう感じているかだけでなくどんな強度で感じているかまでつかめる」と、ビジネス研修を主催するライフラボ・ラーニング社の創設者で神経科学者でもあるリアン・レニンガーは言います。

感情の粒度が高いアングリーバード

僕は怒ってるんじゃない、残念に思ってるだけなんだ

先に挙げたプロジェクトチームの例でいえば、感情の粒度が低いと「何かしっくりこない感じがして、プロジェクトがいい方向に進んでるとは思えない」のように、具体性に欠ける物言いになりがちです。逆に感情の粒度が高ければ、大詰めにきて大規模な変更を言い出した同僚に抱いた「困った」という感情が、突き詰めれば「その変更をかける時間があるとは思えないから心配している」のだと認識できるわけです。

**感情を表す語彙を増やしてみる**

感情を表現する語彙を豊かにするためのヒントとして、あまり知られていないおもしろい言葉を三つご紹介します。

・ilinx（フランス語）ちょっとした気まぐれ的な破壊行為による変な高揚感。例：オフィスのコピー機に蹴りを入れたとき

・malu（インドネシアのある村の言葉）地位の高い人が近くにいるときの居心地の悪い気持ち。例：会社の

CEOとエレベーターで二人きりになったとき
・pronoia（英語）まわりがみんなでたくらんで自分を助けてくれているのだろうかと錯覚する気持ち

**(3) それぞれの感情の背景にある「求めるもの」を理解する**

抱いているマイナス感情にラベルづけができたら、見かたを変えて、どんな感情になれればいいのかを明確にします。否定的な感情を抱えたまま引きずっていても強まるばかりです。それより「自分はどう感じたいのか」を考えましょう。不安を静めて平穏な気持ちになりたいなら、どうすれば心穏やかになれるのかを突き止めます。先のプロジェクトチームの話なら、あなたが求めているのはプロジェクトを脱線させず確実に進めることかもしれません。

**(4) 求めるものが何かを伝える**

自分が求めるものは何かが特定できたら、明確に伝えます。「ぎりぎりになって変更をかけたいと言われて困惑している」ではなく、「あなたが手を入れてくれるのは歓迎。でも時間が迫ってるので、ちゃんと先が見えて確実に進められることが大事だと思う。どの変更なら時間があるか、どうしたらうまくいくか、話し合ってみよう」と提案します。

感情をもったある「働く人」の道のり

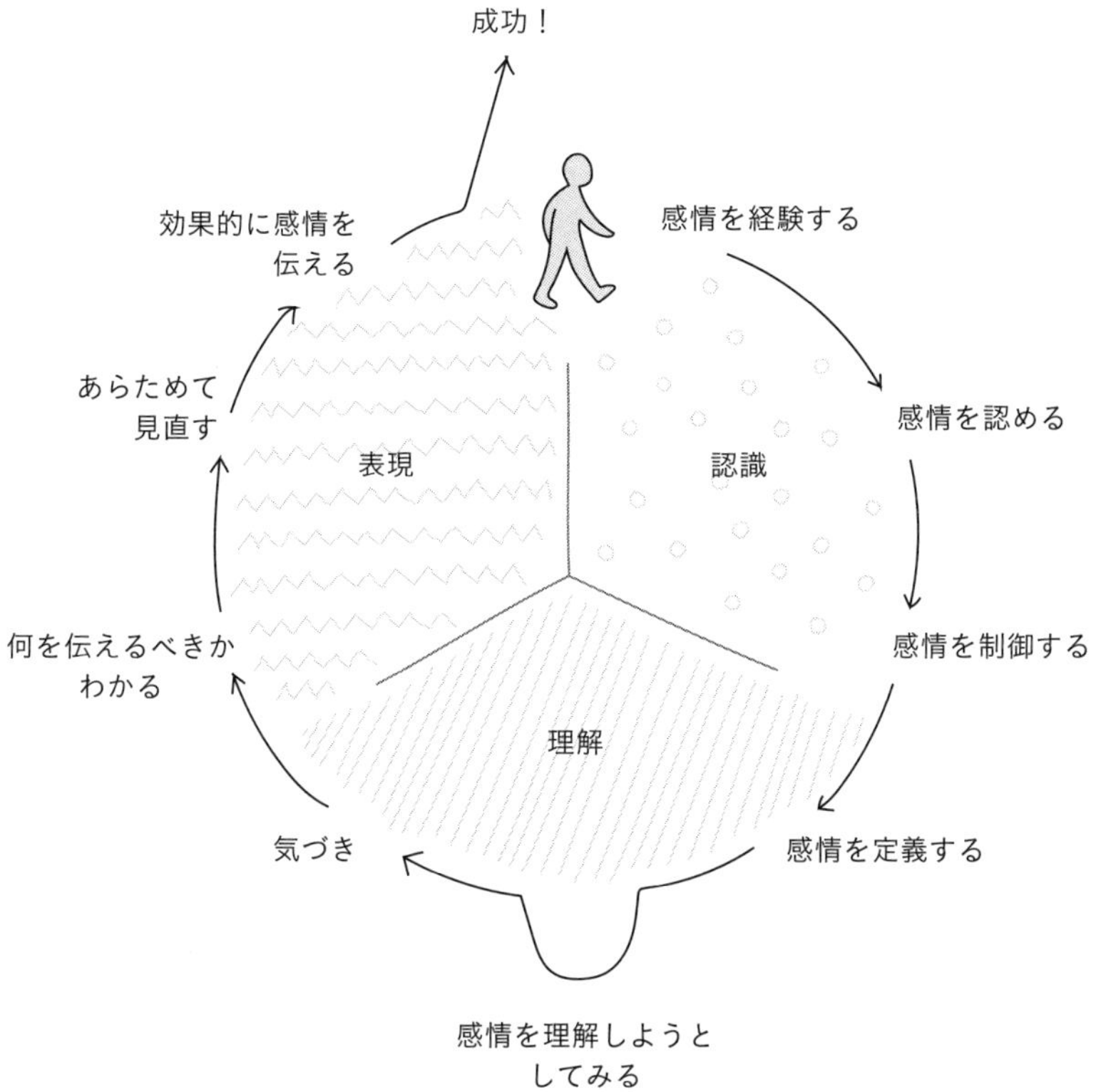

# 感情傾向を知るための診断テスト

## 学んだことを日々の仕事に生かすには？

本書で学んだスキルを実際の行動に生かしていただくために、自己診断のできるテストを作りました。3部構成で、それぞれ次のことがわかります。

1. あなた自身の感情傾向
2. あなたのチームの情緒的文化
3. あなたがいる組織の情緒的規範

この三つの領域を認識しておくと、本書で紹介してきたヒントを実践する際、どこに重点をおけばいいかがつかめるはずです。

診断テストの完全版はこちら（https://www.lizandmollie.com/assessment）。

完全版で自己評価してみることをおすすめしますが、ここで三つの領域からいくつか設問を抜粋し、簡易版としてご紹介します。

# 簡易版 診断テスト

## あなたの感情表現の傾向を診断しよう

1. あなたは仕事をしていましたが、作業内容をうまく保存できず、期限が迫っているのにここまでやった仕事がふいになってしまいました。あなたはいらだっています。次のうち、どれがあなたに近いでしょうか。

a. 心のなかではいらいらを募らせているが、表情やしぐさに出したり言葉にしたりはしない

b. 腹立たしさが表情に出る。気持ちを落ち着けるために深呼吸してから、腹の立つことが起きたと隣席の同僚に話しかける

c. 腹を立てているのが外から見てもわかり、まわりの人にいらだちをぶつける

2. チームで取り組んできた仕事が大事な山場を乗り切りました。次のうち、どれがあなたに近いでしょうか。

a. 誇らしい気持ちで控えめな笑顔
b. うれしくてパートナーにメールで報告
c. 最高の気分。一緒にがんばった仲間をハグし、社内で会う人会う人に喜びを熱く語る

3. 同僚はあなたのことをどう思っているでしょうか。次のうち近いものを選んでください。
a. 謎めいている
b. 落ち着いている
c. オープンでわかりやすい

**診断**

**aが多い人：感情をあまり表に出さないタイプ**

まわりの人にとって、あなたは困ったときや問題が起きたときに話を聞いてもらいたい相手。落ち着いて状況を把握し、どうすればいいか示してくれるからです。ただし、あまり自分の気持ちを語らない点は、熱い思いや強い主張がないと受け取られる場合も。心理状態やキャラクターを読み取りづらいため、相手が信頼を寄せてくれるまでに時間がかかるかもしれません。

**こんな工夫を：**弱さ、人間らしさを他者にみせる機会をつくってみましょう（とくに人を率いる立場にあるなら、第8章「状況を選んで弱さをみせる」参照）。ネガティブな感情をあまり抑えこまないことも大事です。ためこむと自分自身にマイナスに作用したり、健全でない形で表面化してしまったりする危険も。第

2章「ポジティブ奨励のパラドックス」参照。

**bが多い人：ほどほどに感情を表現するタイプ**

喜びが態度に表れる場合もあるものの、普段は不満や高揚した気持ちを表に出しません。

**こんな工夫を：**どんな状況だと抵抗なく感情を表せるのか、そうでないのはどんなときかを自分で知っておきましょう。第8章「状況を選んで弱さをみせる」参照。

**cが多い人：ストレートに感情を表現するタイプ**

まわりの人からみると、あなたがどんな気持ちでいるのかはいつも筒抜け。同僚は何かおもしろい話があるときや、気分を上げたい、元気を出したいときにあなたの元へやってきます。うそや隠し立てなく感情を表すあなたは「裏表がなく信用できる」とみなされますが、「落ち着きがない」と感じる人もいるかも。

**こんな工夫を：**素のままの感情を表すのが有効なケース、感情を表すことで知らないうちに周囲を巻き込んでしまっているかもしれないケースを把握してみましょう。感情に流されるまま勢いで発言するのでなく、ひと呼吸おいて落ち着いてから行動に移すことも必要です。第7章「情動感染」、第8章「自分の感情を律する」を参照。

（出典：リアン・レニンガー、ライフラボ・ラーニング）

**あなたのチームの心理的安全性を診断しよう**

以下の文について、あなたの感じかたに近いものを選んでください。

1. チームで仕事をしていて自分がミスをした場合、責められることが多い
**まったくそう思わない　1 - 2 - 3 - 4 - 5 - 6 - 7　とてもそう思う**

2. トラブルが発生したり難しい問題が持ち上がったりしたとき、メンバーはチームに報告や相談ができる
**まったくそう思わない　1 - 2 - 3 - 4 - 5 - 6 - 7　とてもそう思う**

3. このチームではリスクを伴う行動をとれる空気がある
**まったくそう思わない　1 - 2 - 3 - 4 - 5 - 6 - 7　とてもそう思う**

4. チームのほかのメンバーに助けを求めづらい
**まったくそう思わない　1 - 2 - 3 - 4 - 5 - 6 - 7　とてもそう思う**

5. このチームで仕事をしていて、自分のスキルや強みが認められ生かされていると感じる
**まったくそう思わない　1 - 2 - 3 - 4 - 5 - 6 - 7　とてもそう思う**

計算方法：
(1) 2、3、5で答えた数字を足す
(2) 1、4で答えた数字をそれぞれ8から引き（答えが3なら8－3＝5）、出た数字2つを2、3、5の合計に足す

**0から15点：チームに心理的安全性が欠けている**
メンバーが自由に新しいアイデアを出したり、問題点の可能性を指摘したりできる雰囲気がチームにないようです。
**こんな工夫を：**まずは身近なところから、めざす雰囲気につながる行動を実践しましょう。ミーティングなどの場で、チームの誰かに意見や新しいアイデアを出してもらうよう促します。チームに受け入れてもらえない可能性があってもかまいません。声をあげてくれた人には思い切って発言してくれた点を評価し、感謝するのを忘れずに。第5章「心理的安全性」を参照。

**16から30点：チーム内に多少の心理的安全性はあるが、さらに改善できそう**
ほかのメンバーの反応を心配せずに考えを提案する、ミスを認める、リスクをとって行動するなどが場合によってはできますが、つねにそうとはいえない状態です。
**こんな工夫を：**どんな行動がチームの心理的安全性を高めるかをまず認識し、チーム全体でそうした行動を実践していきます。例えば各メンバーに意見を書き出してもらい、みんなで共有します。その後「もっと詳

しく聞かせてくれる?」などと振って、話し合いを深めてみましょう。第5章「心理的安全性」を参照。

**30点以上:チーム内に心理的安全性が十分確立されている**

あなた自身もほかのメンバーも、基本的に安心して意見やアイデアを出せ、かつ尊重してもらえると感じています。

**こんな工夫を:**チーム内の心理的な安心感は、いろいろな方法を通じていつでも高めていけます。普段と違うチームビルディングの手法を取り入れて信頼関係を築くのもよし。あるいは「子どものころを振り返ってまず思いつく料理とその理由は?」のように新しい切り口の問いかけをして、それまで知らなかった相手の背景や家族について知る機会をもつのもよいでしょう。こちらも第5章「心理的安全性」を参照。

(エイミー・エドモンドソン作成「Team Psychological Safety Assessment」を一部改変)

## 組織に対するあなたの帰属意識を診断しよう

以下の文について、あなたの感じかたに近いものを選んでください。

1. 全体的にみて、今の職場(組織)は自分を受け入れてくれていると思う
**まったくそう思わない　1-2-3-4-5-6-7　とてもそう思う**

2. 組織全体をジグソーパズルだとすると、自分はぴったりあてはまる場所のない、場違いな一ピース

のように思える

**まったくそう思わない　1－2－3－4－5－6－7　とてもそう思う**

3. 職場の同僚やチームに貢献できる存在でいたいが、自分の力は重視されていないと感じる

**まったくそう思わない　1－2－3－4－5－6－7　とてもそう思う**

4. このチームで仕事をしていて、自分がなじんでいないよそ者のように感じられる機会が多い

**まったくそう思わない　1－2－3－4－5－6－7　とてもそう思う**

5. 自分のバックグラウンドや経歴が職場の身近な人たちとかなりずれていて、居心地の悪さを感じる

**まったくそう思わない　1－2－3－4－5－6－7　とてもそう思う**

計算方法：

(1) 1、2、3、4、5で答えた数字をそれぞれ8から引き（答えが3なら8－3＝5）、出た数字の合計を出す

(2) これに1で答えた数字を足す

**0から15点：帰属意識を感じられていない**

安心感や評価されている実感に欠けるため、現在所属している組織では本来の自分を発揮できていないようです。

**こんな工夫を：**まず、新しい仕事を始めて一年目くらいは、まだ職場になじんでおらず、自分の居場所があると感じられなくて普通だと心得ましょう。そのうえで、どんなときに居場所がないと感じるのか分析してみます。例えばビデオ会議など特定のシチュエーションなのか、あるいは特定の人と一緒にいるときなのか。そしてこうしたシチュエーションを一緒に読み解いてくれる同僚やメンターを見つけてみましょう。組織のカルチャーをすでに理解していて、小さなこと（メールの表現が硬すぎたりくだけすぎたりしないか）から大局的なこと（しばらく居場所がないように感じるのは普通だよと指摘する）まで、あなたの疑問に答え、アドバイスをくれる同僚やメンターがいれば心強いものです。

もし、二年経っても頻繁になじめないと感じるようなら、チームを移るか職場を替えるかを検討してもいいかもしれません。第7章「帰属意識」を参照。

**16から30点：まずまずの帰属意識をもてている**

全体的にみて、安心して本当の自分を出せ、尊重されていると感じられていますが、さらに高めることもできそうです。

**こんな工夫を：**居場所があると感じられるというのは、仕事がいきなり楽になるという意味ではありません。仕事をしていれば必ずある多少の苦労や悩みがそこまで大きなストレスにはならない、という意味です。チーム内で帰属意識をはぐくむ方法を検討してみるのをおすすめします。例えば相手の善意を前提にすること。すでに気心が知れて信頼している同僚の言動にひっかかりを感じたら、なぜその言動に疎外感を抱いたのか説明し、どうすればそうならずにすんだかを伝えてみます。第7章「帰属意識」を参照。

**30点以上：帰属意識を十分にもてている**

普段から自分の考えをチームと共有でき、声をあげれば聞いてもらえ尊重してもらえると思えているようです。

**こんな工夫を：**よい帰属意識をもてている人は、チームのほかのメンバーの帰属意識を高める力にもなれます。会社のカルチャーになじめるようメンター役を買って出るのもその一つ。新しくきた人の疑問に答えたり、社内コミュニケーションの雰囲気などちょっとしたアドバイスを送ったりして、組織の文化をつかむサポートをします。新しい職場へきて数カ月はなじめない気がするのも自然なことだと伝えてあげましょう。第7章「帰属意識」を参照。

（「Sense of Belonging Inventory」を一部改変）

# 謝辞

一冊の本を書き上げるには、実にたくさんの人の力が必要です。私たち二人を支えてくれた以下のみなさんに感謝申し上げます。

信念の人であり卓越した編集者であるリー・トロウボーストは、時間、アイデア、熱意に対する度量の大きさを示してくれました。すばらしいエージェントであり友人でもあるリサ・ディモナは最初の段階から私たちを支え、導いてくれるパートナーでした。ジュリー・モソウは有能な編集パートナーとして、私たちの語りを形にし、最高の状態で声を引き出してくれました。

**エージェンシーであるライターズ・ハウスのみなさん**　ノラ・ロングは粘り強く賢明なエディターとして、私たちが伝えたいメッセージを明確にしてくれました。アレッサンドラ・バーチ、ナタリー・メディナ、マヤ・ニコリック、ケイティ・スチュアート、ペギー・ブロス・スミスほかのみなさん。共に仕事ができたのは喜びでした。

**出版社であるペンギンブックスのみなさん**　エイドリアン・ザックハイムは本書に求めるものをみごとに

明瞭に言語化し、インスピレーションをくれました。そのほか、ニキ・パパドプルス、ウィル・ワイザー、ヘレン・ヒーリー、タラ・ギルブライド、クリス・セルジオ、カール・スパーゼム、アリッサ・アドラー、キャシー・パパス、マデリン・モンゴメリー、マーゴット・ステイマス、リリアン・ボールのみなさんが最初から最後まで力になってくれました。

**貴重な時間と知見を提供してくださった、各分野のエキスパートである以下のみなさん**　アンジェラ・アントニー、エリカ・ベイカー、リサ・フェルドマン・バレット、シーガル・バーセイド、マット・ブライトフェルダー、ラズロ・ボック、ジュリア・バイヤーズ、B・バーン、ジェリー・コロナ、スーザン・デイヴィッド、ブライアン・フェザーストンホー、ビル・ジョージ、クリス・ゴメス、ポール・グリーン、ジェームズ・クロス、フランス・ヨハンソン、サラ・カロック、レム・コーニグ、アン・クリーマー、トム・リーマン、ニキ・ラスティグ、ケイド・マッセイ、ジョナサン・マクブライド、パティ・マッコード、ジュリアナ・ピルマー、ダニエル・ピンク、リアン・レニンガー、キーシャ・リチャードソン、ジョナサン・ロイザー、キャリッサ・ロメロ、ジュリア・ロゾフスキー、グレッチェン・ルービン、ローラ・サヴィノ、ジル・シュワルツマン、キム・スコット、コートニー・セイター、ジョー・シャピロ、アシュリー・ショウラー、デボラ・スタム、デボラ・タンネン、エミリー・ステッカー・トゥルーラブ、ジャイルズ・ターンブル、パット・ウェイダース、グレッグ・ウォルトン、ハンナ・ワイズマン、ブライアン・ウェル、メガン・ウィーラー、キャメロン・ホワイト、アディア・ハーヴィー・ウィングフィールド、キース・ヤマシタ、イラン・ザッカリー。

**企画立ち上げ当初の対話を通して、本書の方向性を一緒に固めてくれた以下のみなさん**　ダナ・アッシャー、メット・ノガード、ウェンディ・パルマー、ダンカン・クーン、アート・マークマン、カール・ピルマー、ケイト・アール。

スーザン・ケインからは、内向的であることを前向きにとらえる力をもらい、主催する「クワイエット・レボリューション」コミュニティと交流する機会をいただきました。

そしてゲイブ・ノヴァイス。私たちを引き合わせてくれたことと、長年の友情に感謝をこめて。

**リズより**

モリーへ。「押して動かす」と「引いて待つ」の絶妙なバランスを発揮し、今回の執筆をこれまでの人生で最大級の楽しい、やりがいのある仕事にしてくれたことに。

母と父へ。私が電話をするといつも出てくれたこと、「このオチはおもしろいよ」あるいは（オチが理解できないときは）「イラストがかわいいね」と言ってくれたこと、クリエイティブな仕事をしたい私をいつも応援してくれたこと、人生に悲しみが訪れたときは喜びをくれたこと。二人の娘であることに感謝し、二人が両親であることを誇りに思っています。

イラストの案出、文章のブラッシュアップ、リサーチ内容の確認をしてくれたマキシム。あなたの意見、アドバイス、辛抱強さ、ユーモアが本書をよりよいものにしてくれました。あなたは私の人生をよりよいものにしてくれる存在。私は本当に恵まれています。

これまで一緒に仕事をしたすべての同僚と上司のみなさん。とりわけ、私を導く光になってくれたアンディ・ウォン、たくさんの笑いをくれたラップ・ジーニアス#beehive、惜しみないサポートを与えてくれたピーター・シムズに感謝します。

本書が形になるまでの過程を支えてくれた、すべてのみなさん。草稿を読んでくれた人、仕事における個人的な体験談を話してくれた人、原稿が進まない私を笑顔にしてくれた人もいました。ここに感謝を記します。マリナ・アガパキス、カーメン・エイケン、ヴィヴェク・アショク、マット・ブラウン、B・バーン、メガン・キャサリー、アミット・チャトワニ、ミーシャ・チェラム、マシュー・チョウ、ニック・デワイルド、ライアン・ディック、エリシア・エプスタイン、トミー・フィッシャー、ケヴィン・フリック、ブレナ・ハル、ベッカ・ジェイコブズ、アイリス・ジョン、ヒー・サン・カン、クレア・ランバート、マヤ・ロピッチ、ナタリー・ミラー、ライラ・マーフィー、ジェイソン・ネミロウ、レッドワイン・ソサエティ、ジェス・ソク、ナタリー・サン、エリック・トレンバーグ、クリスティン・ツァン、チャーリー・ワン、ハンナ・ユンのみなさん。

最後に、仕事をしなくてはいけない私を誘惑してくれた掲示板サイトのレディットには、本当にありがとうと言いたい。

## モリーより

リズへ。友情と、山も谷も乗り越えて最強のパートナーシップを築こうとする強い意志、そしてあなたのイラストがくれたたくさんの笑顔に感謝をこめて。

執筆を応援してくれた、シアトル公立学校教師のみなさん、モリー・ピーターソン、ノーム・ホリングシード、タラ・マクベネット、マーク・ローブル、ローラ・ストレンツ、スティーブ・ミランダ。組織について学んでみたいという関心を引き出してくれたブラウン大学のバレット・ヘーゼルタイン、ダニー・ワーシェイ、アラン・ハーラム教授から学んだことは今も私の心に残っています。先生方なしに今の私は存在しませんでした。

私にとってつねにアイデアと笑いと前向きな姿勢の源でいてくれる４４４シスターとの絆に。私を鼓舞し、かつ離そうとしないシアトル在住女性のみなさん。私を元気づけ、電話一本でいつでもかけつけてくれるソフィー・イーガンにも感謝を。

カルチャー・ラボの仲間、リザ・コンラッド、ケリー・セノワ、アリー・マーラー、エイミー・スタイラー、ジョシュ・レヴィーン、エミリー・ツァン。

ＩＤＥＯで今も一緒に仕事をしている、または過去に一緒に働いたすべてのみなさん。みなさんが職場での感情についての考えかたをはぐくむヒントをくれました。なかでもデュアン・ブレイ、ロシ・ギヴェチ、イングリッド・フェテル・リー、ディアナ・ローテン、ヘザー・カリヤー・ハント、アナ・シルバースタイン、マット・チョウのみなさんは、すぐれた有意義な反応をくれました。ローレン・フラハティ、ホイットニー・モーティマー、ヘイリー・ブリュワーの三名には、ＩＤＥＯで受けたライティングの指導、支援に感謝します。

これまで出会ったすべての同僚と上司のみなさんがくれたエキスパートとしての意見、知識、教えに感謝します。

つねに私を信じ、大切なことは何かを教えてくれた家族に、尽きることのない感謝を。なかでもローラは、素のままの私を知り、愛し、姉妹にしか理解しあえないようなユーモアのセンスを共有してくれています。

ケイトは私に無条件の支えを与え、好奇心をもつことの意義を教え、好きなことをやればいいと背中を押してくれました。デイヴィッドの確固とした価値観、仕事の世界に対する興味、そして人生は身構えて受け止めすぎないほうがいいと教えてくれたことにも。感情面での知恵とぬくもりをくれたジャッキー。広い心、前向きさ、そして笑いをくれたダフィー家にも。

そして何といってもパートナーのクリス。最高の私を見いだし、本書の執筆を通してさらに積極的であれと力づけてくれました。幸運にもあなたを知り得た人にとって、あなたは驚異と優しさ、ユーモアのわき出る源泉といえます。私が幸福に包まれているのはあなたのおかげです。

本書の原注は www.hayakawa-online.co.jp/nobinobi/
からご覧になれます。

のびのび働《はたら》く技術《ぎじゅつ》

成果を出す人の感情の使い方

---


2020年8月10日　初版印刷
2020年8月15日　初版発行

著　者　リズ・フォスリエン
　　　　モリー・ウェスト・ダフィー
訳　者　石垣賀子《いしがきのりこ》
発行者　早川　浩
発行所　株式会社　早川書房
東京都千代田区神田多町2-2
電話 03-3252-3111
振替 00160-3-47799
https://www.hayakawa-online.co.jp

印刷所　中央精版印刷株式会社
製本所　中央精版印刷株式会社

ISBN978-4-15-209959-4 C0030　Printed and bound in Japan
定価はカバーに表示してあります。
乱丁・落丁本は小社制作部宛お送り下さい。送料小社負担にてお取りかえいたします。